教育部人文社会科学研究项目
上海财经大学学术著作资助

节约型社会的经济学研究

何玉长◎等著

JIEYUEXING SHEHUI DE JINGJIXUE YANJIU

人民出版社

作者名单：

何玉长 杨开太 许敏兰 丁晓钦 毛莉炯 赵燕青
石庆元 邹 淼 陆桔利

目　　录

第1章　节约型社会的相关理论

建设节约型社会，实施节约型经济发展战略，有其客观依据和科学理论指导。节约型社会要建立在环境友好、人与自然和谐、生态系统良性循环的基础上，建设节约型社会是当前我国落实科学发展观的具体体现。节约型社会的建设必然涉及资源节约与循环经济、环境保护与生态平衡、绿色经济与可持续发展理论，其理论基础在于劳动时间节约、交易成本节约以及节约富国思想等。

1.1　节约型社会的相关概念

1.1.1　节约型社会

节约型社会是指在社会生产、流通、消费的各个领域，通过采取法律、经济和行政等综合性措施，保护自然资源，合理开发利用资源，循环再生利用废弃物资源，以最少的资源消耗获得最大的经济和社会收益，保障经济社会可持续发展的经济形态。

显然，节约型社会的核心是节约资源，以尽量少的物质消耗支撑经济社会的持续发展。这里的节约不只是省吃俭用，不只是个人生活的节俭，而是站在社会的宏观角度，节约不仅仅是消费领域的节俭和其他经济活动中的节省或限制使用，而且还包含如何使用资源才符合合理、恰当和高效的要求。“节约”一词由“节”和“约”两个汉字组成，“节”是与浪费相对立的节制和限制，在经济活动中，就是指在不降低效益的前提下，使生产资料的消费和生活资料的消费节制使用；“约”则是与粗放相对应的约束、控制和集约，也是指经济活动中同等量的资源利用，但通过集约化达到产出最大化。

然而，节约型社会并不是一个全新的概念，如果追本溯源的话，更应该是以往各种相关理论的“集大成”。因此，要真正深入理解节约型社会的含义，有必要简要回顾各种与之关联的概念和理论。

节约型社会的核心是节约资源，以尽量少的物质消耗支撑经济社会的持续发展。由此，建设节约型社会，就是通过经济、法律、教育和行政等综合性措施，追求更少资源消耗、更大经济和社会效益，实现可持续发展。要围绕实现经济发展方式的根本性转变，按照“减量化、再利用、资源化”的原则，以提高资源利用效率为核心，以节能、节水、节材、节地、资源综合利用和发展循环经济为重点，从体制、政策、技术、管理等方面，采取综合措施，加快节约型社会建设，促进经济社会可持续发展。

建设节约型社会源于经济—环境系统本身。如图 1—1 所示，人类社会与其赖以生存的自然环境一起构成一个大的经济—环境系统，在这个系统中，人类的生产与生活需要开发利用自然资源，同时将生产与生活的废弃物回归环境。人类必须考虑到资源和环境的影响，前者涉及人类生产与生活的投入方面，而后者涉及人类生产与生活的产出方面，两者共同构成经济增长甚至人类生活的约束条件。

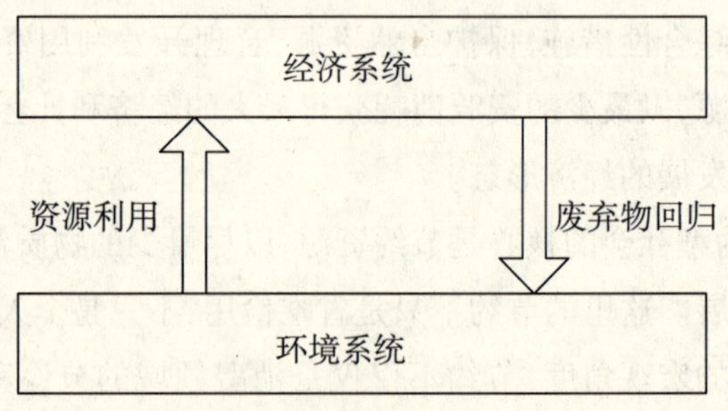

图 1—1　经济—环境系统

节约型社会强调对资源的节约和高效合理使用，强调对环境的保护。从理论上分析，建设节约型社会是由于资源的稀缺性、资源禀赋不均、经济外部性以及交易成本的存在；而在现实经济活动中，以中国为例，由于人口数量大、人均资源量少，加之现阶段经济增长方式存在高投入、高消耗、高排放、不协调、难循环、低效率的弊端，使转变经济增长方式、建设节约型社会极具紧迫性。以节约型经济为基础，建设节约型社会，就是为了解决由稀缺自然资源和严重环境污染所引发的自然生态与人类发展之间的冲突问题。

建设节约型社会，是针对我国经济发展和资源状况而提出来的。我国经济持续 30 年高速增长，粗放式经济增长、资源的破坏性利用、环境污染、生态失衡、人均资源逐渐减少等严重威胁到我国经济的可持续发展。

1.1.2　资源节约

从本质上说，节约是指资源使用和耗费的节约。广义的资源是指人类生存发展和享受所需要的一切物质的和非物质的要素，包括一切为人类所需要的自然物，如阳光、空气、水、矿产、土壤及动植物等；包括以人类劳动产品形式出现的一切有用物，如各种房屋、设备及其他消费性和生产资料性物品；包括无形的资产，如信息、知识和技术；还包括人类本身的体力和智慧。狭义的资源仅指自然资源。联合国环境规划署（UNEP）对自然资源下的定义是：在一定时间、一定地点的条件下，能够产生经济价值的、提高人类当前和将来福利的自然环境因素和条件的总称，它排除了那些目前在技术上能够加以开采，但在经济上还不合算的那部分矿产资源；也排除了目前无法开垦利用，但却有观赏、科研等价值的自然资源。

只有能够为人类所利用并带来经济价值或增加社会福利的那部分自然环境要素才构成资源。按资源的利用限度，资源可分为再生资源和不可再生资源。再生资源是指能连续或往复供应的资源，包括动植物资源、水资源、森林资源、气候资源等；不可再生资源是指难以永续利用的自然资源，主要包括化石类能源和各种矿产资源。从资源的数量和质量上看，不论是相对于资源本身地域分布的有限性，还是相对于人类需求的无限性，以地址年代为成矿周期的能源资源是绝对稀缺的，是不可再生的耗竭性资源。

众所周知,资源最重要的特性是有限性,即数量的有限性、可利用资源的有限性、资源利用能力和范围的有限性。因此,资源节约是指在生产、流通、分配和消费的各个环节中,用尽可能少的资源、能源,创造相同的财富甚至更多的财富,最大限度地回收利用各种废弃物。资源节约可以从两个方面入手:一是生产;二是消费。从生产方面节约资源,主要是在生产过程中提高资源的使用效率;而从消费方面节约资源,则是要求人们要减少对各种产品的消费。这就需要人们必须有自觉的节约理念。资源节约理念是指人们从节省原则出发,培养克服浪费、合理使用资源的意识。

具体而言,资源节约包括资源开采、资源消耗和资源再生利用的节约:一是在资源开采环节,要大力提高资源综合开发和回收利用率,加强共生伴生矿产资源的综合开发和利用,健全资源勘察开发准入条件,实现资源的保护性开发,提高回采率和综合回收率,降低采矿贫化率,延长矿山寿命,大力推进尾矿、废石的综合利用。二是在资源消耗环节,要大力提高资源利用效率,加强对钢铁、电力、石化等重点行业的能源、原材料、水等资源的消耗管理。实现能量的梯级利用、资源的高效利用和循环利用,机械制造企业优先采用资源利用率高、污染物产生量少以及有利于产品废弃后回收利用的技术和工艺,包装行业大力压缩无实用性材料消耗。三是在再生资源产生环节,要大力回收和循环利用各种废旧资源,积极推进废钢铁、废有色金属、废纸、废塑料、废旧轮胎、废旧家电及电子产品、废旧纺织品、废旧机电产品、包装废弃物等的回收和循环利用。支持汽车发动机等废旧机电产品再制造。

可以从资源节约引申出资源节约型社会的含义。资源节约型社会是一个复杂的系统,它包括资源节约观念、资源节约型主体、资源节约型制度、资源节约型体制、资源节约型机制、资源节约型体系等,是指人们在生活和生产过程中,在资源开发利用的各个环节,贯穿对资源的节约和保护意识,借助于先进的科学技术,以提高资源的利用效率为核心,采取法律、行政、经济、技术和工程等措施，结合社会经济结构的调整，建立资源高效利用的激励机制，以及完善的管理体制、运行机制和法律体系等政策保障体系，在全社会成员的参与下，实现资源开发利用的高效合理和永续利用，以及全社会的可持续发展。资源节约型社会是资源有效配置、高效利用、经济社会快速发展、人与自然和谐相处的社会。建设资源节约型社会的核心是正确处理人与自然的关系，通过资源的高效利用、合理配置和有效保护，实现经济社会和生态的可持续发展。资源节约型社会的根本标志是人与自然和谐相处，它体现了人类发展的现代理念。

1.1.3　循环经济

与资源节约相对应的是循环经济的概念。循环经济的思想萌芽于 20 世纪 60 年代，美国经济学家鲍尔丁（K. E. Boulding）提出的“宇宙飞船理论”是其最早期的代表。该理论认为，地球就像在太空中飞行的宇宙飞船，要靠不断消耗和再生自身有限的资源来生存；如果不合理开发资源和保护环境，地球将会因为超载而走向毁灭。“宇宙飞船理论”要求以新的“循环式经济”替代旧的“单程式经济”。然而在 20 世纪 70 年代，循环经济的思想更多的还是先行者的一种超前性理念，人们关注的主要还是如何有效地进行“末端治理”的问题，即污染物产生后如何治理以减少其危害。1972 年，巴里·康芒纳（Barry Commoner）在《封闭的循环》一书中指出，人类发展过程作为地球生物圈生态过程的有机组成部分，必须遵循生态学的四大法则：一是每种事物都与别的事物相关，不能孤立地看待资源和环境问题。二是一切事物都必然有其去向。环境污染就是人类未考虑生态法则，产生大量不能被自然吸收的有害物质，并使其不断积累而造成的。三是自然界所懂得的是最好的。自然中所产生的东西，是自然所能理解的，因而对自然是无害的。四是没有免费的午餐。无论是生态学还是经济学，任何获得都必须付出代价。由人类力量从自然界获取东西，都要以某种形式放回原处。康芒纳认为，解决环境问题，不仅要消除其产生的经济和社会根源，而且要遵循生态学的规律，在人类生产的技术方式上,建立一种封闭的机制,减少人类物质财富生产对自然系统的污染和破坏(康芒纳,1997)。这一时期还有林恩·怀特(Lynn White)的论文《我们生态危机的历史根源》、沃德(B. Ward)和杜博思(R. Dubos)的论文《只有一个地球》等,他们认为,工业文明的技术方式只是西方近代以来的经典范式的科技观、机械式世界观和西方人与自然相对抗的文化传统的结果,要克服当代人类的生态危机,需要改变西方近代以来的机械世界观和征服自然、统治自然的价值取向,采取一种与自然和睦共处的价值观,运用温和地对待自然的技术(White,1967;沃德、杜博思,1997)。20 世纪 80 年代,资源化的处理废弃物的方法得到推广和应用,但人们仍局限于经济活动的生态后果而未深入思考污染物的产生是否合理等根本性问题。到 20 世纪 90 年代,人们开始对"污染物的产生是否合理,是否应该从生产和消费的源头上防止污染产生"这个根本性问题进行思考,特别是近几年可持续发展战略成为世界潮流,人们开始尝试从生产和消费的源头去预防污染产生,从经济运行的全过程去彻底解决环境问题,并逐渐整合成为一套系统的循环经济战略,提出了一系列诸如"零排放工厂"、"产品生命周期"、"为环境而设计"等体现循环经济思想的理念,形成了物质闭环型经济的思路,使循环经济在理论与实践方面有了实质性发展。循环经济概念的产生,既是人类对难以为继的传统发展模式反思后的创新,又是社会进步的必然产物;既是废弃物管理战略转变的需要,也是产业链的有机延伸。

从根本上讲,循环经济的产生背景包括三个方面,一是工业化发展到较高程度后,废弃物中有大量物资可以回收;二是在工业化过程中消耗了大量的自然资源,而本国的资源所剩不多,客观上要求对废弃物进行再生利用;三是完善的法律体系和较高的公众环保意识为发展循环经济提供了基础条件。

因此,所谓循环经济,是一种以资源高效利用和循环利用为关键,以"减量化、再利用、资源化"为原则,以低消耗、低排放、高效率为基本特征,符合可持续发展理念的经济发展模式,是对"大量生产、大量消费、大量废弃”的传统经济发展模式的根本变革，而“3R法则”则是循环经济的核心内容：减量化——减少资源利用量及废物排放量；再利用——大力实施资源的循环利用；再循环——努力回收利用废弃物。

1.2　环境保护与生态平衡

1.2.1　环境与环境保护

节约型社会建设是在现有资源条件下进行的，是在现有资源和生态环境下进行的。环境是资源的载体，研究节约型社会离不开环境问题。

环境是人类进行生产和生活活动的场所，是人类生存和发展的物质基础。以辩证的观点来认识环境，环境总是对于某项中心事物而言，它因中心事物的不同而不同，随中心事物的变化而变化。从环境科学的角度来看，中心事物是人，环境主要是指人类的生存环境。这既包括了自然因素，也包括了社会和经济因素。《中华人民共和国环境保护法》第一章第二条界定：“……环境，是指影响人类生存和发展的各种天然的和经过人工改造的自然因素的总体，包括大气、水、海洋、土地、矿藏、森林、草原、野生生物、自然遗迹、人文遗迹、自然保护区、风景名胜区、城市和乡村等。”

环境保护是指人类为解决现实的或潜在的环境问题，协调人类与环境的关系，保障经济社会的持续发展而采取的各种行动的总称。它是运用现代环境科学理论和方法、技术，采取行政的、法律的、经济的、科学技术的多方面措施，合理开发利用自然资源，防止和治理环境污染和破坏，综合整治环境，保护人体健康，促进社会经济与环境协调持续发展。

环境保护的内容主要包括：

（1）防止由生产和生活活动引起的环境污染，包括工业生产排放的“三废”（废水、废气、废渣）、粉尘、放射性物质以及产生的噪声、振动、恶臭和电磁微波辐射；交通运输活动产生的有害气体、废液、噪声；海上船舶运输排出的污染物；工农业生产和人民生活使用的有毒有害化学品；城镇生活排放的烟尘、污水和垃圾等造成的污染等。

（2）防止由建设和开发活动引起的环境破坏，包括由大型水利工程、铁路、公路干线、大型港口码头、机场和大型工业项目等工程建设对环境造成的污染和破坏；农垦和围湖造田活动、海上油田、海岸带和沼泽地的开发、森林和矿产资源的开发对环境的破坏和影响；新工业区、新城镇的设置和建设等对环境的破坏、污染和影响。

（3）保护有特殊价值的自然环境，包括对珍稀物种及其生活环境、特殊的自然发展史遗迹、地质现象、地貌景观等提供有效的保护。另外，城乡规划、控制水土流失和沙漠化、植树造林、控制人口的增长和分布、合理配置生产力等，也都属于环境保护的内容。环境保护已成为当今世界各国政府和人民的共同行动和主要任务之一。

环境保护要求纳入自然资源的合理开发和利用。要求人们在合理利用自然资源的同时，深入认识并掌握环境污染和破坏的根源与危害，有计划地保护环境，防止环境质量恶化；控制环境污染破坏，保护人体健康，维护和发展生态平衡，保障人类社会的发展。环境保护已成为当今世界各国政府和人民的共同行动和主要任务之一。我国则把环境保护宣布为一项基本国策，并制定和颁布了一系列环境保护的法律、法规，以保证这一基本国策的贯彻执行。

环境保护标准，亦称"环境标准"，是国家为保护人体健康、社会财富安全和维护生态平衡，而对污染源排放的污染物和一定区域环境中某些污染物的含量，以及进行某些环境保护工作的技术要求所作的限值规定的总称。它是环境保护法律体系的重要组成部分，是上升为国家法律的技术规范，可以作为评价环境质量和环境保护工作成果的法定依据。

我国的环境标准，根据其作用的不同，可分为环境质量标准、污染物排放标准、环境基础标准、环境方法标准和环境样品标准五类。其相互关系为：环境质量标准是制定污染物排放标准的出发点，又是实施污染物排放标准的归宿；污染物排放标准是达到环境质量标准的手段；环境基础标准和环境方法标准是使各种环境质量标准和污染物排放标准能够协调统一，使其数据具有可比性的基本条件。环境质量标准和污染物排放标准又可分为两级,即国家环境标准和地方环境标准。国家环境标准是由中央国家机关批准颁发,在全国范围内或在特定区域、特定行业统一适用的标准。在全国范围内适用的标准称为全国通用标准;在国家某些特定区域适用的标准称为区域环境标准;在某一特定行业适用的标准称为行业环境标准。地方环境标准是由省、自治区、直辖市人民政府批准颁发,并在其辖区适用的环境标准。当国家环境标准与地方环境标准并存,且地方标准严于国家标准时,适用地方环境标准。环境标准通常由数值、符号、图表和一定的说明解释文字所组成。制定环境标准应坚持以下原则:保障环境和人民生命健康与财产不受污染危害,技术可行与经济合理,以环境基准为依据,充分体现地区差异性,力争与国际环境标准和国外先进环境标准相一致,相对稳定与适时修订相结合。环境标准一经发布实施,就成为必须遵守的法律规范。

1.2.2　生态系统与生态平衡

与环境相关的是生态环境或生态系统问题。生态系统是一个自我平衡的系统,节约型社会建设旨在造成自然和生态环境良性循环。

生态系统是生态学的一个概念。生态系统是生物与其环境组成的一个内在的、有机的统一体,它总是不断地进行着能量的交换和物质循环,其中任何因子或成分之间的联系都处在动态的变化中。

生态系统的能量循环始终是在不断进行的。虽然自然因素和人为活动经常给生态系统带来各种污染,但在一段时期内,生产者、消费者和分解者之间又能达到一种相对稳定的状态,这种状态具有两个方面的稳定性:一方面是生物种类(植物、动物、微生物)的组成和数量比例相对稳定;另一方面是非生物环境(空气、阳光、水、土壤等)保持相对稳定,这就是生态平衡。从另一个角度讲,它包括结构上的稳定、功能上的稳定,以及物质、能量输入输出的稳定。生态平衡是相对的平衡。任何生态系统都不是孤立的,会与外界发生直接或间接的联系,会经常遭到外界的干扰。尤其是近代人口大量增加,科学技术水平不断提高,人类对自然界的干扰程度和范围越来越大,生态系统在不断地受到人类的干扰和破坏。因此,生态系统的平衡是相对的,不平衡是绝对的。生态平衡是动态平衡,而不是静态平衡。生态系统的各组成成分都在按一定的规律运动着、变化着,系统中能量在不断地流动,物质在不断地循环,整个系统时刻处于动态之中。生态系统平衡的破坏,有自然原因,也有人为因素。自然原因主要是指自然界发生的异常变化,如火山爆发、山崩、海啸、水旱灾害、地震、暴雨、流行病等,都会使生态平衡遭到破坏;人为因素主要指人类对自然资源的不合理利用和工农业生产产生的大量污染物进入环境后引起的生态平衡的破坏。

1.3 绿色经济与可持续发展

1.3.1 绿色经济

发展绿色经济是建设节约型社会的必由之路。绿色经济是在现代市场经济条件下,以绿色产业为基础,实施清洁和绿色消费为途径,以经济与环境和谐为目的而发展起来的新的经济结构模式,是产业经济为适应人类环保与健康需要而产生的一种发展状态。

绿色经济不同于传统经济。传统经济单纯注重经济增长而不顾环境优化,绿色经济则强调在经济增长的同时优化环境;传统经济以资源耗费性使用为代价求得经济的增长,绿色经济则以资源节约利用为出发点,以资源永续利用为前提促进经济增长;传统经济增长不注意环境保护、生态平衡,绿色经济则以减少污染、降低资源浪费、能源耗费为前提,促进经济持续增长。狭义的绿色经济仅指林业经济,广义的绿色经济则是节约型经济结构和经济发展模式,包括生产、流通、消费各环节中有利于节约资源、减少污染、优化环境的经济活动。节约型社会要求实现经济的可持续发展,经济活动中要实现资源的节约、生态环境的优化,必然要求走绿色经济之路。绿色经济重点在于绿色产业和绿色消费。

绿色产业包括多个层次,其外延涉及国民经济众多产业与部门。按狭义和广义来分,其所包含的范围大小亦是不同的。广义的绿色产业通常指所有使生产过程符合环保要求的产业;居中的定义则是国民经济结构中以防治环境污染、改善生态环境、保护自然资源为目的而进行的技术开发、产品生产、产品流通、资源利用、信息服务、工程承包等一系列产业的总称;狭义的绿色产业是指传统意义上的环保产业,包括生产环保设备,垃圾回收和处理等。

绿色产业之所以成为一个独立的产业,是因为它有其自身独特的分类标准——环境亲和程度,即产业对于环境的保护程度。绿色产业所以能成为一种新兴产业,与人们生活质量的改善及对生态、资源、社会经济可持续发展的关注日益提高紧密相关,它反映了社会需求结构的变化,但更深层次的是人们生活方式及观念的变化。

绿色产业的兴起有着深刻的时代背景和一系列原因:第一,资源供给是产业发展的基础,为了合理地利用稀缺的自然资源,产业的"绿化"势在必行;第二,各国政府皆注重本国经济的可持续发展,而为了实现这一目标,政府会大力扶持绿色产业。从而促进了绿色产业的发展;第三,绿色意识和生态价值观的加强,引导了绿色生产,促进了绿色产业的发展;第四,企业界迫于各方面的压力和诱惑而进行绿色生产,进行企业绿化,而产业毕竟最终还是由企业组成,所以企业的绿化必然推动产业的绿化;第五,资金和技术方面的支持,包括国家各个层面的支持和高速发展的技术,使绿色产业的发展摆脱了技术的限制;第六,对外经济关系方面,进出口贸易以及国际技术转移方面"绿色浪潮"的冲击极大地促进了各国的产业结构向"绿色"方向发展。

绿色产业依据产业对于环境的亲和程度分为三大类:

第一大类:基础绿色产业。包括三小类:第一,提供终端控制技术与服务的环保产业。在产品生产链终端采用末端控制技术,减轻和治理污染达到一定环境标准的产业,即传统意义上的环保产业,及采用末端控制技术达到一定环保标准的传统产业。第二,采用终端控制技术,产品生产过程及消费过程中对环境和人体无损害或损害被控制在一定范围之内,符合一定环保标准的产品制造产业,也就是清洁产品生产产业。第三,生产及产品废弃物回收与再生资源产业。上述几类绿色产业出现得较早,它们对人体及环境产生影响的途径是间接的,主要着眼于预防与治理污染及对废弃资源进行再生利用,因而它们对环境作用的力度较弱,可将其划归初级层次的绿色产业,即基础绿色产业。

第二大类:创新绿色产业。指产业由于重大技术创新,使产业对人体及环境污染幅度大为下降,或能大幅节约资源,对产业结构和国民经济产生重大影响的产业,包括两小类:第一,新兴绿色产业。如不用汽油而用太阳能、电能或其他能源驱动的"绿色汽车";第二,传统产业由于重大技术创新,大幅提高绿色化程度,从而进入绿色产业的传统产业。第二大类的绿色产业对环境的亲和程度较强。

第三大类:生态绿色产业。这是最高层次的绿色产业,它直接作用于环境,对环境的亲和程度最高。包括:第一,生态农业;第二,生态工程建设业,包括环境工程建设业、生态人文景观建设业、植被工程建设业等;第三,生态维持与保护业,包括大气、水土污染监测与治理业等;第四,生态服务业,包括自然保护区经营业、森林公园经营业、生态旅游业等。

由于绿色产业的划分标准是环境亲和程度而不是产品类别,因而,环境亲和性,也就是绿色性,必然成为该产业的另一特征。如果说传统环境产业的特征是洁净技术、洁净产品、环境服务功能,那么,绿色产业的特征就包括绿色技术、绿色产品、绿色营销等。

何谓绿色技术?绿色产业是采用绿色技术进行生产的产业。绿色技术是指所有有利于环境与生态保持的技术,包括科学技术、应用技术和管理技术。根据技术对于环境的亲和程度,可分为三个层次:第一层次指末端控制技术、洁净技术与再生技术;第二层次指产业重大创新技术;第三层次指生态保护与服务技术。

何谓绿色产品?绿色产品是指在产品生产、加工、运输、消费全过程中,对人体、环境无损害或损害很小,在一定环保标准之内的产品。包括清洁产品、重大产业技术创新产生的新型绿色产品以及生态保护建设与服务工程及项目。绿色产品作为绿色产业的一个突出特征,它包含绿色产品设计、绿色生产过程、绿色标签和包装、绿色营销等序列化过程。狭义的绿色生产可以理解为清洁生产,联合国环境规划署1989年提出的"清洁生产"的概念,其要点是在生产过程中采用整体性环境保护策略。清洁生产强调三个观念:一是清洁能源。二是清洁生产过程。产品制造过程中尽可能少产生废弃物,尽可能减少对环境的污染。三是清洁产品。可降低对不可再生资源的消耗,延长产品的使用周期等。广义的绿色生产包括生态工程维护、建设与服务。绿色标签是由政府或社会团体根据一定的环境标准向企业颁发的证书,标明其产品的生产、使用和处置过程都能符合环境保护的要求,如绿色商标、绿色认证标志等。绿色包装指尽量降低商品的包装成本,如简化商品包装等措施,特别强调的是采用不对环境造成危害的包装材料。

何谓绿色营销?绿色营销是指企业通过宣传自身产品的绿色形象,以更好地适应市场潮流,提高产品竞争力,促进产品销售的一种企业营销策略。绿色营销一方面可以树立企业"绿色"形象,提高企业市场地位;另一方面,也能进一步强化消费者的"绿色"意识,承担起相应的社会责任,有利于提高企业的公众形象。

综上所述,我们可以看出,绿色产业是指应用绿色技术,生产绿色产品,提供绿色服务,防治环境污染,保护生态资源,改善生态环境,有利于社会经济持续发展和人类生存环境不断改善的产业。它既包括专业性的环保技术、装备、服务产业、生态保护产业,也广泛渗透在国民经济各个部门和领域,为社会经济的可持续发展服务。

绿色经济的另一重点是绿色消费。绿色消费是一种以"绿色、自然、和谐、健康"为宗旨的,有益于人类健康和社会环境的消费方式,是随着消费者自我保护意识加强、消费水平提高、消费观念改变以及对回归自然的渴望而产生的。

绿色消费也有狭义和广义之分。狭义的绿色消费是指消费者意识到环境恶化已经影响其生活质量及生活方式,要求企业生产并销售有利于环保的绿色产品或提供绿色服务,以减少对环境伤害的消费。英国版的《绿色消费者指南》一书把绿色消费定义为避免使用六大类商品的一种消费。这六大类商品包括:危害到消费者和他人健康的商品;在生产、使用和丢弃时,造成大量资源消耗的商品;因过度包装,超过商品寿命或过短的生命期而造成不必要消费的商品;使用出自稀有动物或自然资源的商品;含有对动物残酷或不必要的剥削而产生的商品;对其他发展中国家有不利影响的商品。广义的绿色消费,不仅仅是指一种购买绿色产品或享用绿色服务的行为,更重要的在于一种绿色的消费意识,一种内化的观念,即意识到环境恶化已影响人们的生活质量及生活方式,应通过积极消费绿色产品及承担环境质量提高的必要支出,把节约能源、反对浪费、保护生态环境、主动承担社会责任等,看做是个人素质、修养、身份和地位高低的重要标志,积极关注绿色信息,积极选择购买绿色产品,并根据绿色产品的要求进行科学使用,并对使用过的残余物,积极进行以分类回收为基本内容的良化处理,并以此为日常消费行为的指导,使绿色消费成为一种自觉的行为,包括消费"绿色"物品和服务;消费过程中不污染环境;自觉抵制消费那些破坏环境的物品(包括不食用某些珍稀动植物)以及造成水及能源的浪费的物品,还有不消费或尽可能少消费那些大量耗费资源的商品。

绿色消费是近几年来随着环保运动的发展而兴起的一种理性的高层次消费。它的产生原因是多方面的,包括经济发展、收入水平提高、生活方式改变、消费观念转变以及教育等,其中最主要的因素是经济因素。经济的发展在为社会及广大消费者谋福利的同时亦造成恶劣的自然及社会环境,直接威胁人们的健康,所以人们迫切要求治理环境污染,要求企业停止生产有害环境及人们健康的产品。当然社会经济的发展另一方面使广大居民个人收入迅速提高,他们迫切要求高质量的生活环境及高质量的消费,即绿色消费。进入20世纪90年代以来,以绿色食品为代表的产品绿色革命已成为国际潮流,这种产品绿色革命,是环保科学和技术工作者互相协作、共同努力的结果。绿色产品的蓬勃兴起,给环境日益恶化的地球带来生机。很多国家与地区纷纷推出一系列以环保为主题的绿色计划，绿色消费为越来越多的组织和个人接受。相对于西方发达国家而言，我国绿色食品的消费起步较晚，但发展态势良好。就绿色食品来讲，1989 年我国农业部提出“绿色食品”概念后，首先在生态环境良好、原料供给充足、加工技术先进、管理水平较高的国有农场启动，后来又迅速扩展到广大农村地区，并延伸到食品、轻工、环保等相关行业和部门，由国内走向了国际。目前，我国绝大部分省、自治区、直辖市都设立了绿色食品办公室，确定了绿色食品环境监测及环境质量评价机构，制定并颁布执行绿色食品标志管理规章和办法。绿色食品正加快向社会化、产业化、国际化方面推进，显示出生机勃勃的发展活力。与此同时，我国绿色家电、生态住房等消费也取得了一定的发展。尤其值得欣喜的是，为使“菜篮子”商品生产和流通适应人民群众对各类无污染、安全、优质、营养类绿色食品的需求，国家经贸委、财政部、卫生部、铁道部、质监局、环保总局于 1999 年 11 月 23 日宣布，正式启动以开辟绿色通道、培育绿色市场、提倡绿色消费为主要内容的“三绿工程”。这里提倡的绿色消费，是指制定统一的消费政策和引导措施，促进绿色食品消费数量的增长和产品结构的优化，确立科学的、有益于人体健康和环境保护的食品消费模式。

1.3.2　经济可持续发展

对于可持续发展，可从不同的属性角度，比如说从生态属性、科技属性、经济属性等方面，对其进行定义。在这里，我们只从经济属性上定义可持续发展。

这类定义也有不同表达方式，不管哪一种表达方式，都认为可持续发展的核心是经济发展。巴伯(Edward B. Barbier)在其著作中把可持续发展定义为：“在保护自然资源的质量和其所提供的服务的前提下，使经济发展的净利益增加到最大限度”(Barbier，1985)。皮尔斯主张，“可持续发展是今天的资源使用不应减少未来的实际收入”(Pearce，1993)。当然，定义中的经济发展已不是传统的以牺牲资源与环境为代价的经济发展，而是“不降低环境质量和不破坏世界自然资源基础的经济发展”。

皮尔斯(D. Pearce)还提出了以经济学语言表达的可持续发展定义：“当发展能够保证当代人的福利增加时，也不会使后代人的福利减少”。而经济学家科斯坦萨(R. Costanza)等人则认为，如果要对可持续发展下定义，那么一种有用的定义是：能够无限期地持续下去——而不会降低包括各种“自然资本”存量(的量和质)在内的整个资本存量——的消费数量。“可持续发展是动态的人类经济系统与更大程度上动态的、但正常条件下变动更缓慢的生态系统之间的一种关系；这种关系意味着：人类的生存能够无限期地持续，人类个体能够处于全盛状态，人类文化能够发展；但这种关系也意味着人类活动的影响保持在某些限度之内，以免破坏生态学上的生存支持系统的多样性、复杂性和功能”。①

目前，获得最广泛接受和传播的是1987年世界环境与发展大会的《我们共同的未来》报告中做出的定义性解释：“人们有能力使发展持续下去也能保证使之满足当前的需要，而不危及下一代满足其需要的能力。”②可具体表述为，通过发展经济、保护环境、控制人口等，走一条经济、社会、环境、资源和人口之间相互协调，既能满足当代人的要求，又不对后代人的发展构成危害的发展道路，以保持社会具有长期可持续发展的能力。现在，可持续发展作为一种发展趋势已被世界各国广泛接受，成为最重要的新发展理论和社会发展模式。

1.4　劳动时间节约

1.4.1　劳动时间节约理论

马克思在分析商品生产和价值决定时，以必要劳动时间和剩余劳动

① R. Costanza, H. E. Daly and J. A. Baitholomew, “Goals, Agenda, and policy Recommendations for Ecological Economics,” in R. Costanza, Ed., Ecological Economics: The Science and Management of Sustainablity, Columbia University Press. 1991, pp. 1－2.

② 世界环境与发展委员会编著，我们共同的未来[M]. 北京，世界知识出版社，1989：23－24.

时间的区分为基础，阐述了有关劳动时间节约的理论。

马克思吸收和发展了资产阶级古典政治经济学关于劳动是国民财富源泉的思想，确认在人类社会发展中，劳动时间"始终是财富的创造实体和生产财富所需要的费用的尺度"①。他在分析商品价值构成时指出，任何商品的价值都包括两个部分：所消耗的生产资料（原材料的耗费和劳动资料的损耗部分）的价值，这是过去劳动的产物；新加入的劳动创造的价值。它们都可以还原为一定的劳动时间。从社会财富是劳动时间的凝结这一基点出发，马克思提出了"一切节约归根到底都是时间的节约"这一论断。"真正的节约（经济）= 节约劳动时间 = 发展生产力"②。

马克思是这样引入节约劳动时间的概念的，马克思在《资本论》中曾阐述，节约劳动时间实质上相当于减少工人的必要劳动时间；相应地，资本家追求的则是尽可能延长工人的剩余劳动时间，不断获得剩余价值或利润。这样，劳动时间的节约首先就来自于必要劳动和剩余劳动的区分。在资本主义经济中，当价值转化为能够带来剩余价值的价值时，以劳动为基础的交换将转化为以剩余劳动或获取利润为基础的交换。这是马克思使用抽象分析方法得到的结论，以此表明资本家雇佣劳动工人进行生产的目的是为了获取利润，也就是剩余价值来源于剩余劳动的资本主义经济关系。根据马克思的观点，剩余价值就是由雇佣工人劳动创造的、被资本家无偿占有的、超过劳动力价值以上的价值。"$G' = G + \triangle G$，即等于原预付货币额加上一个增殖额。我把这个增殖额或超过原价值的余额叫做剩余价值。"③其中，工人超出必要劳动界限的工作时间称为剩余劳动时间，而在剩余劳动时间内耗费的劳动也就是剩余劳动。剩余劳动在商品经济条件下以价值形态存在时，即表现为剩余价值。对此，马克思在《资本论》中曾明确指出："直接生产者的劳动时间，必须超过再生产他们自己的劳动力即再生产他们本身所必需的时间。他们一般必须完成剩余劳

① 马克思恩格斯全集（第26卷Ⅲ）[M]. 北京：人民出版社，1974：282.
② 马克思恩格斯全集（第46卷）[M]. 北京：人民出版社，1979：120.
③ 马克思恩格斯全集（第23卷）[M]. 北京：人民出版社，1972：172.

动。这是主观的条件。而客观的条件是:他们也能够完成剩余劳动;自然条件是,他们的可供支配的劳动时间的一部分,足以把他们自己作为生产者再生产出来和维持下去,他们的必要生活资料的生产,不会耗费他们的全部劳动力。"①

那么怎样节约劳动时间呢?从个别生产者的角度看,马克思认为一方面要减少生产单位商品的活劳动时间,这就要提高劳动生产力。"劳动生产力的提高,在这里一般是指劳动过程中的这样一种变化,这种变化能缩短生产某种商品的社会必需的劳动时间,从而使较小量的劳动获得生产较大量使用价值的能力。"②另一方面要减少生产单位商品的物化劳动时间,这就要节约原材料和劳动资料。私人企业主"不允许不合理地消费原料和劳动资料……因为浪费了的原料或劳动资料是多耗费的物化劳动量,不能算数,不加入形成价值的产品中"③。从社会的角度考察,劳动的节约还要求按照社会需要的比例,将社会总劳动合理地分配于不同生产领域。"如果说个别商品的使用价值取决于该商品是否满足一种需要,那末,社会产品总量的使用价值就取决于这个总量是否适合于社会对每种特殊产品的特定数量的需要,从而劳动是否根据这种特定数量的社会需要按比例地分配在不同的生产领域"。④"如果某种商品的产量超过了当时社会的需要,社会劳动时间的一部分就浪费掉了"⑤。

以上是从生产的领域对劳动时间节约理论进行的分析,而马克思认为生产直接是消费,消费直接是生产。每一方直接是它的对方。消费是社会生产总循环过程中的一个重要环节,没有需要就没有生产,而消费则把需要再生产出来。因此,如果要完整地讨论马克思对节约劳动时间问题的研究,也就必须要考虑生产的另一面——消费,即节约所具有的消费效应。马克思认为,消费生产出了劳动者的能力素质,这才是真正的生产

① 马克思恩格斯全集(第25卷)[M]. 北京:人民出版社,1975:715.
② 马克思恩格斯全集(第23卷)[M]. 北京:人民出版社,1972:350.
③ 马克思恩格斯全集(第23卷)[M]. 北京:人民出版社,1972:222.
④ 马克思恩格斯全集(第25卷)[M]. 北京:人民出版社,1975:716.
⑤ 马克思恩格斯全集(第25卷)[M]. 北京:人民出版社,1975:209.

力发展的动力。马克思将节约的思想融入消费领域并不只是为了阐述消费问题，而是基于节约与生产、消费、增长之各种效用关系的联系，主要探讨节约劳动时间对人的充分发展与和谐社会的促进作用。马克思认为，社会是由于共同物质条件而相互联系起来的人群，发展经济的目的不只是为了生产和增长，还要为了满足人类的各种需要，以使人的自身得到全面的发展。所以，当生产力高度发达的时候，当人类可以从社会必要劳动时间中游离出相当数量的剩余时间的时候，整个社会才能在实现每个个体自由而全面发展的基础上达到经济和谐统一。因此，发展生产力与发展消费能力都是同步的，即消费能力的提高也是发展生产力的前提。马克思这样论述了这一观点："例如，由于生产力提高一倍，以前需要使用 100 资本的地方，现在只需要使用 50 资本，于是就有 50 资本和相应的必要劳动游离出来；因此必须为游离出来的资本和劳动创造出一个在质上不同的新的生产部门，这个生产部门会满足并引起新的需要。旧产业部门的价值由于为新产业部门创造了基金而保存下来，而在新产业部门中资本和劳动的比例又以新的形式确立起来。"①这样不仅满足了新的消费需求，还实现了生产的节约。即节约的过程同时蕴涵生产效用和消费效用。"真正的经济——节约——是劳动时间的节约。而这种节约就等于发展生产力。可见，决不是禁欲，而是发展生产力，发展生产的能力，因而既是发展消费的能力，又是发展消费的资料。消费的能力是消费的条件，因而是消费的首要手段，而这种能力是一种个人才能的发展，一种生产力的发展。"②

1.4.2　劳动时间节约的意义和作用

马克思深刻地揭示了节约劳动时间在人类社会发展中的重要意义和作用。他认为，人类社会必然关心生产生活资料所耗费的劳动时间（虽然在不同的发展阶段上关心的程度不同），因此，节约劳动时间就是人类社

① 马克思恩格斯全集（第 46 卷上）[M]. 北京：人民出版社，1979：392.

② 马克思恩格斯全集（第 46 卷下）[M]. 北京：人民出版社，1979：225.

会经济活动最普遍最基本的规律。他对未来新社会进行构想时指出:“时间的节约,以及劳动时间在不同的生产部门之间有计划的分配,在共同生产的基础上仍然是首要的经济规律。这甚至在更加高得多的程度上成为规律。”①经济活动要求提高效率和节约成本,说到底是节约生产商品的劳动时间。马克思在揭示价值和剩余价值的生产时,就是以必要劳动时间和剩余劳动时间的变化及其比例来说明的。

按照马克思的论述,节约劳动时间的作用有三方面:其一,节约劳动时间就是发展生产力,增加社会财富。一个国家在一定时期投入的劳动时间总量是一定的,要生产更多的物质财富就必须节约生产单位产品的劳动时间。“真正的经济——节约——是劳动时间的节约(生产费用的最低限度——和降到最低限度)。而这种节约就等于发展生产力。”②生产力发展了,社会财富就会增加。正是在这种意义上,马克思赞同并转述了李嘉图的论述:“真正的财富在于用尽量少的价值创造出尽量多的使用价值,换句话说,就是在尽量少的劳动时间里创造出尽量丰富的物质财富”③。其二,节约劳动时间,有助于人们参与社会活动,丰富精神文化生活。财富不只限于物质财富,还包括精神文化财富,“‘可以自由支配的时间’以及对别人劳动时间里创造出来的东西的享受,都表现为真正的财富”④。因此,生产活动中劳动时间越是节约,“社会工作日中必须用于物质生产的部分就越小,从而个人从事自由活动,脑力活动和社会活动的时间部分就越大”⑤。这样,人们的社会生活和精神文化生活就会更加丰富。其三,劳动时间的节约必将促进人的全面发展。实现人的全面发展,是人类社会发展的方向。而“时间是发展才能等等的广阔天地”⑥。个人占有可供自己发展的足够的自由时间,是实现人的全面发展不可或缺的

① 马克思恩格斯全集(第46卷上)[M]. 北京:人民出版社,1979:120.
② 马克思恩格斯全集(第46卷下)[M]. 北京:人民出版社,1979:225.
③ 马克思恩格斯全集(第26卷Ⅲ)[M]. 北京:人民出版社,1974:281.
④ 马克思恩格斯全集(第26卷Ⅲ)[M]. 北京:人民出版社,1974:281-282.
⑤ 马克思恩格斯全集(第23卷)[M]. 北京:人民出版社,1972:579.
⑥ 马克思恩格斯全集(第26卷Ⅲ)[M]. 北京:人民出版社,1974:281.

重要前提。这就要求为增加自由时间而尽可能地节约劳动时间。因此，马克思将节约劳动时间看做是生产固定资本，这种固定资本就是人本身①。

1.5　交易成本节约

经济活动中的节约，实际上是成本的节约，在生产领域中劳动时间的节约也就是生产成本的节约。而现实经济生活中，成本已超出生产领域，在非生产领域如流通、交易环节，乃至其他领域，都涉及交易成本。

交易成本是产权经济学的理论基础。产权经济学家从不同的领域对交易成本理论进行了科学的论述，其中最主要的代表是科斯（R. H. Coase）。科斯主要是对市场费用进行了分析。他认为交易成本主要分为三大部分。

一是交易成本的政府行政成本。科斯是这样说的，“政府有能力以低于私人组织的成本（或以没有特别的政府力量存在的任何一定比例的成本）进行某些活动，但政府行政机制本身并非不要成本。实际上，有时它的成本大得惊人。”②并且这一成本包含了政府进行这种干预所带来的所有后果。

二是市场交易的成本。科斯认为：“在研究市场调整合法权利的问题时，已经强调了这种调整只有通过市场进行，才能导致产值的增加。但这一论点假定市场交易的成本为零，一旦考虑到进行市场交易的成本，那么显然只有这种调整后的产值增长多于它所带来的成本时，权利的调整才能进行。反之，禁令的颁布和支付损害赔偿金的责任可能导致发生在无成本市场交易条件下的活动终止（或阻止其开始）。在这种情况下，合法权利的初始界定会对经济制度的运行效率产生影响。一种权利的调整会

① 马克思恩格斯全集（第 46 卷下）[M]. 北京：人民出版社，1979：225.

② R. 科斯、A. 阿尔钦、D. 诺斯，财产权利与制度变迁[M]. 上海：上海三联书店、上海人民出版社，1994：22.

比其他安排产生更多的产值。但除非这是法律制度确认的权利的调整,否则通过转移和合并权利达到同样的后果的市场费用如此之高,以至于最佳权利配置以及由此带来的更高的产值也许永远不会实现。"①

三是企业组织交易的行政成本。"显而易见,采取一种替代性的经济组织形式能以低于利用市场时的成本而达到同样的结果,这将使产值增加,正如我多年前所指出的,企业就是最为通过市场交易来组织生产的替代物而出现的。在企业内部,生产要素不同组合中的讨价还价被取消了,行政指令替代了市场交易。那时,毋需通过生产要素所有者之间的讨价还价就可以对生产进行重新安排。考虑到各种活动的相关性将对土地的纯收益产生影响,一个拥有大片土地的地主可以将他的土地投入各种用途,因此省去了发生在不同活动之间的不必要的讨价还价。大建筑物或同一地区内许多毗邻房地产的所有者都会以同样方式行动。事实上,用我们的话来说,就是企业要获得所有各方面的合法权利,活动的重新安排不是用契约对权利进行调整的结果,而是作为如何使用权利的行政决定的结果。"②"在企业内部组织交易的行政成本也许很高,尤其是当许多不同活动集中在单个组织的控制之下时更是如此。以可能影响许多从事各种活动的人的烟尘妨害问题为例,其行政成本可能如此之高,以至于在单个企业范围内解决这个问题的任何企图都是不可能的。"③

另外,通过对庇古(A. Pigou)的传统理论的总结与分析,科斯认为交易成本还包括制度成本(制度转换成本)、税收成本和机会成本。这样,加上前文三部分,将交易成本概括为六部分。

此后,阿尔钦(A. Alchian)、登姆塞茨(H. Demsetz)细化了科斯的交易成本理论,并进行了补充,他们认为交易成本还应该包括以下四个方面:

---

① R.科斯、A.阿尔钦、D.诺斯,财产权利与制度变迁[M].上海:上海三联书店、上海人民出版社,1994:22.

② R.科斯、A.阿尔钦、D.诺斯,财产权利与制度变迁[M].上海:上海三联书店、上海人民出版社,1994:21.

③ R.科斯、A.阿尔钦、D.诺斯,财产权利与制度变迁[M].上海:上海三联书店、上海人民出版社,1994:22.

一是管理的费用。他们认为:"同样也可以基于管理的费用而很容易地同意企业理论。因为可以确信的事实是,在其他条件不变时,管理的费用越低,在企业内部组织资源的比较优势就越大。"①二是谈判(形成)合约的费用。"尽管合约的谈判费用降低了,同时由于活动的集中化程度提高,使投入行为的管理也变得更加容易。企业作为一种组织扩大了,尽管由集中权力带来了交易费用的降低。"②三是信息成本。他们认为:"企业是一种特殊的监察装置。如果引起了其他形式的较高的监督成本,就将使用一些其他形式的合约安排,因此,对于一种来源的信息成本,可能有不同的监督形式和合约安排。"③四是监察产出绩效的成本,它是对企业制度存在的一种解释。

张五常教授在《交易费用、风险规避与合约安排的选择》一文中,根据交易费用的不同及风险规避的假定对合约的选择进行了分析,认为交易成本应该包括以下几点:一是谈判成本与执行成本。"这些转让以及各种作为生产要素投入的相互协调都是有成本的,其中包括议定合约时的谈判与执行成本。"④"任何把不同所有者的资源组合起来投入生产的合约,除了谈判成本外,还包括依据合约条件来控制投入与分配产出的执行成本。"⑤二是交易费用。他认为:"存在不同合约安排的第二个原因是与每一种合约安排相应的交易费用不同。交易费用之所以不同,是由于投入产出的物质属性不同,制度安排不同,以及不同的合约规定所付出的执

① R. 科斯、A. 阿尔钦、D. 诺斯,财产权利与制度变迁[M]. 上海:上海三联书店、上海人民出版社,1994:70.

② R. 科斯、A. 阿尔钦、D. 诺斯,财产权利与制度变迁[M]. 上海:上海三联书店、上海人民出版社,1994:71.

③ R. 科斯、A. 阿尔钦、D. 诺斯,财产权利与制度变迁[M]. 上海:上海三联书店、上海人民出版社,1994:73.

④ R. 科斯、A. 阿尔钦、D. 诺斯,财产权利与制度变迁[M]. 上海:上海三联书店、上海人民出版社,1994:138.

⑤ R. 科斯、A. 阿尔钦、D. 诺斯,财产权利与制度变迁[M]. 上海:上海三联书店、上海人民出版社,1994:141.

行与谈判努力不同。”①三是资产转移成本。“选择一个相对较长的租约期限是为了减少佃农转让(交易)附着于土地资产的成本,资本财产的物理特征不同,在租佃关系解除时包含的移动成本也不同。”②四是转让产权的预期成本。“一个适合长的租期可以减少争议,并能降低转让产权的预期成本。”③另外还包括旧资产的贴现值的估算成本。交易费用也取决于其他因素,如参加者的人数与交易量,价格的变化与创新等。

交易费用作为一种发生交易的成本,不仅导致交换中使用较多的非市场形式,也导致所交换的物品的社会价值的差异,其结果是使得生产一个社会最优的产出组合更加困难。

1.6 节约富国论

1.6.1 节约富国的依据

人们常把经济发展看做强国之道,但却未意识到节约同样可致国富。节约富国有客观的依据。

首先,资源稀缺是节约的前提。在我国这样一个人均资源紧缺的人口大国,节约尤为重要。作为人口大国,人多有人多的好处:人多力量大,人多热情高,众人拾柴火焰高,人多确实有利于经济综合实力的增强。而且,人口众多也使得我国节约的潜力巨大,每人节约一点,积水成河,积沙成塔。然而,人多的不利因素也显而易见:虽然我国资源总量不少,但人均资源相对贫乏;我国经济总量不少,但人多消耗大,经济的增量被人口的增量所抵消;人多浪费大,在我国这样一个人口大国,一次性塑料袋、饭盒、卫生用具等带来白色污染;一次性筷子带来木材浪费,乃至水土流失,

① R.科斯、A.阿尔钦、D.诺斯,财产权利与制度变迁[M].上海:上海三联书店、上海人民出版社,1994:138.

② R.科斯、A.阿尔钦、D.诺斯,财产权利与制度变迁[M].上海:上海三联书店、上海人民出版社,1994:154.

③ R.科斯、A.阿尔钦、D.诺斯,财产权利与制度变迁[M].上海:上海三联书店、上海人民出版社,1994:154.

生态失衡;过度豪华包装,带来的资源消耗更不计其数;城市里的汽车消费,造成环境污染和人居环境的恶化。以我国人均资源占有量与世界平均水平相比,耕地为 1/3,淡水为 1/4,森林为 1/5,石油为 1/10,天然气为 1/22。① 面对资源紧缺,我们没有理由浪费和奢侈。

其次,内涵发展是节约型社会的经济增长方式。经济学意义的节约是指劳动时间的节约,劳动时间的节约可转换为生产资料的节约,乃至资本的节约。节约是节俭和集约,尤其是集约化生产,要求资源配置的合理和科学,提高资源利用效率,是经济发展内涵发展的要求。长期以来,我们走的是依靠高消耗资源、粗放式经营的经济发展之路,存在着高投入、低产出和浪费严重的现象。过去的 20 年,中国是世界上经济增长最快的国家之一,年均经济增长 9% 以上,但在相当程度上是以自然资源损失和生态赤字所换得的。二十多年来,主要是外延式经济增长,拼人力、拼物力,以规模扩展带动经济增长。随着经济的快速发展,资源的制约作用日益突出,外延式经济增长招致资源的制约。目前,我国 GDP 约占世界的 4%—5%,但重要资源消耗占世界的比重,却大大高于世界平均水平,即使考虑到汇率因素,中国的资源产出效率也是比较低的。钢铁、有色、电力、化工等八个高耗能行业单位产品能耗比世界先进水平平均高 40% 以上,单位建筑面积采暖能耗相当于气候条件相近的发达国家的 2—3 倍。工业用水综合利用率比国外先进水平低 15—25 个百分点,矿产资源总回收比国外先进水平低 20 个百分点。② 节约,既是消费的节制,也是生产的集约。劳动投入的节约和经济增长方式集约化,体现了节约的本质。要缓解资源约束的矛盾,就必须充分考虑资源承载能力,实行资源节约和循环利用,节约生产资本和交易费用,走内涵式经济增长之路。

再次,可持续发展是节约富国战略的要求。节约的经济意义在于:生产和消费等领域,提高资源利用效率,以最少的资源消耗获得最大的经济和社会收益,保障经济社会可持续发展。建设资源节约型社会,其目的在

① 梁朝辉. 节约型社会:市场机制是瓶颈[N]. 社会科学报,2005—7—28(2).
② 邓海云. 节约能源:中国经济发展的唯一选择[N]. 光明日报,2005—8—1(5).

于追求更少资源消耗、更低环境污染、更大经济和社会效益,实现可持续发展。“节约”具有双重含义。一是相对浪费而言的节约,摈弃浪费。二是在经济运行中对资源、能源需求实行减量化,节省成本。即在生产和消费过程中,用尽可能少的资源、能源创造相同的财富甚至更多的财富,最大限度地充分回收利用各种废弃物。因此,厉行节约方可实现经济的可持续发展,乃至使国家走向富强。

1.6.2 节约等同于积累

从资源节约的角度来看,是用同等的资源产出较多的生产成果。从价值角度考虑,是用尽可能少的资本生产出较大量的价值。因而,资源节约也就是资本节约,资本节约等同于资本积累。

资源节约与资本节约相互转化。资源的开发利用是以投资为前提,投资的科学合理意味着资源利用的节约。斯密(Adam Smith)认为,节约资本即增加社会资本。“资本增加,由于节俭;资本减少,由于奢侈与妄为。一个人节省了多少资本,就增加了多少资本。这个增多的资本,他可以亲自投下来雇用更多的生产性劳动者,亦可以有利息地借给别人,使其能雇用更多的生产性劳动者。个人的资本,既然只能由节省每年收入或每年利得而增加,而个人构成的社会的资本,亦只能由这个方法增加。”①毫无疑问,社会资本的增加,则意味着国家财富的增强。

节约并不是勤劳,但节约以勤劳为积累。节约是增加社会资本和国家财富的条件。斯密认为:“资本增加的直接原因,是节俭,不是勤劳。诚然,未有节俭以前,须先有勤劳,节俭所积蓄的物,都是由勤劳得来。但是,若只有勤劳,无节俭,有所得而无所贮,资本决不会加大。节俭可增加维持生产性劳动者的基金,从而增加生产性劳动者的人数。他们的劳动,既然可以增加工作对象的价值,所以,节俭又有增加一国土地和劳动的年产物的交换价值的趋势。节俭可推动更大的劳动量;更大的劳动量可增

① 亚当·斯密. 国民财富的性质和原因的研究(上卷)[M]. 北京:商务印书馆,1972:310.

加年产物的价值。"①节约与勤劳总是一对双生子,浪费与懒惰总是一双难兄弟。

节约直接增加生产性投资。在可支配的收入中,不外乎用于国民消费和生产投资,消费的节约,实际是给生产增加投资。正如斯密所言:"节俭的人,每年所省的收入,不但可在今年明年供养若干更多的生产性劳动者,而且,他好像工厂的创办人一样,设置了一种永久性基金,将来随便什么时候,都可维持同样多的生产性劳动者。"②然而,节约决不意味着守财奴,决不意味窖藏货币。经济意义上的节约意味着生产性投资的增加。

在一个资本短缺的国家,节约与经济增长同等重要。中国经济的一个重要制约因素是资本不足。因此,节约消费和节约交易成本,可直接为生产投资提供增量。同时,节约可将本来用于奢侈消费的那部分收入转化为投资,还可减少借贷资本的利息支出,引进资本的利润外流。因此,从一定意义上讲,节约就是资本积累。

1.6.3　节约富国,浪费败国

节约与浪费是一个硬币的两面,倡导节约,即反对浪费。

节约富国,而浪费败国。一个社会流行奢侈之风,其国败显现。这是因为:其一,奢侈和浪费以蚕食生产资本为代价。奢侈浪费愈盛,生产投入愈少;生产投入少,产出就少,久而久之,由富致贫。国民与国家概莫其外。斯密对奢侈的批评一针见血,"奢侈者就是这样滥用资本:不量入为出,结果就蚕食了资本。……由于雇用生产性劳动的基金减少了,所雇用的能增加物品价值的劳动量减少了,因而,全国的土地和劳动的年生产物价值减少了,全国居民的真实财富和收入亦减少了。奢侈者夺勤劳者面包来豢养游惰者。如果另一部分人的节俭,不足抵偿这一部分人的奢侈,

---

① 亚当·斯密. 国民财富的性质和原因的研究(上卷)[M]. 北京:商务印书馆,1972:310.

② 亚当·斯密. 国民财富的性质和原因的研究(上卷)[M]. 北京:商务印书馆,1972:311.

奢侈者所为,不但会陷他自身于贫穷,而且将陷全国于匮乏。”①其二,奢侈和浪费,以消耗物质资源为代价。现实情况是,一方面生产资本投入受到削弱,另一方面是奢侈浪费盛行,公款消费蔓延。一个国家漠视生产领域,非生产投资侵占生产投资,势将削弱国民经济的根基。

以我国餐饮业为例:2004 年,全国餐饮业零售额实现 7486 亿元,人均消费 576 元。2005 年,全国餐饮业零售额实现 8886.8 亿元,人均消费 680 元。② 据《2007 中国餐饮产业运行报告》显示:2006 年全年餐饮消费零售额突破 1 万亿元人民币,达到 10345.5 亿元。③但其背后的浪费数额也让人触目惊心。一是一次性用品耗费惊人。我国每年消耗一次性筷子 450 亿双,耗费木材约 2200 万立方米,需要砍伐大约 2500 万棵树,减少森林面积 200 万平方米。二是好饭好菜转眼成“垃圾”。按照餐饮界最保守的计算,浪费掉的食物占餐桌上食物的 10%。如此算来,我国 2006 年餐饮业浪费掉的社会财富达 1035 亿元之多。三是水电浪费严重。就餐环境中的空调使用量很大,这当中导致的电力浪费是巨大的,许多餐馆酒楼的空调温度经常维持在 24 摄氏度以下,同时餐饮行业中的用水量也很大,其中清洗用水量占了约三分之二。④

政府奢侈之风,将国家推向失败。斯密说:“地大物博的国家,固然不会因私人奢侈妄为而贫穷,但政府的奢侈妄为,却有时可把它弄得贫困。”⑤国土资源因奢侈浪费而致贫穷的国家比比皆是,国土狭小而奉行节约国策而强盛的国家也不在少数,如日本国土狭小,却最珍惜资源,终成经济强国,欧洲诸强也是例证。以色列水贵如油,发明了最节约的灌溉系统,在最贫瘠的国土上打造了一个强国。最新的研究报告表明,日本的

① 亚当·斯密.国民财富的性质和原因的研究(上卷)[M].北京:商务印书馆,1972:311—312.

② 中国餐饮年鉴[M].北京:中国商业年鉴社,2006:43—44.

③ http://hy.stock.cnfol.com/071020/124,1469,3439797,00.shtml.

④ 餐饮业——节约的空间有多大?中国网:2005 年 8 月 31 日,文章来源:经济日报.

⑤ 亚当·斯密.国民财富的性质和原因的研究(上卷)[M].北京:商务印书馆,1972:314.

能源利用效率基本上是发达国家平均数的两倍。如果日本单位产值能源消耗量为1，美国则为2.72，英国为1.91，法国为1.59，德国为1.41。①

国民个人的节俭是国家富裕的基础。斯密说："个人的节俭慎重，有时不仅可以补偿个人的奢侈妄为，而且可以补偿政府的浪费。每个人改善自身境况的一致的、经常的、不断的努力是社会财富、国民财富以及私人财富所赖以产生的重大因素。"②杜绝奢侈和浪费要从每个人做起。

因此，正如斯密所言："节俭可以增加社会资本，奢侈可以减少社会资本。"③社会资本是各种私人资本的总和，个人节省了私人资本，而私人资本总和的社会资本将增加。中国本来就人均资源不多，资本有限，改革开放以来，一方面引进外资搞建设，另一方面以有限的资源搞制造业，出口贸易全靠有限的资源。如今，青山绿水日见减少，耕地日见减少，地下资源越来越少。我们没有理由奢侈，更浪费不起有限的资源。

"厉行节约、勤俭建国"，曾是我们的建国方针。早在1951年，毛泽东就领导全党全国开展"实行增产节约，反对贪污、浪费和官僚主义"的运动。1957年2月毛泽东在《关于正确处理人民内部矛盾的问题》中指出："我们要进行大规模的建设，但是我国还是一个很穷的国家，这是一个矛盾。全面地持久地厉行节约，就是解决这个矛盾的一个方法。"④"要使我国富强起来，需要几十年艰苦奋斗的时间，其中包括执行厉行节约、反对浪费这样一个勤俭建国的方针。"⑤我国在第一个五年计划期间的1955年提出过节约，但当时重点是在非生产性的基本建设中反对过高的标准，在工业生产中节约原料。而在1957年的厉行节约的运动，"要在全国各

---

① 中国网：2005年9月7日，文章来源：环球时报.

② 亚当·斯密. 国民财富的性质和原因的研究（上卷）[M]. 北京：商务印书馆，1972：315.

③ 亚当·斯密. 国民财富的性质和原因的研究（上卷）[M]. 北京：商务印书馆，1972：318.

④ 毛泽东文集（第7卷）[M]. 北京：人民出版社，1999：239.

⑤ 毛泽东文集（第7卷）[M]. 北京：人民出版社，1999：240.

方面提倡节约,反对浪费"①;"力求节省,用较少的钱办较多的事"②。毛泽东还认为:"我们六亿人口都要实行增产节约,反对铺张浪费。"③

节约是社会美德,国民节约是国富的标志。在一个以民为本的社会,藏富于民与藏富于国有同等的意义,国民奉行节约实际是增加国家财富。国民节约之风与国家节约之策是同步的。斯密说:"节约与藏蓄的倾向,流行于人民之间,也同样流行于君主之间。"④传统社会人们乐于储藏财富,如果国民财富储藏在民间,随时会通过国家经济调节的手段为国家所用,在国家处于紧急状态时,更会听命于国家调遣。因此,国民节约无异于增加国家财力。

节约对国土的长期安全尤为重要。斯密还说:"一国在平时没有节约,到战时就只好迫而借债。"⑤现代社会是信用社会,借债当然比过去来得便利,但毕竟没有自己的钱来得方便,用得省心,且国债的借贷往往伴有许多经济和非经济的条件,受制于人,委曲求全。借债过多,利息负担不堪,最终国贫民穷。因而,节约是国家安全的需要。

新中国成立初期厉行节约的意义不言而喻,当代中国更要倡导节约富国思想。站在国家战略的高度,要厉行节约,居安思危。经济繁荣时不忘节约,丰年不忘歉年。国家长治久安,全靠经济实力维系。为此,要将节约资源提升到基本国策的高度来认识,把建立资源节约型社会的目标纳入国家经济社会发展规划中,将"控制人口,节约资源,保护环境"共同作为我国的基本国策。

---

① 毛泽东文集(第7卷)[M]. 北京:人民出版社,1999:239.

② 毛泽东文集(第7卷)[M]. 北京:人民出版社,1999:240.

③ 毛泽东文集(第7卷)[M]. 北京:人民出版社,1999:240.

④ 亚当·斯密. 国民财富的性质和原因的研究(下卷)[M]. 北京:商务印书馆,1972:471.

⑤ 亚当·斯密. 国民财富的性质和原因的研究(下卷)[M]. 北京:商务印书馆,1972:472.

第2章　节约型社会的理论假设

建设节约型社会是科学发展观的战略措施,也是和谐社会建设的题中之义。在我国经济持续快速发展的今天,提出建设节约型社会,顺应了经济社会发展的客观要求。因此,正确分析经济资源及其利用条件,提炼与现实状况相吻合的假设条件,是建设节约型社会的基本出发点。节约是新中国长期奉行的基本国策,经过三十年的经济高速增长,我国外延式经济增长面临资源短缺的严重约束,节约问题重新被人们所重视,建设节约型社会也成为时代的主题。建设节约型社会是一项国家战略。就一个国家而言,节约与人口控制、环境保护同等重要且相互关联。建设节约型社会是富国之策,是中国全面建设小康社会,乃至建设社会主义现代化强国的必要途径。

2.1　节约型社会的理论假设

资源的稀缺性、资源禀赋不均、经济外部性以及交易成本的存在共同构成节约型社会的假设前提。这里所谓理论假设,决非主观臆造,而是来自对实际状况的理论提炼。

2.1.1　假设之一:资源的稀缺性

资源稀缺是古典经济学的基本假设,这一理论假设也适合于当前节约型社会的理论分析。资源是在一定的技术、经济条件下,人类可以使用的一切物质、能量和信息,它是创造社会财富的来源。① 在这里,资源主

① 薛平. 资源论[M]. 北京:地质出版社,2004:1.

要是物质资源。

资源稀缺源于资源有限性。具体地说:(1)资源在一定时点上是有限的。人们对资源的认识局限于当前已经发现并可资利用的资源;(2)资源在一定地域上是有限的。资源分布在有限的空间范围内,而地域受到行政区划的规定,不同地域管辖的资源不同;(3)资源在一定技术条件下是有限的。自然资源需要开采加工,才能成为生产或生活资料,而对自然资源的利用需要一定的技术条件,技术条件在不同地区和不同时期是有差别的;(4)资源在一定经济条件下是有限的。在一定的经济条件下,尤其是在一定的生产力水平条件下,资源的发掘和利用是有差别的。资源利用受到生产力水平的限制。

当然,资源稀缺并不等同于资源有限,稀缺性与有限性相联系但又区别于有限性。稀缺性包含着两个基本问题:一是人类的欲望是无限的;二是用来满足人类欲望的资源是有限的。关于稀缺性,蒙塔尼(Montani)认为:"最好的例子也许就是瓦尔拉(Walras)给社会财富即经济货物下的定义。他说'所谓社会财富,我指的是所有稀缺的东西,……它一方面对我们有用,另一方面它可以供给我们使用的数量却是有限的'。"①所以,"有用"和"数量有限"是构成稀缺性的充分条件,两者缺一不可。

现代科技发展使资源的开发利用得以扩展,从而在一定程度上突破了自然条件的限制。远洋运输的发展,使得资源贫乏地区建立起大型资源产业基地,长距离输变电技术带来能源产业布局的根本性变革。科技应用使得自然资源利用的深度和广度扩大,人类95%以上的能源、80%以上的工业原材料、70%以上的农业生产资源来自于矿产资源。客观而言,资源稀缺是人类面临的共同问题,是经济发展的约束条件。资源稀缺性假设说明,大量耗费自然资源,以牺牲资源存量和环境为代价,片面追求GDP的增长将使得资源利用难以为继。在资源稀缺条件下,存在机会成本。因为使用一种资源生产某种产品,必须放弃使用该资源生产另一

① 约翰·伊特韦尔、默里·米尔盖特、彼得·纽曼. 新帕尔格雷夫经济学大词典(第4卷)[M]. 北京:经济科学出版社,1996:272.

产品。生产另一产品所得利益即为该资源利用的机会成本。资源配置效率越高,这种机会成本越低。正是因为资源稀缺,不能满足人类无限的物质需要,人类经济活动受到现存资源条件的约束,故而要有效地分配和利用相对稀缺的资源。要利用尽可能少的资源生产出尽可能多的产品,或生产同样多产品使用尽可能少的资源。

2.1.2　假设之二:资源禀赋不均

资源禀赋是自然形成的不同地区对资源的拥有状况,也指由于各国的地理位置、气候条件、自然资源蕴藏等方面的不同所导致的各国专门从事不同部门产品生产的格局,并由此影响一国或地区的经济发展能力。资源禀赋同样是一个国家或地区经济发展的约束条件。

资源禀赋不均是指国家之间、地区之间在所拥有或能够支配的资源的品种、质量或数量方面的不一致性,它反映了国家与地区之间资源稀缺度的差别。生活在不同国家、地区,处于不同气候条件下的人们,拥有的自然条件不同。有些地方气候恶劣、土地贫瘠、人口稀少,而有些地区气候良好、土地肥沃、交通便利;有些地区地下资源贫乏,而有些地区地下资源丰富。资源禀赋不均会造成资源的不确定性危害,即当资源的开发利用已经达到较高水平,一国或地区某些产业甚至全部的经济部门都依赖于这些资源时,没有预料到的资源量的波动尤其是资源量的减少会成为严重的经济问题。同时,由于不确定性随着时间的延长而增加,人们往往倾向于宁愿要一定的现实收益而不要不确定的未来收益,从而产生对资源的"杀鸡取卵"的行为,造成资源耗竭速度的加快。

现实生产中投入的生产要素不只是劳动力这一种,而是包含多种再生产要素资源。而生产要素资源取决于自然资源禀赋。资源禀赋不平衡,要求人们走节约发展之路,尤其是资源条件差的国家和地区更要有节约意识,节约使用生产资源。在人类历史上,因资源禀赋差而走节约型经济发展之路的国家和地区成功者不少,如日本的地下资源稀少,却成为经济超级大国;以色列水资源匮乏,却成为水利用最先进的国家。

2.1.3 假设之三:经济外部性

所谓经济外部性就是某经济主体的福利函数的自变量中包含了其他经济主体的行为,而该经济主体并没有向其他主体提供报酬或索要补偿。

人类的生产与生活都会产生外部性。以生产的外部性为例,假设:某企业处于一个完全竞争的市场中,因此该企业只是市场价格的接受者,它的产量变化不会影响市场价格,再假设边际外部成本是固定的。①如图 2—1 所示:

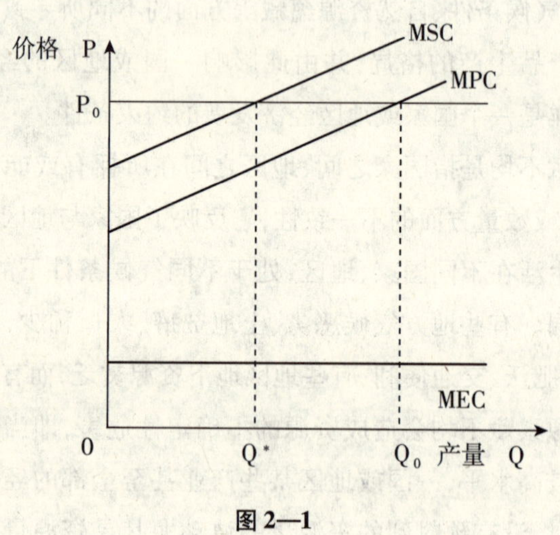

图 2—1

对于私人而言,由于不考虑外部成本,按照 $P_0 = MPC$ 的利润最大化原则决定自己的产量为 Q_0;但如果考虑到外部性问题,私人应承担外部成本,按照 $P_0 = MSC$ 的原则决定自己的产量,其产量应为 Q^*。显然,由于 $Q^* < Q_0$,所以私人使用了过多的资源生产了过多的商品。

从该模型可以看出,当存在生产(或消费)的负外部性时,人们将耗费过多的资源于某种商品的生产(或消费)上。不难看出,如果存在正外部性,结论应该是相反的。所以,当存在外部性影响时,资源的配置就不

① 如假设边际外部成本是递增的,结论依然成立。

能达到最优,某些资源会过度使用,环境也可能受到过度影响。由于外部性的存在,为了实现资源配置和产出最优,必须将外部性内在化。这是节约社会成本的必要选择。

经济活动造成环境的破坏是最典型的经济外部性。这种外部性不仅带来其他企业或居民的经济损失,而且也造成未来的经济损失。如企业排污带来的河流水源质量破坏,企业生产排出的烟尘带来空气质量的破坏,这些都严重影响了其他企业的生产和居民的生活质量。从经济意义上说,负的经济外部性增加了社会成本。

2.1.4 假设之四:交易成本为正

资源的开发和利用除了存在生产成本,还存在交易成本,它也是资源的一种耗费。在社会分工越来越专业化的条件下,生产以外的经济活动越来越广泛。所有生产领域以外的经济成本都可归结为交易成本。尼汉斯(Niehans)认为:"交易成本起因于所有权的转移。……一份契约的参加者必须相互寻找交易伙伴,双方必须传达和交换信息。商品必须被描述、检查、称重及度量。起草合同,可以咨询律师,转移所有权,并且必须记录在案。在某些情况中,根据需要,可通过诉讼强制执行合同,而违约可能导致诉讼。"①他指出了交易成本为什么存在的理由,也指出了交易成本包括的大致内容。在一个复杂的市场经济体系中,经济活动除了生产成本外,还存在许多非生产成本,现代产权经济学把它们归结为交易成本。市场经济不再是完全孤立的自给自足的经济活动,分工专业化使得交易更为频繁,市场交易也不是瞬间完成的过程,有交易活动就会产生成本。

威廉姆森(Oliver Williamson)认为决定交易成本的因素主要有五个:一是有限理性。有限理性意味着,在达成契约、进行交易时,交易当事人需要耗费资源选择某种合约安排,以便处理未来的分歧。二是机会主义。

① 约翰·伊特韦尔、默里·米尔盖特、彼得·纽曼.新帕尔格雷夫经济学大词典(第四卷)[M].北京:经济科学出版社,1996:730.

机会主义行为将导致信息不对称问题，其直接后果是合同风险。这样采取措施遏制机会主义就成为必要，而这就带来了新的成本。三是资产专用性。存在资产专用性时，契约关系的连续性和严格执行意义重大，在资产专用性很强时，通过市场组织交易的成本非常高。四是交易的不确定性。不确定性的存在使未来难以把握，必须设计一种合约以便保证在未来某种情况发生时交易当事人进行协商，而这必然增加交易成本。五是交易频率。交易频率是指交易发生的次数，它并不会影响交易成本的绝对值，但会影响各种交易方式的相对成本。

对于交易成本，正如德姆塞茨所言："而不管是哪种成本，只要涉及效率，问题就都在于能否合理地节约这种成本。"①在社会经济活动中，交易总是有成本的，节约交易成本是任何微观或宏观经济主体追求的目标之一。节约型社会一是要节约生产成本，二是要节约交易成本。从一定意义上说，由于交易成本的可塑性更大，因而，节约交易成本的意义更大。

综合以上分析，我们看到：在人类的经济生活和社会生活中，资源是有限的，资源相对于人类的需要而言是稀缺的；不仅如此，资源禀赋不均容易造成对资源的依赖性和过度开发，经济的负外部性也会造成对资源包括环境资源的过度使用，尤其是交易成本的存在使人类的交易活动本身也在耗费资源。所以从理论上说，资源包括环境资源必然成为人类经济活动以至社会生活的约束条件，或者说人类的生产活动和生活方式本身受到它们的限制。

2.2 我国面临的资源环境约束

温家宝总理曾经指出："我国人口众多，资源相对不足，生态环境承载能力弱，这是基本国情。特别是随着经济快速增长和人口的不断增加，能源、水、土地、矿产等资源不足的矛盾越来越尖锐，生态环境的形势十分严

① 哈罗德·德姆塞茨．所有权、控制与企业——论经济活动的组织[M]．北京：经济科学出版社，1999：78.

峻。高度重视资源和生态环境问题，增强可持续发展的能力，是全面建设小康社会的重要目标之一，也是关系中华民族生存与长远发展的根本大计。"①这段话描述了我国资源约束的状况，也指出了建设节约型社会的意义。

充分认识我国面临的资源环境约束对于贯彻落实科学发展观非常必要。

首先，我国人均资源稀少，更应珍惜资源。我国是一个资源大国，自然资源总量大、种类繁多，但由于人口众多，人均资源量少。我国人均土地面积为 0.77 公顷，为世界人均拥有量的 1/3；人均耕地面积为 0.106 公顷，为世界人均的 1/2；人均林地面积为 0.86 公顷，为世界人均的 1/4。②水资源人均径流量约为 2200 立方米，仅为世界人均径流量的 24.7%，③是世界上人均水资源极少的 13 个贫水国之一。我国人均矿产资源仅为世界人均占有量的 58%，④人均石油、天然气和煤炭储藏量分别为世界平均水平的 11%、4.5% 和 79%，45 种矿产资源人均占有量不到世界平均水平的一半。⑤我们必须充分认识到我国人均资源稀少的现实，加强全民节约意识、环境意识，以科学发展观指导经济社会发展。

其次，自然资源耗费量大和资源需求增长，要求节制使用资源。改革开放尤其是近年来，我国在资源利用和环境保护方面尽管取得了较大的成绩，但我国经济增长方式从总体上来说，依然是依靠大量耗费资源的粗放经济增长方式。从 2001 年开始，我国的能源消费的增长速度大于 GDP 的增长速度，能源消费弹性系数大幅度提高。因此，要停止对资源的过度使用，保持生态良性循环。

---

① 温家宝．提高认识 统一思想 牢固树立和认真落实科学发展观——在省部级主要领导干部"树立和落实科学发展观"专题研究班结业式上的讲话[N]．宁波日报，2004—3—1.

② 薛平．资源论[M]．北京：地质出版社，2004：45.

③ 薛平．资源论[M]．北京：地质出版社，2004：22.

④ 薛平．资源论[M]．北京：地质出版社，2004：73.

⑤ 曾业辉．我们需要一个怎样的世界[N]．中国经济时报，2005—3—9.

再次,自然资源使用效率不高,要求提高资源利用效率。资源使用效率不高表现为:一是存在严重浪费现象。由于我国还未建立起完全的市场经济,许多地方盲目投资、重复建设工业项目,致使大量生产能力闲置,许多工业产品过剩,造成大量资源的浪费。二是资源利用效率不高。仅从工业的资源利用效率来看,目前我国电力、钢铁、有色金属、石化、建材、化工、轻工、纺织八个行业主要产品单位能耗平均比国际先进水平高出40%。我国单位能源消耗量(千克石油当量)所创造的GDP不到0.7美元,而世界平均为3.3美元。2003年,我国实现的GDP占世界GDP的4%,但消耗了世界7.4%的原油、31%的原煤、30%的铁矿石、27%的钢材、25%的氧化铝和40%的水泥。①2006年,按现行汇率初步测算,我国GDP总量占世界的比重约为5.5%,但重要能源资源消耗占世界的比重却较高,比如能源消耗24.6亿吨标准煤,占世界的15%左右;钢材消费量为3.88亿吨,占30%;水泥消耗12.4亿吨,占54%。②国家能源研究中心的数据表明,每创造100万美元GDP,中国的能耗是美国的2.5倍、欧盟的5倍、日本的9倍,2006年上半年,全国单位GDP能耗同比上升0.8%,我国能源平均利用率仅为32%,比发达国家低近10%,主要产品单位能耗比世界水平高30%,可再生能源的商品量仅占能源消费总量的2.5%,小水电资源开发利用率只有23%,风电资源的利用率仅为0.05%。③因而,提高资源利用效率在于节约资源,这是建设节约型社会的核心内容。

第四,克服资源对经济发展的约束要求节约资源。我国经济增长越来越受到资源的约束。一是耕地资源后备不足。随着建设用地的增加和生态退耕,全国耕地面积近年呈减少的趋势。1997—2004年,我国耕地面积减少了5.7%,8年之间净减少耕地746.7万公顷。2006年全国耕地面积为12177.59万公顷,与2005年相比耕地面积减少了0.25%,耕地面

---

① 马凯.经济增长方式的转变[J].科学决策,2004,(5):2—8.

② 马凯.经济增长方式的转变[J].科学决策,2004,(5):2—8.

③ 崔民选.中国能源发展报告[M].北京:社会科学文献出版社,2007:24—25.

积净减少30.7万公顷。[①] 二是缺水严重。2004年我国人均水资源2040立方米，比上年下降4.0%，[②]全国年缺水总量300亿—400亿立方米。根据预测，到2030年我国人口将达到16亿，到时我国人均水资源量将降至1750立方米，接近国际一般认为的用水紧张的国家标准（1700立方米）。[③] 三是矿产、能源供需矛盾日益突出。从21世纪开始，我国已经开始进入矿产、能源供需矛盾日益突出的时代。以石油为例，我国2006年石油净进口16826.8万吨，比2000年（7576.4万吨）增长了122%，年均增长率达20.3%，石油对外依存度由2000年的33.8%上升到2006年的48.2%，六年上升了15.6个百分点。[④]因此，在有限的资源条件下保持经济持续快速增长，必须节约资源。

第五，逐渐恶化的环境迫使我们必须走节约型社会的发展之路。我国面临严峻的环境问题，已对生产和人民生活造成严重影响。主要表现在以下几个方面：一是土地生态还在继续恶化。尽管多年来，我国高度重视森林资源保护，1973—1998年，我国森林覆盖率由12.70%提高到15.73%，增加了3个百分点，[⑤] 2003年达到16.55%，2006年达到18.21%，[⑥]但森林覆盖率仅居世界第130位，人均森林面积居世界第134位。[⑦] 全国90%以上的可利用天然草原不同程度地退化，每年以200万公顷的速度递增。二是水污染严重。根据《2005中国环境状况公报》，2005年，全国七大水系的100个国控省界断面中，Ⅰ—Ⅲ类、Ⅳ—Ⅴ类和劣Ⅴ类水质的断面比例分别为36%、40%和24%。28个国控重点湖（库）中，满足Ⅱ类水质的湖（库）2个，占7%；Ⅲ类水质的湖（库）6个，占

---

① 中华人民共和国年鉴[M]. 北京：中华人民共和国年鉴社，2007：532.

② 中华人民共和国年鉴[M]. 北京：中华人民共和国年鉴社，2005：477.

③ 鹿心社. 我国现代化建设中资源问题的若干思考[J]. 国土资源通讯，2001，(1)：19—22.

④ 中国统计年鉴[M]. 北京：中国统计出版社，2007：263（依存度＝净进口/总消耗）.

⑤ 王兰慧、刘俊昌. 1978—1998年我国森林覆盖率变动的影响因素分析[J]. 北京林业大学学报（社会科学版），2003，(2)：33—36.

⑥ 中国统计年鉴[M]. 北京：中国统计出版社，2007：5.

⑦ 中华人民共和国年鉴[M]. 北京：中华人民共和国年鉴社，2005：561.

21%；Ⅳ类水质的湖（库）3个，占11%；Ⅴ类水质的湖（库）5个，占18%；劣Ⅴ类水质的湖（库）12个，占43%。三是空气污染亟待治理。由于我国能源主要以煤炭为主，加上机动车排放，我国空气污染严重。在2005年监测的522个城市中，空气质量达到或优于二级的只有315个，而三级和劣于三级的城市有207个。我国资源和环境状况表明，我们的经济和社会发展面临着严重的资源与环境约束，节约型社会发展之路是我们的科学选择。

从以上分析中可以得出结论，即无论从理论本身而言，还是从我国现实的经济条件出发，我们都必须珍惜资源、爱护环境，必须转变高投入、高消耗、高排放、不协调、难循环、低效率的经济增长方式，建设节约型经济乃至节约型社会。建设节约型社会，就是要在全社会范围内，在社会生产的各方面，本着节约的宗旨和原则，始终贯彻节约的各项要求，试图在社会生产、流通和消费的各个领域，通过制度建设，采取综合性措施，提高资源利用效率，以最少的资源消耗获得最大经济效益、生态效益和社会效益。这是人与自然和谐的美好愿望，也是建设和谐社会的题中之义。

第3章　节约型社会的资源配置与生产

从一定意义上讲,人类生产活动是消费生产资源的活动,节约首先是生产领域的资源利用的节约,是投入生产要素的节约。因此,应在资源稀缺和资源禀赋不均的条件下,合理有效地配置资源,避免资源浪费,使资源的边际替代率趋于相等,从而使资源利用效率最大化,并促进资源的永续利用、经济的可持续发展和生态环境的良性循环。这是节约型社会生产活动的基本出发点。

3.1　经济外部性与社会成本问题

3.1.1　生产领域的经济外部性

完全竞争市场经济在理想状态下,单个消费者或生产者的经济行为对社会上其他人的福利没有影响,即不存在"经济外部性",整个经济可以达到一般均衡,导致资源配置达到帕累托最优状态。然而,在现实世界里,亚当·斯密的"看不见的手"的定理一般达不到理想状态,帕累托最优状态(Pareto Optimum)通常不能得到实现,也就是说,现实的市场机制在很多场合不能导致资源的有效配置,存在"经济外部性"。经济外部性是指一个经济当事人的行为影响他人的经济利益,而这种影响并没有通过价格形式或市场机制反映出来。

实际经济中,某个人(生产者或消费者)的一项经济活动会给社会上其他成员带来好处,但他自己却不能由此而得到补偿,此时,该人从其活动中得到的私人利益就小于该活动所带来的社会利益,这种性质的外部性被称为“外部经济”。另一方面,某个人(生产者或消费者)的一项经济活动会给社会上其他成员带来危害,但他自己并不为此而支付足够抵偿这种危害的成本,此时,该人为其活动所付出的私人成本就小于该活动所造成的社会成本,这种性质的外部性被称为“外部不经济”。①

经济外部性又可以视经济活动主体的不同而分为两个类别、四种具体形式,即生产的外部经济和生产的外部不经济,消费的外部经济和消费的外部不经济。这里从社会资源配置与生产的角度来看外部性,即生产的外部经济和生产的外部不经济,也即某生产活动所产生的成本或收益,不经过市场体系(交换),直接发生在某些经济主体之间的情况。

首先,生产的外部经济。当一个生产者在生产过程中采取的经济行动给他人带来了有利的影响,而自己没有从中得到补偿时,就产生了外部经济性。如果这种有利的影响随着产量的增加而增加,这种现象就称为生产的外部经济性。例如,一个企业对其所雇用的工人进行培训,而这些工人可能转到其他单位去工作,该企业并不能从其他单位索回培训费用或得到其他形式的补偿,这就是生产的外部经济性。“从效率上看,生产的外部经济性体现的是企业生产的私人收益与社会收益之间的差距,即私人收益总是小于社会收益。”②如上例所述,该企业从培训工人中得到的私人收益就小于该培训活动的社会利益。

其次,生产的外部不经济。当一个生产者在生产过程中采取的经济行动给他人带来了损失或额外费用,而他人又没有得到补偿时,就产生了外部不经济性。如果这种不利的影响随着产量的增加而增加,这种现象就称为生产的外部不经济性。外部不经济性的例子很多。例如,一个企业在生产过程中因为排放污水而污染了河流,对邻近的饮料生产厂产生负面影响,而该饮料生产厂并未得到补偿,就是生产的外部不经济性。又如,一个企业可能因为排放烟尘而污染了空气,这种行为使附近的人们和整个社会都遭到了损失,等等。“从效率上看,生产的外部不经济性体现

① 高鸿业. 西方经济学[M]. 北京:中国人民大学出版社,1996:423.

② 鲁传一. 资源与环境经济学[M]. 北京:清华大学出版社,2004:30.

的是企业生产的私人成本与社会成本之间的差距,即私人成本总是小于社会成本。"①在上面例子中,排放污水的企业生产的私人成本就小于该行为造成的社会成本,烟尘造成的污染环境的成本由社会上其他企业承担了。排放烟尘的企业生产的私人成本也小于该行为造成的社会成本。

因此,从经济学角度分析,企业在生产过程中所造成的环境污染具有很强的负外部性,使得完全竞争厂商按利润最大化原则确定的产量与按社会福利最大化原则确定的产量严重偏离,造成资源的过度利用与污染物的过度排放,资源不能有效配置,难以达到帕累托最优状态。

从资源配置的角度看,外部性,无论是外部经济性,还是外部不经济性,都体现了成本的转嫁。"从成本转嫁的过程来看,如果外部性的成本转嫁时间较短或几乎没有时间的滞留,即可将这类外部性视为发生在一代人之内的,称为代内外部性。如果外部性的成本转嫁涉及了多代,则可将这类外部性称为代际外部性。"②社会发展的持续性主要是在时间过程中体现出来的,人口一代一代地更替,社会的发展也就是某一代的人口,在继承上一代的人口所创造的社会现实的基础上,通过当代人的改造,再传给下一代人的过程;另一方面,由于环境资源的再生成本很高,而且有些环境破坏是无法恢复的,环境资源具有相当程度的不可再生性,因此,节约型社会更关注代际外部性。要建立节约型社会,就必须和代际的传承相结合,看看前代对后代造成的是有利影响还是不利影响,是短期有利长期不利,还是短期不利长期有利,这样才能最有效率地弥补经济外部性的影响。现在,代际外部性问题日益突出,生态破坏、环境污染、资源枯竭、淡水短缺等,都已经危及我们子孙后代的生存。

代际外部性在经济上的表现就是当代人进行生产和消费的成本(或效益)转嫁给了后代人。代际外部性也可以分为代际外部经济性和代际外部不经济性两种。在对自然资源的开发利用中,代际外部经济性体现为长期行为,即当代人的活动不仅不会破坏后代人的发展,还会使后代人

---

① 鲁传一.资源与环境经济学[M].北京:清华大学出版社,2004:30.

② 鲁传一.资源与环境经济学[M].北京:清华大学出版社,2004:31.

所拥有的自然资源财富量有所增加，如“前人栽树，后人乘凉”式的开发活动就属于代际外部经济性。相对地，代际外部不经济性则体现为短期行为，即当代人的活动破坏了后代人的资源基础，使他们的发展受到影响，例如“竭泽而渔”式的急功近利的开发活动。节约型社会注重社会的可持续发展，显然是希望当代人对后代人造成的外部性，正的效应要比负的效应大，这样才能体现出发展。如果外部性的正负效应刚好相等，那么这样的社会虽然谈不上发展了，至少也是可持续的。最坏的结果是负的效应比正的效应还要大，使后代人面临一个不利的发展空间，甚至造成绝对的倒退。由于工业革命以来人类所形成的生产方式和生活方式，在经过几个世纪的积累以后，尽管正的外部性造福人类，但外部不经济性也在同时加速累积，有可能在不久的将来产生灾难性的后果。因此，找到可持续发展的道路，是建立节约型社会的意义所在。

3.1.2 经济外部性与资源配置

经济外部性的存在使得完全竞争条件下的资源配置将偏离帕累托最优状态，斯密的“看不见的手”在经济外部性面前失去了作用，资源配置低效率。

第一种情况：外部不经济与资源配置。假定某单个企业采取某项经济活动的私人成本和社会成本分别为 PC 和 SC。由于存在外部不经济，私人成本小于社会成本，$PC < SC$。如果该企业采取该行动所得到的私人利益 Vp 大于其私人成本而小于社会成本，即有 $PC < Vp < SC$，则该企业显然会采取该行动。然而，对社会来说，该行动是不利的。此时，资源配置存在帕累托改进的余地。如果这个企业不采取这项行动，则他的损失为$(Vp - PC)$，但社会上其他人由此避免的损失为$(SC - PC)$。由于$(SC - PC)$大于$(Vp - PC)$，所以若该企业放弃该经济行动，就可以使整个社会的损失减少，每个人的福利增大。一般而言，从社会的角度来看，一个企业存在外部不经济时，该企业的产出水平将是过剩的，而社会其他企业产出水平不足，资源配置没有达到帕累托最优状态，资源应从该企业转向

其他企业。

如图3—1所示，企业追求利润最大化，根据边际私人成本曲线（MPC）与边际收益曲线（$MR = P^*$）做生产决策，其私人最优产量为Q'。但是由于企业生产具有外部不经济性，社会最优产量不是Q'，而是边际社会成本（MSC）与边际收益（MR）相等时的Q^*，$Q' > Q^*$。因此，企业的产量相对于社会最优产量是过剩的，资源配置不是最优。

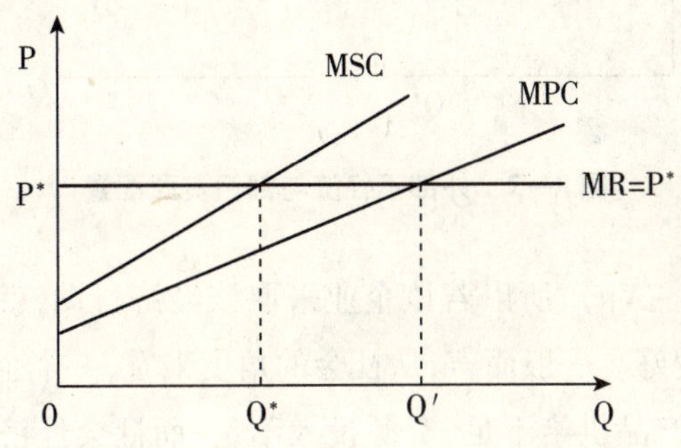

图3—1　单个企业生产的外部不经济

同理，对社会来说，当一个部门存在外部不经济时，该部门的产出水平将是过剩的，价格将是偏低的，而社会其他部门产出水平不足，资源配置低效率，资源应从该部门转向其他部门。如图3—2所示，由于存在外部不经济，社会供给曲线SS位于部门供给曲线PS上方并且两者都是向上倾斜的，部门最优产量Q'超过了社会最优产量Q^*，部门的产出价格也低于社会市场价格，因此部门资源配置不是最优的。

第二种情况：外部经济性与资源配置。假定某单个企业采取某项经济活动的私人利益和社会利益分别为Vp和Vs。由于存在外部不经济，私人利益小于社会利益，$Vp < Vs$。如果该企业采取该行动所付出的私人成本PC大于其私人利益而小于社会利益，即有$Vp < PC < Vs$，则该企业显然不会采取这项行动。然而，对社会来说，该行动是有利的。此时，资源配置存在帕累托改进的余地。如果这个企业采取这项行动，则他的损失为（$PC - Vp$），但社会上其他人由此得到的好处为（$Vs - Vp$）。由于（Vs

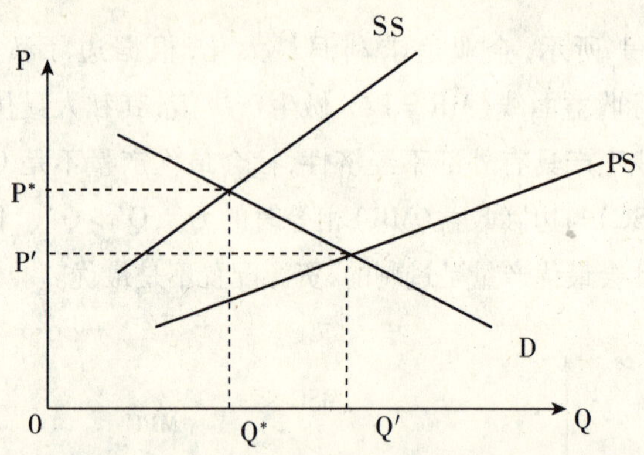

图 3—2　外部不经济与部门资源配置

－Vp）大于（PC－Vp），所以若该企业采取该经济行动，就可以使社会上某些人的状况变好。一般而言，从社会的角度来看，一个企业存在外部经济时，该企业的产品供给不足，资源投入不足；而社会经济系统中有些物品的产出过多，资源投入过多，资源配置没有达到帕累托最优状态。

如图 3—3 所示，企业追求利润最大化，根据边际私人成本曲线（MPC）与边际收益曲线（$MR = P^*$）做生产决策，其私人最优产量为 Q′。但是由于企业生产具有外部不经济性，边际私人成本大于边际社会成本（MSC），社会最优产量为 Q^*，大于企业最优产量 Q′。因此，企业产品产量不足，资源配置不是最优。

同理，对社会来说，当一个部门存在外部经济时，该部门的产出水平低于社会所要求的产出水平，产品价格高于社会市场价格。外部经济性导致该部门资源投入不足，而社会其他部门资源投入过多，整个社会资源配置低效率。如图 3—4 所示，由于存在外部经济性，该产品部门的私人供给曲线 PS 高于社会供给曲线 SS，部门最优产量 Q′小于社会最优产量 Q^*，部门的产品价格也高于社会的产品价格，因此部门资源配置不是最优的。生产的外部经济性导致资源配置低效率。

总之，外部性的存在，使得社会资源使用不当：外部经济时，资源使用不足；外部不经济时，资源使用过量，这就使资源的配置达不到帕累托最

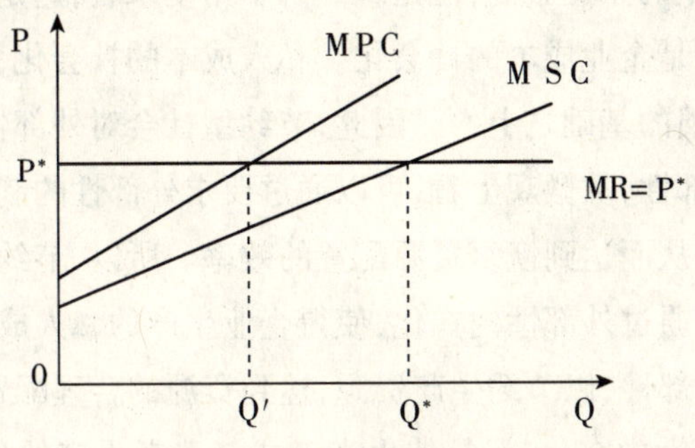

图3—3　单个企业生产的外部经济

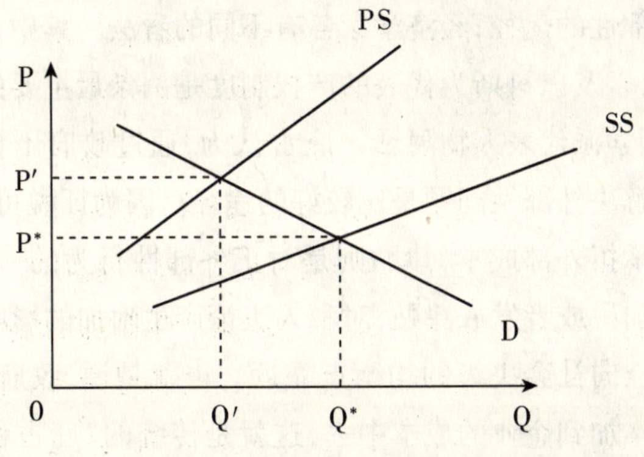

图3—4　外部经济与部门资源配置

优，影响了社会的福利水平。

3.1.3　外部性内在化：节约型社会对外部性的解决

经济外部性，从经济学上看，就是社会净产值与私人净产值的不一致，或社会边际成本与私人边际成本的不一致。以环境污染为例，经济学对污染的定义可以表述为外部不经济，也就是未签订契约就将生产成本的一部分强加给他人，使得他人的利益受到损失。环境污染使其他企业受损或居民生活质量受损，健康遭受影响，农产品质量下降，食品品质下降，饮用水质量受损等。从表面上看，外部不经济性是某一种物品或活动对周围事物产生的不良影响,但是从经济学角度来看,这是一种私人成本的社会化,或者是企业成本的社会化。私人成本的社会化,是把自身利益建立在他人受损的基础之上的。因此,节约型社会对外部性的研究,目的是如何消除外部性,从微观上看,可以通过要求外部性的制造者将造成的外部性内在化,从而达到恢复资源配置的效率。所以,节约型社会的微观生产模式,就是通过外部性内在化,使得企业生产的私人成本等于社会成本,消除经济外部性,以节约生产资源,达到资源的合理配置。

"所谓外部性内在化,就是使生产者或消费者生产的外部费用,进入他们的生产或消费决策,由他们自己承担或'内部消化',从而弥补私人成本与社会成本的差额,以解决外部性问题。"①然而,对于通过外部性内在化来解决外部性的途径,经济学家各有不同的看法。其中,以庇古为代表的政府干预,以及以科斯为代表的产权制度是两条最主要的思路。

首先,福利学派代表人物阿瑟·庇古认为,通过政府干预,采取税收和津贴等方法解决外部性问题是比较好的途径。因为征税可以使外部不经济的制造者承担外部成本,津贴则是对正外部性行为的一种鼓励。政府征收一个附加税或者发放津贴,对私人决策产生附加的影响,从而使私人决策的均衡点向社会决策的均衡点靠近。也就是说,政府通过征税的方式将外部成本加到企业的成本中去,这就是传统的"庇古税"的政府干预模式。这一思路的特点是,由政府对微观经济部门进行调控,以达到资源的最佳配置,从而实现帕累托最优。

其次,科斯提出,外部性问题的解决无须政府干预,通过产权明晰化,并依靠有关部门方面的协商和谈判,足可以使外部性问题得以合理解决。科斯认为,市场失灵源于市场本身的不完善,市场失灵只有通过市场的发展深化才能解决。在科斯看来,重要的是明晰产权,而不管权利属于谁。只要产权关系明确地予以界定并且得到充分保障,私人成本和社会成本就不会发生背离,而一定会相等。例如,某条河流的上游污染者使下游用水者受到损害。如果给予下游用水者以使用一定质量水源的财产权,则

① 鲁传一. 资源与环境经济学[M]. 北京:清华大学出版社,2004:34.

上游的污染者将因把下游水质降到该特定质量之下而受罚。这种情况下,上游污染者便会同下游用水者协商,将这种权利从他们那里购买,尽管河流受到一定程度的污染。但遭到损害的下游用水者也会使用其出售污染权而得到的收入来治理河水。总之,由于污染者为其负的外部影响支付了代价,故其私人成本与社会成本之间不存在差别。因此,如果交易费用足够小,就可以通过市场的交易活动和权利的买卖,来实现资源的优化配置。这一思路的实质是,引入市场,使环境外部性在产权明晰界定的基础上,进入市场交换。

此外,对外部性内在化的研究,新制度经济学派的观点也值得一提,诺思(Douglass C. North)等人认为,制度本身可以使外部性内在化。诺思和托马斯(Robert P. Thomas)在《西方世界的兴起》一书中指出,"有效率的经济组织是增长的关键因素;西方世界兴起的原因就在于发展一种有效率的经济组织。有效率的组织需要建立制度化的设施,并确立财产所有权,把个人的经济努力不断引向一种社会性的活动,使个人的收益率不断接近社会收益率。"①他们认为,市场进化和生产力提高的历史,也是一个外部性被内在化的过程。例如不发达国家因间接社会资本不足产生的公共性产业不足问题就不能靠市场来解决,而发达国家的产业结构较为均衡,靠市场和生产力的发展则可以解决。这就是说随着交易发展而变得容易,原来的外部性转变为可为市场"化解"的外部性,即市场瓦解了这个外部性问题。与此同时,政府效能也在进步,它对外部性的干预促进了公共政策及部门的发展,限制了外部性危害。市场和政府的联合作用,不断地瓦解原有的外部性问题,使外部性中一部分得以由市场的"固有程序"去解决,另一部分纳入越来越精确的公共领域管理之下。这种"固有程序"和政府的管理实质上是一种制度安排。

---

① 道格拉斯·诺思、罗伯特·托马斯. 西方世界的兴起[M]. 北京:华夏出版社,1989:1.

3.1.4 外部性理论对节约型生产模式的意义

目前,中国的市场经济正处于建立和完善的过程中,由于制度的不完善,“搭便车”、生态环境破坏等外部性问题非常严重,这些问题的存在影响了市场经济的有序运行,不利于节约型社会的建立。因此,研究外部性理论对中国市场经济的有序运行和节约型社会生产模式的建立具有重要的意义。

首先,外部性理论的提出,深化了人们对市场经济的认识。在古典经济学中,由于存在市场机制这只“看不见的手”,完全竞争市场经济是完美无缺的,整个经济可以达到一般均衡,导致资源配置达到帕累托最优状态。然而,在现实世界中,完全竞争市场以及其他一系列理想化假定条件并不存在,相反,经济外部性的存在使得现实的市场机制不能导致资源的有效配置。因此,对外部性理论的研究使人们认识到市场经济还有一定的矛盾,还需要调节。如环境污染等外部不经济的存在,会使一些人甚至整个社会的当前利益和长远利益受损,从而危及市场经济的正常运行和发展,影响节约型社会生产模式的建立。外部性理论发现了市场调节机制的不足和缺陷,并为如何完善市场经济提供了思路,这就为人们构建节约型社会生产模式创造了条件。

其次,外部性理论是可持续发展思想的理论依据之一。一方面,外部性理论充分地解释了生态失衡、环境破坏的根本原因。这个原因就是经济主体的利益与他人利益、社会利益存在矛盾,但是市场价格机制的调节却不能使这一矛盾弱化或消除,反而会使外部不经济问题源源不断地产生出来,并对环境和生态造成严重危害。另一方面,外部性理论提出了一套解决环境问题的对策。如政府对产生外部不经济的经济主体增加税收,使经济主体的外部性内在化;经济主体之间进行谈判和协商,既解决他们之间的利益矛盾,又使环境得到保护;进行排污权交易,将排污量控制在环境能够允许的限额以内,使生产得以进行,环境又得到保护。总之,实现社会的可持续发展是建立节约型社会的主要目的,外部性理论为社会的可持续发展思想奠定了理论基础，外部性理论的研究有利于提高社会资源配置的效率，加快节约型社会生产模式的建立。

最后，研究外部性理论有利于强化制度安排，解决中国市场化过程中的外部性。在我国市场化改革的过程中，市场经济中的外部性的典型表现是生态环境的破坏。我国正处在市场化改革的进程中，为了追求经济利益，对生态资源的过度开发，对环境缺乏有效的保护，使生态资源遭到了严重的破坏，影响了经济的进一步发展。通过对外部性理论的研究，我们可以运用制度分析方法来研究制定一种制度或机制，去约束和激励人们进行生态资源利用和保护。例如，在大江大河的治理和保护中，可以建立一种水权利用和保护制度，通过制度的激励和约束性，使人们自觉地利用和保护水资源。所以，外部性理论的研究有利于强化制度安排，削弱甚至消除中国市场化过程中的外部性，奠定节约型社会生产模式的产权制度基础。

3.2　私人成本与社会成本及其均衡条件

3.2.1　私人成本与社会成本

经济外部性的存在使得市场不能有效率地配置资源，造成市场失灵，市场之所以失灵是因为仅仅根据生产的私人成本来作出生产决策，而不考虑社会成本。例如，某厂商在生产时随意排放废气、污水，这对该厂商来说，没有增加任何私人成本，但是却造成该厂周围地区的空气和水质的污染，影响了附近的空气环境和居民的健康，从而产生了社会成本。因此，社会在做出决策时，必须把资源利用的全部社会成本考虑进来。因而，社会成本 = 私人成本 + 外部性。

成本是产品生产过程中投入的生产要素的价值。机会成本也就是放弃某种机会所产生的效用损失。私人成本是从私人角度看经济活动中投入的生产要素的价值。而社会成本包括一个经济活动的所有成本。如果私人决策中使用环境的机会成本没有考虑，则与私人经济活动有关的社会成本和私人成本就会不一致。因此,也可以说,社会成本是整个社会从事某种活动时付出的总的机会成本,不仅包括私人活动中使用的生产要素的价值,还包括对经济中其他部门产生的外部性,即社会成本等于私人成本与外部成本之和。外部成本是私人活动对外部造成影响而没有承担的成本。例如,某人吸烟时,对空气造成污染,这是社会成本的一部分,本人却没有承担,因此是外部成本。环境成本是外部成本的一部分。

以环境污染为例,外部成本的存在导致资源配置的低效率,因为私人行为的私人成本往往小于社会成本,而市场上私人企业根据私人边际成本与私人边际收益做出的决策会生产过多的产品,造成资源的浪费和环境的污染,无法使得资源配置达到最优。

3.2.2 外部不经济时的市场均衡

环境污染的外部性大多表现为外部不经济性。下面,以排放污水为例,来详细说明外部不经济存在时的市场均衡情况。

例如,某造纸厂位于河流的上游,在生产时排放污水,污染了河流,影响鱼类的正常生长,甚至导致鱼类死亡,使渔业生产者遭受损失,影响下游的企业和居民的用水安全;此外,造纸厂排放的烟尘废气,危害周围地区人们的健康。由于上述的外部不经济性,使造纸厂的社会成本大于企业的私人成本,生产每一单位纸制品的社会成本包括企业的私人成本加上社会上某些经济主体因受到污染所产生的成本,即社会成本 = 私人成本 + 外部成本。

图 3—5 表示外部不经济存在时的市场均衡,达不到资源配置的最优状态。图中,D 曲线表示造纸厂生产的纸制品的需求曲线,S 曲线表示该厂纸制品的供给曲线,SMC 曲线是包括外部不经济在内的社会边际成本曲线。SMC 曲线之所以在 S 曲线的上方,是因为供给曲线 S 表示的是生产者直接负担的边际成本,即私人边际成本,而不包含外部不经济成本;SMC 曲线则表示包含如因水质和空气质量污染而造成的损失等外部不经济成本的社会总的边际成本,即社会边际成本。所以,SMC 曲线在 S 曲

线的上方,并且两者之间的垂直距离表示生产单位的纸制品所产生的外部不经济。纸制品的市场均衡是由D曲线与S曲线的交点f所决定的,供需的均衡价格是P′,供需均衡产量是Q′,此时的消费者剩余为cP′f,生产者剩余是P′fa,外部不经济为面积abgf,社会经济剩余是(面积ceb-面积egf)。在考虑外部不经济存在的情况下,其社会经济剩余最大时的纸制品的生产量为Q^*,此时的社会经济剩余为ceb。由此可知,该造纸厂在市场均衡状态下存在着($Q'-Q^*$)数量的生产过剩,并且该生产过剩所带来的社会经济剩余损失为面积egf。

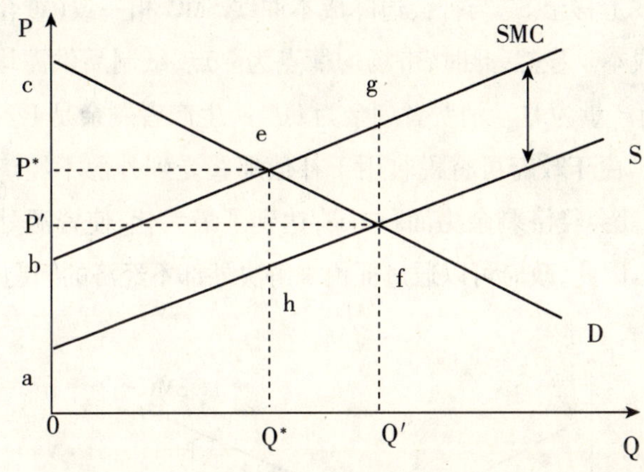

图3—5 外部不经济与市场均衡①

3.2.3 庇古税:私人成本与社会成本的均衡条件

1920年,英国经济学家阿瑟·庇古在《福利经济学》中首次提出对污染物征税的思想,他认为,应当根据污染所造成的危害对排污者征税,从而使企业的私人成本和社会成本一致,使外部成本内部化。这种针对污染物排放的数量和质量征收的各种税费统称为庇古税,今天,庇古税也被称为“排污收费”。庇古税,使私人成本等于社会成本来消除负外部性。

① 陈大夫．环境与资源经济学[M]．北京:经济科学出版社,2001:6.

1. 基本模型

据上文案例，为了抑制图 3—6 中所产生的生产过剩，并由此生产过剩而出现的社会经济剩余的减少等资源配置的低效率情况，必须采取使生产者私人边际生产成本增加，即采取尽可能使 S 曲线能向上方移动，接近或等于 SMC 曲线的对策。为使生产者的私人边际成本曲线与社会边际成本曲线相一致，政府可向生产者（排污者）征收一定的税金，即征收相当于生产单位纸制品的外部不经济金额的税款。如图 3—6 所示，每单位纸制品征税额为 SMC 曲线与 S 曲线的垂直距离，令其为 t 元，使生产者的私人边际成本曲线 S 上移至 S′，与社会边际成本曲线 SMC 相一致（重合），私人成本等于社会成本。显然，此时，市场均衡点为 e 点，纸制品供需均衡价格为 P^*，供需均衡产量为 Q^*，消费者剩余为 cP^*e，生产者剩余是 P^*eb，政府税收额为 abeh。由于政府可将税收用于补偿那些受到外部不经济损害的经济主体，因而社会经济剩余为面积 bce，达到了最大化，使资源处于最有效的配置状态。因此，政府可以通过征税来解决外部不经济的问题。

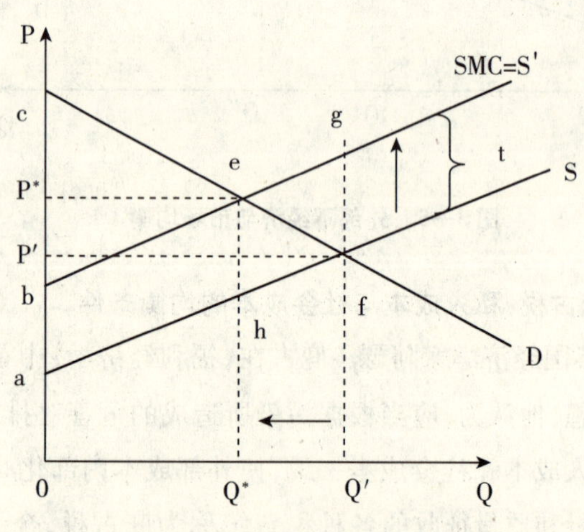

图 3—6 庇古税基本模型

庇古税的含义可用图 3—7 来表示。图中，MNPB 为企业的边际私人净收益曲线，MEC 为边际外部成本曲线。企业追求私人净收益最大化，生产所有 MNPB > 0 的产品，将生产规模扩大到 MNPB 线与横轴的交点 Q′的水平。从整个社会的角度来看，MEC > MNPB 时，社会效率为负，应停止生产，即产量应为 Q^*。假定政府对单位排污量征收特定数额的排污费（如图 3—7 中的 t^*），那么 MNPB 线就向左平移到（$MNPB - t^*$），税 t^* 使企业在 $t^* > MNPB$ 时停止扩展生产，将生产限制在社会最优产量 Q^* 的水平。相应地，税使污染排放量从 W′下降到 W^*。图中，税率恰好等于最优产量 Q^* 所对应的边际外部成本 MEC，即污染对外部产生的边际损害。这样，如果企业的产量超过 Q^*，所付的税款就会超过边际私人净收益，从而，企业愿意把生产量限制在 Q^* 水平，以使排放的污染量限制在 W^* 水平。因此，t^* 是最优庇古税，即在最优污染水平等于边际外部成本（边际污染损害）时的排污收费。

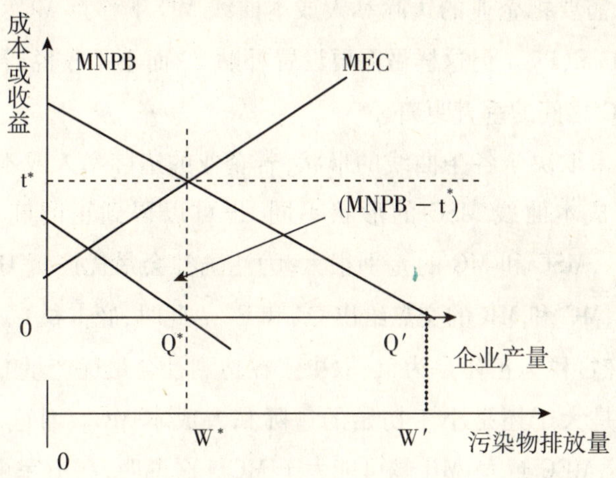

图 3—7 庇古税①

2. 不完全竞争市场条件下的庇古税

上述对庇古税的分析是建立在完全竞争市场的假设条件下的，如果去除这一假设条件，情况将更为复杂。

① 张帆．环境与自然资源经济学［M］．上海：上海人民出版社，1998：176.

图3—8给出了不完全竞争企业的成本曲线和需求曲线。不完全竞争生产条件下企业面临的需求曲线D向右下方倾斜,边际收益曲线MR在需求曲线的内侧,也是向右下方倾斜。边际私人成本曲线MC和边际社会成本曲线MSC之间的垂直距离为边际外部成本MEC。企业为使利润最大化,总是使边际收益等于边际成本,即MC = MR,垄断产量为Qm,垄断价格为Pm。从社会的角度来说,社会最优均衡点为需求曲线与边际社会成本曲线的交点,此时社会最优产量为Q^*,最优价格为P^*。显然,垄断产量Qm小于社会最优产量Q^*。如果在Q^*处设立庇古税,并使其等于此时的边际外部成本MEC,会使企业的边际私人成本曲线MC上升至MC′。企业为了利润最大化,使MR = MC′,结果使产量减至Q′,价格为P′,偏离最优产量和价格,也使社会的福利损失增加。如果想达到社会最优产量Q^*,需要把企业的边际私人成本曲线MC下移至MC″,使MR = MC″,得到Q^*和P^*。但这样做需要设置补贴S^*而不是收税,补贴S^*即为MC与MC″之间的垂直距离。

以上结果取决于各条曲线的形状,若企业的边际私人成本曲线MC和边际社会成本曲线MSC的形状不同,也可以得到正的庇古税。如图3—9所示,MSC和MC的差别很大,为达到社会最优产量Q^*,将MC上移至MC′,MC′和MR的交点给出Q^*和P^*。此时,庇古税t^*是正的。

因此,庇古税为正还是为负,取决于在达到社会最优产量Q^*时的边际收益MR是大于还是小于初始的边际私人成本MC。而这又取决于MEC的大小,MEC越大,MR越可能大于MC。这说明,在不完全竞争下,如果边际外部成本相对于边际私人成本较大时,仍需要庇古税。

然而,无论庇古税为正为负,最优庇古税都不等于最优产量时的边际外部成本MEC,原因在于同时存在两个市场扭曲:外部效应和垄断。如果首先改正垄断问题,使P = MC,那么庇古税就会等于MEC^*。因此,完全竞争条件下,庇古税等于社会最优产量时的边际外部成本,即:

$t = Pm - MC = MR^* - MC^* = MEC^*$。

不完全竞争条件下,如果社会最优产量时边际私人成本大于私人边

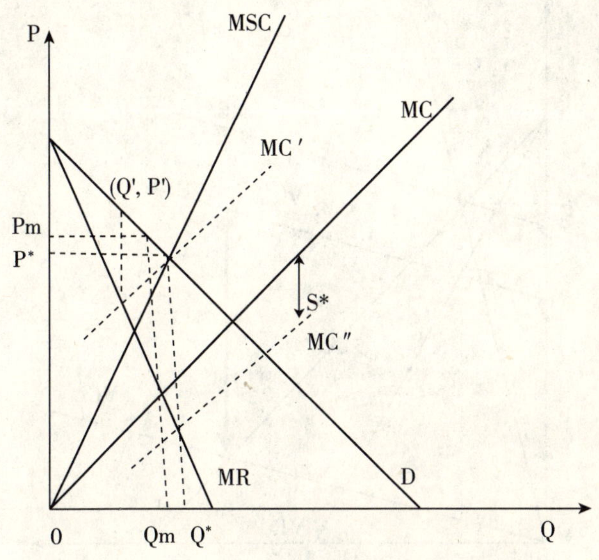

图 3—8　不完全竞争下的庇古税或补贴

际收益，则政府需要补贴，补贴量为社会最优产量时边际私人成本与私人边际收益之差；如果社会最优产量时边际私人成本小于私人边际收益，则政府需要征收庇古税，庇古税等于社会最优产量时边际私人成本与私人边际收益之差，即：

若 $MC^* > MR^*$，$S^* = MC^* - MR^*$；

若 $MR^* > MC^*$，$t^* = MR^* - MC^*$。

3. 庇古税的效应分析

征收庇古税，不仅可以提高社会效率，而且可以促进社会公平，也就是说，对有污染产出的生产者征税，同时也让消费有污染的产品的消费者共同承担税收。首先，生产者和消费者共同分担税收。征税导致生产者剩余的减少，包括生产者对政府税收的贡献，以及生产者为减少有污染的产出的损失。征税也导致了消费者剩余的减少，包括消费者对政府税收的贡献，以及消费者为减少有污染的产出的代价。生产者和消费者分担税额比重的大小，取决于需求曲线和供求曲线的价格弹性的大小。如果

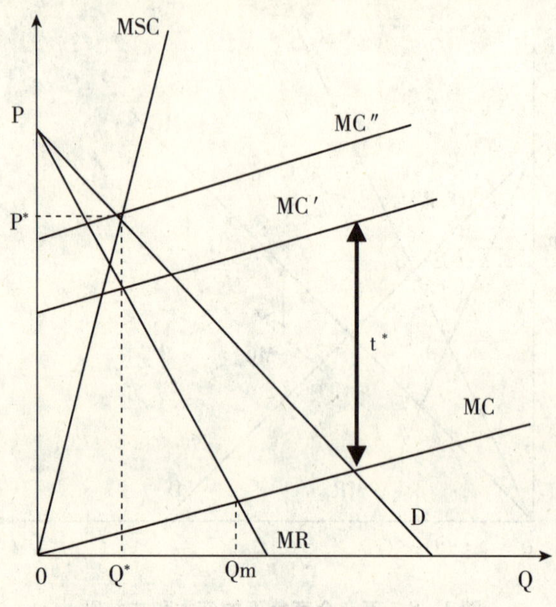

图 3—9 不完全竞争下正的庇古税

供给曲线一定,有污染的产出的需求曲线越具有价格弹性,消费者负担的税额比重越小;反之,消费者承担的税额比重越大。如果需求曲线一定,供给曲线越具有弹性,生产者负担的税额比重越小;反之,生产者承担的税额比重越大。其次,征税对政府有正效应的影响。通过征税,政府获得了税收,可以弥补用于治理污染所需要的费用。最后,征税对环境的影响。通过征税,有污染的产出减少,污染造成的损失也随之减少,这种损失的减少是一种环境收益。因此,庇古税的征收兼顾了效率与公平,有利于抑制或减少污染量,实现资源优化配置。

庇古税的主要优点在于,可降低环境达标的费用,有利于污染减排技术的采用和创新。一方面,"达到同样的排污控制量,庇古税的成本较低,因为庇古税使不同企业根据各自的控制成本选择控制量。"①另一方面,

① 张帆. 环境与自然资源经济学[M]. 上海:上海人民出版社,1998:182.

实行统一的环境标准时，只要没有超过排污标准，厂商就不需缴纳罚款，因而也就没有开发污染治理的积极性；而征收排污费时，根据企业的排污量来征收，即使企业排污没有超标，也必须缴纳一定数量的排污费，因而企业就会不断地开发污染减排技术，减少污染物的排放。

因此，庇古税在经济活动中得到了广泛的应用。在基础设施建设领域采用的"谁受益，谁投资"的政策、环境保护领域采用的"谁污染，谁治理"的政策都是庇古理论的具体应用。目前，排污收费制度已经成为世界各国环境保护的重要经济手段，其理论基础也是庇古税。

当然，庇古理论也存在一些局限性。首先，庇古理论的前提是存在所谓的"社会福利函数"，政府是公共利益的天然代表者，并能自觉按公共利益对产生外部性的经济活动进行干预。然而，事实上，公共决策存在很大的局限性。其次，庇古税运用的前提是政府必须知道引起外部性和受它影响的所有个人的边际成本或收益，拥有与决定帕累托最优资源配置相关的所有信息。只有这样，政府才能定出最优的税率和补贴。然而，现实中，政府不可能拥有足够信息，因此庇古税在实行上有相当的困难。一方面，准确地确定边际外部成本十分困难。边际外部成本的确定是一个从污染的物理性损害转换到人们对这种损害的反应和感受，并用货币价值来计量的过程，这一过程至少包括企业产品的生产、这一生产所造成的污染的剂量及其长期在环境中的积聚、环境中污染物对人们的暴露和造成的危害，以及这些危害的货币成本等环节的转换。这些环节的转换不仅复杂，而且涉及不同利益集团的不同观点，因此实际中准确确定边际外部成本有很大困难。另一方面，管制部门不容易了解企业的边际私人净效益曲线。在市场经济中，没有激励机制使企业向政府如实报告其私人成本和效益。在面对众多企业的情况下，管制部门收集每一个企业的净效益信息所耗费的成本更是难以想象的。① 三是庇古税使用过程中可能出现寻租现象，会导致资源的浪费和资源配置的低效率。

① 张帆．环境与自然资源经济学[M]．上海：上海人民出版社，1998：183.

3.2.4　环境税制及其对生产节约的应用

外部性对人们的经济生活有着重要的广泛影响，最严重的外部性影响当首推环境污染。虽说环境污染以及由此引起的环境保护问题已经超越了外部性的研究范围，但它毕竟是外部性的表现。由于外部性的作用，市场机制不能有效地配置资源，即使在没有垄断的完全竞争的市场条件下，也不能使资源配置达到帕累托最优。由于外部性并非由市场机制而引起，那么必须借助于市场以外的力量来加以干预和纠正。其中，建立环境税收制度是通常采用的纠正外部性的有效措施。

从社会角度讲，污染作为一种社会成本，造成的外部不经济是全球性的。大部分的环境税应该在全球的基础上开征。例如温室效应是一种全球效应，一国二氧化碳生产量的减少将使其他国家受益。在缺乏奖励一个国家补偿机制的条件下，将治理成本推给某一国家显然有失公平。目前，越来越多的世界性组织将环境保护引入税收制度中，最为典型的是欧盟和经合发组织。20 世纪 90 年代以来，西方国家环境税占税收收入和国内生产总值的比重均呈现上升趋势，环境税的作用逐渐加大，各国在税制改革方面也考虑到了越来越多的环保因素。综观这些国家的环境税收，都是依据"谁污染、谁缴税"的原则设置，涉及大气、水资源等诸多方面，课征范围极为广泛。例如，美国已对 20 种化学物质生产征收污染产品税，荷兰和瑞典响应经合发组织提案已开征二氧化碳税，美国、德国、日本、挪威和荷兰等国开征二氧化硫税，新加坡、纽约和莫斯科按污水量征水污染税，法国、丹麦、芬兰等国开征燃料税、噪音税，等等。可见，环境保护逐渐被列为全球性税制重要组成部分，环境税在环境资源保护和改善方面大有可为。

从理论上说，当存在外部性时，政府可以通过对引起外在成本的活动征税来实现更有效的资源配置。以我国为例，我国是一个发展中国家，随着工业化进程的不断加快，环境问题日益突出，而环境破坏的经济学实质是环境资源成本的高度外部化。因此，从中国的实际情况来看，环境税的实施具有其可行性，而环境税收制度的建立也是构建节约型社会的基础之一。首先，中国目前日益突出的环境问题使公众的环境意识以及参与程度大大提高，对环境税的接受程度已达到一定的水平。根据2003年的数据，我国沙化土地面积以每年3436平方公里的速度增加；2005年结束的第三次全国荒漠化和沙化土地监测显示，中国沙化土地面积为174万平方公里，沙化土地面积年均净减少1283平方公里。①全国90%以上的天然草原出现退化，每年还在以200万公顷的速度增加；75%的湖泊出现富营养化；全国近1/3的城市人口生活在严重污染的空气环境中；受工业"三废"污染的耕地面积达1.5亿亩，占全国耕地的8.3%。严重的环境问题已经成为制约中国经济和社会健康发展的重要因素，为此，中国必须投入更大的资金来进行环境保护。统计资料显示，中国环境污染治理投资总额占国内生产总值比重从1999年的1%增加到2003年的1.39%，2006年的1.22%。②这一方面反映了环境破坏压力的增大，另一方面也反映了环境保护受到更大的重视。其次，现行的环境保护法律法规已经为从为环境支付费用向环境税的转化打下一定的基础。按照国家新《排污收费条例》，从2003年7月1日起，所有向环境排放污染物的单位，不论其排放污染物超标与否均需按其排放总量交纳排污费。在《中华人民共和国大气污染防治法》等法律中已明确规定：超标排放属违法行为。这就突破了以前用排污费"购买"排污权的怪圈，总量的核定与收费为逐步向"费改税"提供了可能。此外，利用目前较完善的各级环境保护和税收组织机构，可以解决征收成本的问题。目前，我国对环境污染的经济性补偿主要通过征收排污费的政策体现，作为一种行政收费，长期以来存在费率低下、管理成本高等特点。通过环境税收的实施，从整体上有可能降低国家在环境管理方面的行政成本。

在相当长的时间内，中国的经济会处于"强增长"阶段，要遏止或削弱经济发展中的外部性负效应造成的生态环境恶化，应切实加强环境治

① http://news.163.com/06/0420/16/2F5RAFM70001124J.html.

② 数据来源：中国统计年鉴(2007).

理和保护。因此开征环境生态税种,建立环境税收制度,是符合可持续发展的需要,更是建设节约型社会的制度保障。

首先,改排污费为排污税。我国从1982年起开始对工业企业超标排放废水、废气、废渣征收排污费,到现在取得了一定的作用,但由于其范围和标准制定等原因征收效果不甚理想。因此,将排污费改为污染税或排污税是一个方向。排污税的税基应该主要以污染的排放浓度和数量为标准,它能动态地刺激企业增加防止污染的设备,或改进生产工艺,或改变投入的原料,或最终减少生产,使一些落后的企业因为排污税而自行淘汰。

其次,制定税率。对应税排污行为,一般可以采用定额税率,对污染行为的实际排放量进行计征。对应税包装物可以按出售包装物的销售收入适用比例税率,也可以按生产包装物的生产数量定额征税。至于具体的税率高低,从理论上说,应该使之计算出来的税收收入等于应税行为或应税包装物所带来的边际外部成本。但在税收实践中不宜按“全成本”定价,以防税率过高对生产行为产生抑制,也不宜在全国使用统一的税率,因为各地对生产和环境的要求可能存在差异。

第三,借鉴国外的经验,开征特定环境生态税种。目前中国尚无真正的环境税,只有一些与环境有关的税种,如资源税、消费税、固定资产投资方向税、城市建设维护税、城镇土地使用税、耕地占用税等。相对地,西方各国普遍开征的环境税主要有空气污染税(如二氧化碳税、二氧化硫税等)、水污染税、固体废弃物税、噪音税、垃圾税、注册税等。因此,借鉴国外经验,开征环境生态税种,有利于完善现有税收制度。

第四,体现环境保护的要求,对现有税收制度进行调整。一方面,对消费税进行一定调整。对不同的产品根据其环境友好的程度,设计差别税率,可鼓励清洁产品的使用。从环境评价角度看,只要对环境产生直接或间接损害的都应该征收较高的消费税,使消费或生产的外部性内部化。通过对消费税的调整,使其成为生态税收含量较高的税种。另一方面,在增值税制度中,应增加对企业购置的用于消尘、污水处理方面的环境保护设备允许抵扣增值税进项税额的规定。此外,还应在企业所得税和个人所得税中加入生态税收条款。

最后,根据实际情况,循序渐进地实施环境税。环境税在国际上并无统一方式,我国在实施时要充分地结合实际。可以按照环境问题各方面的严重性,如资源的稀缺程度、污染类型的严重程度等因素逐步开征。例如,针对我国目前煤烟型污染严重的局面,可先对汽油、柴油、碳等燃料产品征收碳税或硫税等,以减少这些产品的使用。

3.3　产权界定:解决外部性的另一思路

3.3.1　科斯定理

据前文所述,除了传统的"庇古税"的政府干预模式以外,解决经济外部性的另一条主要思路是以科斯为代表的产权制度。这一思路是完全不要政府干预,而主要是通过"看不见的手"即市场机制来解决经济外部性问题。其基本思想是 1960 年由科斯在《社会成本问题》一文中提出的"科斯定理",他反对政府利用排污标准、收费或补贴进行干预,认为只要产权明确化,市场机制可以引致经济运行,包括富有外部性效应的生态经济运行的高效率。

科斯定理为经济外部性提供了一条全新的解决思路。他指出,传统外部性治理的政府管制"庇古税"方法限制了经济选择,明确产权和产权自由交易在外部性控制中具有重要意义。在科斯定理出现以前,庇古税认为,当正外部性效应出现时,国家应给予企业以补贴来鼓励其发展,从而使社会收益和私人收益相等;相反,在负外部性效应情况下,国家应对企业以赋税来减少生产,从而使社会成本和私人成本相等。这样,经济外部性时,完全竞争的市场制度仍会达到或接近帕累托最优效率的状态。但按科斯定理,政府对造成污染者征税来使私人成本和社会成本相等未必是最优的方法,因为征税的后果未必符合帕累托最优状态。

科斯定理至今尚无规范的表述方式,皮尔斯(Pearce)在《麦克米伦现代经济学词典》中的表述是:“在交易成本为零和对产权充分界定并加以实施的条件下,外部性因素不会引起资源的不当配置。因为在此场合,当事人——外部性因素的生产者和消费者——将受一种市场动力的趋势去就互惠互利的交易进行谈判,也就是说,使外部性因素内部化。该中性定理指出,拥有有关决定资源使用的产权的人,无论是外部性因素的生产者,还是消费者,交易过程总是一样的。”①

在科斯看来,外部性问题的本质是产权的交叠和冲突,这种产权的交叠形成了一个公共区域,即公共模糊权利,解决外部性问题的关键就是要对公共权利重新界定,消除产权的交叠部分以达到产权界定清晰。产权界定清晰了,外部成本也就消失了,私人成本等于社会成本。因此,科斯定理实质上就是从产权安排角度对资源配置进行制度分析,一般来说,它包括了三个层次的含义:如果交易费用为零,产权的任何安排通过市场机制都会实现帕累托最优的结果;在交易费用为正的条件下,不同的产权制度安排将对资源配置产生不同的影响;在不同的经济、制度环境下,外部性问题存在不同的最佳解决方法。②

庇古税和科斯手段都是使外部成本内部化,都允许经济当事人通过成本收益分析选择一种最优方案,但两者实施途径和效果是不同的。一方面,庇古税多依赖于政府,需要政府实施收费或补贴,管理成本较大;而科斯手段更多依赖于市场机制,同时需要政府界定产权。另一方面,如果被税收保护的人企图通过自己的行为影响税负和税收,实施庇古税可能导致另一种外部性,如寻租现象;而科斯手段则可避免此类情况的发生。

从某种程度上讲,科斯理论是在批判庇古理论的过程中形成的。首先,外部效应往往不是一方侵害另一方的单向问题,而具有相互性,因而应该由谁付税是庇古税难以解决的问题。庇古税虽然一般来说是公平的,但是据统计资料显示,当税率提高时,穷人相对于富人来说要把支出的较大部分用来支付增加的税收,因而受到的损失较大,这样庇古税在分

① 皮尔斯.麦克米伦现代经济学词典[M].伦敦:麦克米伦出版公司,1981:67.

② 朱启才.权力、制度与经济增长[M].北京:经济科学出版社,2000:88.

配上有可能是不公平的。其次，交易费用为零时，通过双方自愿协商，就可以产生资源配置的最优结果，庇古税根本没有必要。再次，交易费用不为零时，经济外部性的内部化要通过各种政策手段的成本收益分析才能确定，此时，庇古税可能是有效的制度安排，也可能是低效的。总之，科斯认为，解决外部性问题可能可以用市场交易形式即自愿协商替代庇古税手段。

然而，这并不是说科斯理论是对庇古理论的彻底否定，实际上，科斯理论是对庇古理论的一种扬弃。科斯定理进一步巩固了经济自由主义的根基，将庇古理论纳入自己的理论框架之中：在交易费用为零的情况下，解决外部性问题不需要“庇古税”；在交易费用不为零的情况下，解决外部性问题的手段要根据成本收益的总体比较，也许庇古方法是有效的，也许科斯方法是有效的。

科斯定理以其独特方式来解决经济外部性问题，它否定了外部性问题必须通过政府干预加以解决的传统观念，开辟了经济外部性内在化的崭新途径，进一步巩固了经济自由主义的根基。但是，运用科斯定理解决经济外部性问题在实际中并不一定真的有效，作为一种经济理论，科斯定理也有其局限性。首先，科斯定理假设交易成本为零，但现实往往并非如此，这降低了科斯定理的可用性。交易成本是指交易者缔结契约和履行契约的费用，这种交易费用为零是不现实的，因为市场经济的发育程度、法制与信用的健全程度都会影响到交易费用，甚至使交易费用大得足以阻止自愿交易的进行。其次，资产的财产权难以明确规定。自愿协商成为可能的前提是产权是明确界定的，而事实上，有的资源，例如空气，在历史上就是大家均可使用的共同财产，很难将其财产权具体分派给谁；有的资源的财产权即使在原则上可以明确，但由于不公平问题、法律程序的成本问题等等也变得实际上不可行。[①] 此外，科斯对于外部性的复杂性认识不足，而将外部性的内在化问题统一归结为市场行为，有一定的偏颇，有时政府行为可能效果更好。现实中的外部性往往需要各种内在化方式

① 高鸿业．西方经济学[M]．北京：中国人民大学出版社，1996：429.

的配合。

3.3.2 节约型社会的产权制度

何谓产权?《牛津法律大词典》给产权下的定义为:“产权也成为财产所有权,是指存在于任何客体之中或客体之上的完全权利,包括占有权、使用权、出借权、用尽权、消费权和其他与财产有关的权利”;德姆塞茨把产权定义为“一个人或其他人受益或受损的权利”①或者说是界定人们是否有权利用自己的财产获取收益或损害他人的权益,以及他们之间如何进行补偿的规则;阿尔钦把产权定义为“一个社会所强制实施的选择一种经济品使用的权利”②,或者说是法律和国家强制下人们对资产排他性的权威规则,是一种人与人的社会关系,等等。尽管经济学家给出了不同的产权定义,但据现行的法律和经济学界基本上认同的产权定义为:产权是由财产所有权的存在以及使用所引起的人们之间的行为关系,是有法律保障、有法律规定的排他性权利。

产权的基本功能是引导在更大程度上实现外部性的内部化的动力。产权是一种制度概念,有了产权的界定和保护,才会有产权交易基础的“制度”,即产权属于制度范畴。产权制度对社会效率有重大的,有时是决定性的影响。正如诺思所说:“有效率的经济组织是经济增长的关键,一个有效率的经济组织在西欧的发展正是西方世界兴起的原因所在”③。而要保持有效率的经济组织,需要在制度上做出安排和确立产权,以便造成一种刺激,将个人的经济努力变成私人收益率等于社会收益率的活动。

因此,产权制度作为一种基础性的经济制度,对社会经济运行的效率有重要影响。人们若要合作,首先要弄清他们各自都有什么资源,而弄清

---

① R.科斯、A.阿尔钦、D.诺斯,财产权利与制度变迁[M].上海:上海三联书店、上海人民出版社,1994:97.

② R.科斯、A.阿尔钦、D.诺斯,财产权利与制度变迁[M].上海:上海三联书店、上海人民出版社,1994:166.

③ 道格拉斯·诺思、罗伯特·托马斯.西方世界的兴起[M].北京:华夏出版社,1989:1.

这个问题的前提，就是要界定产权。因为产权就是对资源的排他的占有和使用，产权界定与否，以及如何界定产权，直接影响到人们的成本和收益。而对成本和收益的计算，是人们进行经济决策的基础。当某种资源没有明确的产权归属的时候，对这一资源加以利用，就要冒不能全部获取因使用这一资源而产生的收益的风险，或者说，替别人付出了成本，这就是经济外部性的问题。在这时，产权制度的出现就可以将成本或收益的外部效应内部化了，即可以使经济当事人承担其应该承担的成本，或者获得其应该获得的收益。显然，有效的产权制度提高了资源配置的效率，从而提高了经济效率。

我国目前的企业生产，缺乏有效的产权制度来规范，直接导致了资源的低效配置。在全国范围的小煤矿整治之前，非法小煤矿数不胜数，由于这些小煤矿无视安全疯狂生产，死伤事故绵绵不断。例如湖南某县，无证的非法小煤矿到处都是，仅梓木村一地，就有几百个，这里的山头上上下下遍布矿洞，最浅的都有500多米，一般一个矿有10个矿工作业。这些煤矿从各个角度争先恐后向煤层挖去，横来竖去的矿井在地下形成纵横交错的迷宫。矿主们追求的是速度，谁抢先一步谁就能挖得更多，至于安全则无暇也无心顾及，矿工们毫无安全保障可言，而胡乱开采造成的资源浪费和环境破坏就更不用提了。在这个例子中，煤矿的弱产权是最根本的原因。我国现行乡镇煤矿的管理体制十分复杂，产权关系不清晰，名不符实的现象比较普遍。有的名为乡（镇）村矿，实际已经卖给了个人；有的名义上由乡（镇）村经营，实际已经承包给个人，甚至又转包他人等等。不少矿主和承包人看重的是收益，是投资的回报，急功近利，竭泽而渔，根本不重视安全投入和安全管理，有些矿主对政府管理部门的措施和要求几近漠视，在安全管理上敷衍了事，得过且过，冒险生产现象时有发生。因此，在弱产权的情况下，非法小煤矿不断兴起，矿工安全事故不断，资源严重低效配置。

由以上的案例分析，不难看出，如果缺乏有效的产权制度，那么市场将是不健康的，会使资源低效配置，甚至有损于整个社会的福利。所以，节约型社会的微观生产，必须以有效的产权制度为支持。

首先，社会主义市场经济要求构建有效的产权制度。市场经济就是让市场在资源配置中起基础性作用，而市场对资源的配置是通过价格机制实现的，即市场通过价格信号把资源配置到收益最高的地方，从而达到资源的有效配置。但是大部分资源是物，物不可能自动对价格信号做出反应，需要由人去实现。因此资源这一产权对象界定给产权主体，让产权主体去感应市场价格信号，是价格机制实现资源配置的前提条件。所以，只要是市场经济，只要是由价格机制实现资源配置，就必须对资源进行产权界定。我国实行社会主义市场经济体制，也需要有效率的市场经济的产权制度。

在“经济人”的假设下，只有产权界定，并不能保证价格机制对资源配置的顺利实现，还必须有产权保护。在我国现实经济生活中，制假售假、逃废债务和违规毁约等失信行为泛滥，私人投资不活跃甚至外流，与没有形成完善的产权制度有密切关系。严格的产权保护制度，是增强生产经营动力、稳定投资预期、规范投资行为和其他经营行为的基础和条件。因此，社会主义市场经济要求构建有效率的产权制度。市场交换是权利的交换，市场交易的基本前提是产权界定与保护，只有建立健全有效的现代产权制度，产权安排合理，产权保护严格，产权的功能才能正常发挥，市场交易才能顺利进行，经济才能更好地发展。

其次，有效的产权制度是建设节约型社会的基础。经济人都是在既定的约束条件下追求自身利益的最大化，不同的产权制度会改变人的行为的成本——收益结构，因而在不同的产权制度下人的行为是不一样的。建立有效的产权制度，让人与产权之间建立一种协调关系是社会持续发展的基础，也是建设节约型社会的基础。

市场经济在某种意义上讲就是一种产权经济。正如哈耶克(Friedrich A. Hayek，1899—1992)所说，市场是一个发现过程，通过市场，人们才能发现人与环境之间的有效平衡。而在人与环境之间的有效平衡形成中产权起着极为重要的作用，产权失灵一般会导致环境悲剧。在当前我国环境保护市场化的运作过程中,建立有效的产权制度不仅可以大大提高我国环境保护的效率、降低环境保护的成本,而且还有利于人与环境之间平衡体系的建立。因此,从环境保护的角度来讲,有效的产权制度有利于我国社会经济的可持续发展,是建设节约型社会的基础。

最后,有效的产权制度是协调各方面利益关系的关键。节约型社会的建设,需要协调好各方面的利益关系,这就需要以产权的界定和有效保护为基础。产权安排通过不同的资源配置和产出构成来决定收入分配差距。在市场经济中,产权交易价格是由稀缺性决定的,仅仅是因为相对稀缺性的不同而使市价不同。所以,通过规范性的竞争市场能够识别每一种要素的稀缺程度,使产权交易达到帕累托最优效率,从而合理地协调了各方面的利益关系。在市场经济中,收入分配差距总是存在的,这是对产权主体产生激励的重要体现和结果。但是,我国目前不合理的收入分配差距并不是市场经济造成的,而是市场不规范下的无序和失信造成的,其根源在于产权改革的滞后或无序。当然,我国迅速扩大的收入分配差距也不完全是产权产生激励的结果,其中也伴随着代理人机会主义的狡猾而猖狂的徇私腐败或寻租行为。然而,从源头上治理收入分配差距不合理扩大问题,协调好各方面利益关系,关键还是建立有效的产权制度。

完善产权制度是节约型社会的外部条件,有效的产权制度能克服"搭便车"和"经济外部性"问题。完善的产权制度要求产权界定清晰,产权结构合理,产权有效保护,产权流通顺畅。首先,产权界定必须清晰。产权的清晰是指产权主体之间的责、权、利边界清楚,特别重要的是有明确的载体。在市场竞争中,经济主体的竞争边界就是产权,一方面,产权保护了竞争者的利益,竞争者的行为受产权的约束,也受产权的激励;另一方面,产权模糊意味着竞争的非边界,它会导致竞争的非理性和恶性竞争,引发资源的巨大浪费。[①]其次,产权结构必须合理。根据科斯定理的结论,由于存在交易费用,不同的产权结构对社会经济效率产生不同的影响。因此,要提高社会的经济效率,降低交易成本,必须优化产权结构,促

① 朱启才. 权力、制度与经济增长[M]. 北京:经济科学出版社,2000:144.

进产权效率。再次,产权必须有效保护。有效的产权制度要求保护严格。良好的产权保护环境有利于经济的长期发展,与此相反,缺乏产权保护会使经济主体受到侵害,造成经济的负面效果。最后,产权流通必须顺畅有序。产权流通顺畅,是指产权具有充分的流动性,能够根据社会化生产的要求合理配置资源。产权交易不一定是实物资产的买卖,也不一定是财产全部权利的买卖,任何一项产权都可以成为交易对象。不同产权主体间的产权转让意味着某种产权将由更有施权能力的产权主体去行使,产权交易的背后是各种资金、技术、人力的流动和重组。产权以法权形式保障了财产自由转移的权利。产权交易的经济意义就是通过权利流动驱动资源流动,从而优化资源配置,提高资源利用效率。因此,产权流通顺畅对现实经济生活具有重要的作用和意义,建立有效的产权制度,产权流通必须顺畅。

3.4 节约型社会的生产力布局与产业结构

3.4.1 节约型经济的本质是生产节约

节约资源可以从两个方面入手,一是生产,二是消费。从生产方面节约资源,主要是要在生产过程中提高资源的使用效率;从消费方面节约资源,并不是说要抑制消费,而是要求人们在消费过程中要减少不必要的奢侈,避免资源的浪费。节约型经济的实质并不是抑制消费,而是在保有甚至提升消费水平的同时注重资源的合理配置,即注重生产的节约。追求消费水平提高是社会发展的动力,如果从消费入手一味要求人们减少各种产品的消费,从另一个方面看,无疑是在提倡“清心寡欲”的生活,这与人们追求美好生活的愿望是抵触的,不会得到广大人民群众的支持,也不符合我国要建设现代化国家的目标。比如,日本是发达国家中资源利用程度最高的国家,是节约型社会的典型代表,但这并不排斥日本每千人的轿车拥有率超过600台;日本的“节约”体现在其强烈的资源节约意识,更体现在其生产过程中的高资源利用率,日本企业在生产中极其重视少用资源、提高效率、降低成本。所以,不能把建设节约型社会的要求与不断提高居民消费水平的目标对立起来。我国目前在生产中的浪费随处可见,其原因主要是由于使用中的设备技术落后以及企业规模过小,致使中国在钢铁、水泥、电力、机械、建筑等许多生产领域,每单位实物产出量所消耗的能源和原材料水平,都大大高出发达国家的平均水平,因此在这方面有着巨大的节约潜力。

用马克思劳动价值论来说明的话,节约的实质就是劳动时间的节约。因为社会产品的价值是人类劳动时间的凝结,因此,"一切节约归根到底都是时间的节约"。社会必要劳动时间"是在现有的社会正常的生产条件下,在社会平均的劳动熟练程度和劳动强度下制造某种使用价值所需要的劳动时间"①,它决定商品的价值。

马克思指出:"时间的节约,以及劳动时间在不同的生产部门之间有计划的分配,在共同生产的基础上仍然是首要的经济规律。"②根据马克思的论述,从宏观来看,节约型社会的生产节约,即社会总劳动时间的节约表现为社会总劳动量在全社会各个部门能够得到合理分配。这样,就不会使有的部门因分配的劳动量过少,造成产品供不应求;有的部门因分配的劳动量过多,造成社会总劳动量的浪费。"如果某种商品的产量超过了当时社会的需要,社会劳动时间的一部分就浪费掉了"③。

对于生产节约的实质,福利经济学派也提出了相似的观点。福利经济学研究的是使社会福利达到最大的生产要素的最优配置。其代表人物和开创者庇古认为,通过资源在社会各个生产部门的最优配置使国民收入总量达到最大,可以增进社会总福利。在这一观点的基础上,庇古进一步分析了资源最优配置的必要条件,他认为,如果假定不存在资源在不同地区和不同行业之间的转移费用,且只有一种资源配置方式可以使得边际社会净产值处处相等,则这种资源配置方式就使得国民收入达到了最大。因此,节约型社会的宏观生产模式,就是各生产要素的边际社会净产

---

① 《马克思恩格斯全集》(第23卷)[M]. 北京:人民出版社,1972:52.

② 《马克思恩格斯全集》(第46卷上)[M]. 北京:人民出版社,1979:120.

③ 《马克思恩格斯全集》(第25卷)[M]. 北京:人民出版社,1974:209.

值相等,以节约生产资源,达到资源最优配置。

相应地,如果在某种资源配置方式中,生产要素的边际社会净产值并非处处相等,也就是说,当资源配置方式不是最优时,建立节约型社会生产模式的关键,就在于如何促进资源的流动以减少各生产要素边际社会净产值的不相等程度。而促进资源流动的方式有两个方面,即生产力布局和产业结构,前者侧重于资源在地域空间上的流动,后者侧重于资源在社会各部门间的流动。

生产力布局,是指资本、劳动、资源等生产要素在一国地域空间上的分布和组合所形成的格局。宏观的生产力布局,是指国家在全国范围内对生产力的总体布局。合理布局生产力,具有重大的政治和经济意义。一般来说,在社会生产规模较小、社会经济联系较少的情况下,布局问题对社会生产力运行的影响还相对较小。但是,随着生产力的发展和社会化程度的提高,布局问题对社会生产力运行的影响也就相应增大,特别是在现代科学技术和现代化大生产的条件下,生产力布局的合理已成为国民经济长远发展的至关重要的问题。

产业结构是指资源(包括自然资源和人力资源)在社会生活各个部门配置的比例关系,产业结构一般由价值指标和就业指标来标定。① 产业结构升级是指在产业结构优化过程中实现了由低级向高级的结构转换,也可以说产业结构升级是产业结构成长过程中的由量变到质变的飞跃。② 无论微观经济中的厂商,还是宏观经济中国民经济的发展,都存在一个要素合理配置问题。微观经济中,厂商对要素合理配置的目的是追求企业利润的最大化;宏观经济中,国家通过制定和实施宏观经济政策,促进要素的合理流动,实现充分就业、价格基本稳定、经济持续增长和国际收支平衡的目标。要素在产业间的合理流动就是产业结构不断优化的过程。合理的产业结构有利于企业资源的重组,促进企业优胜劣汰,也有利于宏观经济目标的实现。

---

① 张文忠等. 挑战WTO——中国产业竞争力再造[M]. 北京:科学出版社,2001:43.

② 王群. 产业升级与中部崛起[M]. 北京:中国经济出版社,2004:48.

因此，生产力的合理布局与产业结构的优化升级，是建立节约型社会生产模式的宏观环境。

3.4.2　我国现阶段生产力布局与产业结构的问题

从我国现阶段生产力布局和产业结构状况来看，存在的问题较多，一定程度上制约了节约型社会的建设。

首先，产业结构呈现非节约型格局。

长期以来，我国的经济政策取向偏重于工业规模的扩大和总量的提高，忽视产业素质特别是企业的市场竞争力的提高，经济发展的高速度主要依靠高积累、高投资支撑，由此造成了一系列产业结构问题。

一是产业结构层次低，结构关系不协调。我国三大产业的结构比较粗大和落后，三大产业之间的比例关系失衡是制约我国经济发展的主要障碍，如表 3—1 所示。

表 3—1　三次产业结构的国际比较

国家	三次产业比重(%)		
	第一产业	第二产业	第三产业
低收入国家和地区	20.4	28.4	51.1
下中等收入国家和地区	11.9	42.7	45.5
中等收入国家和地区	8.7	36.1	55.3
中上等收入国家和地区	6.1	30.7	63.2
高收入国家和地区(2004)	1.7	25.9	72.4
中国(1995)	19.7	47.2	33.1
中国(2000)	14.8	45.9	39.3
中国(2004)	13.1	46.2	40.7
中国(2006)	11.9	47	41.1

注：除特别注明外，以上数据均为 2000 年的数据。

资料来源：国家统计局核算司．经济普查后中国 GDP 数据解读[EB/OL]．http://www.stats.gov.cn/zgjjpc/cgfb/t20060307_402309438.htm.

王小娟．中国经济运行与政策报告 No.1(2002－2003)[M]．北京：社会科学文献出版社，2003：142.

《国际统计年鉴》(2008)[M]．北京：中国统计出版社，2008：63.

从表中数据来看,我国的三大产业之间不能协调发展。第一,第一产业比重偏高,高于同等收入水平国家。我国1995年第一产业的产出比重为19.7%,高于同年下中等国家的一般水平14%,虽然该比重水平呈逐步下降趋势,2000年为14.8%,2004年为13.1%,2006年为11.9%,但仍然高于同等收入水平国家。由于我国农业基础薄弱,农业的劳动生产率、现代化水平低,因而国际竞争力较弱,不适应大市场的需求。第二,第二产业比重明显过高,不仅高于同等收入水平国家,而且高于工业发达国家。1995年,我国第二产业产出比重为47.2%,远高于收入水平相近国家,近年来该比重水平呈缓慢上升趋势,2000年以来,第二产业占GDP比重持续维持在45%以上。造成第二产业比重过大的主要原因是我国第二产业的结构落后。一方面,我国的基础产业相对薄弱,基础工业滞后于加工工业的现实明显限制了国民经济整体效益的提高;另一方面,当前我国工业内部素质不高,缺乏高水平的加工能力,高污染排放、高能源消耗部门所占比重偏高,1997年钢铁、非金属材料部门所占的比重分别为6.5%、5.7%,而玻璃、科学仪器设备部门占的比重仅为0.6%和0.9%。①第三,第三产业的比重大大低于同等收入国家和发达国家。目前,绝大多数发达国家第三产业比重在60%—70%,而我国这一比重虽然在稳步攀升中,至2004年仍仅为40.7%,2006年仍仅为41.1%。制约第三产业发展的原因有很多,包括收入水平的限制、市场进入障碍、重生产轻服务的传统观念等因素,此外,我国第三产业主要以传统的服务业为主,新兴行业和要素市场的发展不足也阻碍了第三产业的快速扩张。

二是产业技术结构水平低。我国整个产业的发展基本上是在低技术水平上的扩张,大都没有达到产业技术结构升级换代的层次,技术进步的过程缓慢,科技进步在经济增长中的作用远远低于发达国家,其结果是,不仅使新兴工业发展迟缓,也不利于老产业的更新改造。据统计,我国作为装备提供者的机械行业自身的装备水平达到国际水平的仅为13.7%,

① 王群.产业升级与中部崛起[M].北京:中国经济出版社,2004:85.

机械产品达到当代国际水平的不到 5%。①另一方面，在研究与开发(R&D)上，我国长期缺少真正的投资主体，特别是缺少投资活动的成本约束和效益激励，因此客观上形成了科研与产业相分离、技术商业化能力低的状况。据有关研究表明，R&D 占 GDP 的比重虽然近两年大幅上升，2002 年达到 1.23%，2006 年达到 1.42%，②但仍低于 1996 年 1.60% 的世界平均水平，更远低于 1996 年 2.20% 的发达国家平均水平。③

三是产业组织结构不合理。目前我国各类产业的一个普遍现象是分散程度较高，集中度较低。一方面，大型企业规模不够大，大型企业产值只占工业总产值的 27%，销售额占全部企业销售额的 40% 左右。另一方面，中小企业与大企业之间的分工合作关系不合理，重复布点、重复建设，小而全，专业化程度低。在当前体制和经济发展水平条件下，影响中国产业集中度特别是造成中国工业集中度水平相对较低的主要因素有两个：一是传统的资源配置格局的制约，由于新兴的社会主义市场经济体制尚处于建立和不断完善之中，传统的资源配置格局仍对我国产业组织的变化起着较大的制约作用；二是现行体制及政策的影响，它包括企业制度、市场机制和政府宏观调控体系三方面内容，在相当程度上制约了我国产业市场集中度的合理提高。

其次，生产力布局低水平重复建设。

重复建设是指在某一行业供给能力已经能够满足社会需求的情况下，仍然有新的固定要素不断投入而造成生产和服务能力大大过剩。④简单地说，重复建设就是总量上较大幅度地超过了市场有效需求的投资和生产，其表现是同类型企业的投资和生产已经超出社会需求仍然进行投入，造成行业内的过度竞争和产业结构趋同，经济效益差。

---

① 王岳平等. 产业技术升级与产业结构调整关系研究[J]. 国民经济管理，2005，(10).

② 数据来源：中国统计年鉴(2007).

③ 高峰. 我国转变经济增长方式的紧迫性和二元路径[J]. 社会主义经济理论与实践，2006，(2).

④ 宋国宇. 过于重复建设问题及其治理的再分析[J]. 物流科技，2004，(9).

一是生产能力严重过剩。20 世纪 90 年代以来,随着生产力的迅速扩张和市场需求的变化,我国经济发展结束了长达半个世纪的短缺状况,逐步由短缺经济过渡到结构性的相对过剩。一方面,由于工业生产中存在着大量的低水平重复建设,加上国内外市场需求不足,导致工业生产设备大量闲置,生产能力利用率低下。据统计,2003 年我国钢产量已经占全球钢产量的近 1/4,位居世界第一,钢、钢材和生铁的生产能力利用率为 86.29%、79.56% 和 83.74%;水泥产量已连续 19 年位居世界第一,已占全球的 2/5 左右,能力利用率为 75.47%;化肥的能力利用率更是仅为 58.58%。2004 年国家统计局企业调查总队一项抽象调查显示:仅 61.1% 的项目竣工投产后达到了设计生产能力的 90% 以上。① 另一方面,由于生产能力迅速扩张,市场需求不旺,导致许多商品供大于求,库存积压商品增多,企业经营出现困难。某个行业出现供应短缺现象,各地区、各部门、各行业都争先恐后投资,重复上项目,导致产量爆炸性增长,市场马上严重过剩,有些工厂建成之日就成为亏损的开始,造成恶性循环。生产能力的结构性过剩造成产品库存大量积压,占用大量流动资金,更造成企业开工率不足,停产半停产企业增多。

二是规模不经济现象突出。2003 年以来,由于我国工业化、城镇化进程不断加快,刺激了部分行业的投资热潮。大量企业不断涌入,投资规模急剧扩张,重复建设程度进一步加深。如表 3—2 所示,2003 年钢铁、水泥、铝业、铁合金、焦炭行业投资规模急剧膨胀,出现过热迹象,国家实施调控措施后,这几个行业的投资增长速度逐步回落。但其中,钢铁、水泥和焦炭行业增长速度依旧偏高,以钢铁行业为例,其行业投资自 2000 年开始出现反弹,2003 年环比增长率高达 99.2%,创近年来的最高增幅。2004 年钢铁行业投资以改造更新为主,全年完成投资 1780.82 亿元,环比增长 26.9%。2005 年一路高歌猛进,钢铁投资呈逐月增长态势,全年增长率超过 2004 年。城镇钢铁项目完成投资 2281.49 亿元,环

① 国家统计局课题组. 重复建设、盲目建设的成因与对策[J]. 中国统计,2005,(2).

比增长28.2%，比2004年高1.3个百分点。2006年全国钢铁全行业完成固定资产投资2602.99亿元，同比增长0.81%。①然而，与投资规模过热相对应的是，重化工业中许多行业由于规模不经济，难以形成最优产出。从发达国家的实践看，汽车产业年销量100万辆以下的汽车公司已经不能单独存在，200万辆的也面临重组的问题；而2003年我国共有123家汽车整车生产企业，遍布在27个省、自治区、直辖市，其中产量超过50万辆的只有2家，超过10万辆的企业只有8家，产量不足1万辆的企业达95家（其中产量在1000辆以下的有70家）。② 随着我国入世承诺关税的逐步下调，众多低水平重复建设的生产企业将面临被淘汰的风险。

表3—2　部分行业投资增长情况

行业	2003年投资额（亿元）	增长速度（%）		
		2003年	2004年上半年	2004年1—11月
钢铁	1415	96.2	54.7	40.4
水泥	405	113.4	58.6	17.4
铝业	250	85.5	9.5	-2.6
铁合金	157	1057.3	12.8	11.8
焦炭	186	409.4	225.8	127.8

资料来源：国家统计局课题组．重复建设、盲目建设的成因与对策．《中国统计》，2005，(2)．

三是投资过分集中，地区趋同化严重。近年来，不少地区在多元利益驱动下，不顾市场需求和自身资源禀赋，盲目投资、重复建设，造成地区经济发展中的产业结构趋同化问题严重。据测算，2005年东部地区与中部地区工业结构相似率为93.5%，中部与西部结构相似率为97.9%。彩电、冰箱、洗衣机、汽车、摩托车、化纤、纺织、塑料、化肥、自行车、钢铁等众多行业在20多个省、自治区、直辖市同时生产，最多的涉及所有省、自治区、直辖市。

---

① 王利利、白玲．我国钢铁行业重复建设问题研究[J]．当代经济，2008，(2)．

② 赵纬．抑制过度重复建设，推进可持续发展[J]．政策，2004，(6)．

四是产品生产结构严重失衡。产品总体质量差,低水平、低技术含量的产品比重大。据统计,2006 年我国炼钢产能达 4.9 亿吨,而实际需求大约 3 亿吨,到 2010 年也只需约 3.2 亿吨;然而,目前我国国内钢铁产业工艺落后的产能占总产能的 30%,高质量的钢材产品远远不能满足市场需求,不得不高价进口。又如,我国纺织行业生产能力过剩,但从 1995 年起,每年进口的纺织品面料超过 60 亿美元;但是,据国家质量技术监督部门的抽样调查,我国企业生产的纺织品近几年始终有 30% 抽查样品不合格,其中,乡镇企业生产的产品 45% 左右不合格。

由此可见,低水平重复建设造成大量的资源浪费,不利于经济的健康持续发展。因此,要抑制过度重复建设,必须建立节约型社会的宏观生产模式,合理布局生产要素。

再次,资源和环境的约束突出。

我国人均资源占有率低于世界平均水平,能源、矿产、水和森林资源的人均占有率仅为世界平均水平的 1/2 到 1/4。由于气候和地理条件所限,我国适宜人生存的地方仅约占国土面积的 1/3;西高东低的地势使大部分降水不能形成资源,还常常诱发自然灾害造成人民生命财产的巨大损失;资源分布不均匀也增加交通运输的压力。① 经济发展与资源约束的矛盾突出。另一方面,粗放的经济增长方式导致资源利用率低下,单位产出的能源、资源消耗量大。我国单位 GDP 的能耗是发达国家的 5—10 倍;工业废渣和尾矿综合利用率低,再生资源回收利用率仅为 30%。主要工业产品能耗远高于国际先进水平,如火电煤耗高出 22.5%,大中型钢铁企业吨钢可比能耗高出 21%,水泥综合能耗高出 45%,乙烯综合能耗高出 31%。我国农业灌溉用水系数是国外先进水平的一半左右,工业万元产值用水量是国外先进水平的 10 倍。矿产资源的消耗强度也比世界平均水平高出许多。每吨标准煤的产出效率只相当于美国的 28.6%,

① 周宏春.建设节约型社会,实现可持续发展[J].社会主义经济理论与实践,2006,(1).

欧盟的16.8%，日本的10.3%。[①] 此外，生产过程中排放废物量大，不合理的经济开发活动使自然生态系统恶化，又会产生一系列恶性循环。因此，节约资源、减少消耗、减少污染、保证国民经济可持续发展，是实现产业结构的优化升级，建立节约型社会生产模式的客观原因和目的。

3.4.3　构建节约型社会的生产力布局与产业结构

生产的节约是节约型社会的关键，从宏观角度思考，实现生产节约必须合理布局生产力与产业结构。

其一，以循环经济为基础，建立节约型社会生产模式。从资源流程和经济增长对资源、环境影响的角度考察，经济增长方式有三种模式：一是传统增长模式，即“资源——产品——废弃物”的单向式直线过程；二是生产过程末端治理模式，其基本特点是“先污染，后治理”；三是循环经济模式，即“资源——产品——废弃物——再生资源”的反馈式循环过程。前两种增长模式意味着经济效益、社会效益和生态效益三者不能同时都达到最优状态，而循环经济模式则可以尽可能小的资源消耗和环境成本，获得尽可能大的经济效益和社会效益，并在资源永续利用的过程中达到最优生态效益。概括地说，循环经济是一种以资源的高效利用和循环利用为核心，以“减量化、再利用、资源化”为原则，以低消耗、低排放、高效率为基本特征，符合可持续发展理念的经济增长模式，是对“大量生产、大量消费、大量废弃”的传统增长模式的根本变革。[②] 因此，节约型社会生产模式的建立，必须以循环经济增长模式为宏观基础，循环经济是节约型社会宏观生产的可持续发展战略。第一，循环经济要求我国的产业结构调整不能仅局限于经济结构的优化调整，而应扩展至环境保护与经济结构的双重调整，按照有利于经济增长和环境保护的双重目标进行。第二，循环经济发展模式要求合理进行经济布局，减少资源配置对交通运输和生态环境的压力，实现生产（包括资源消耗）和消费（包括废物排放）的有

---

① 马凯．科学发展观与经济增长方式的根本转变[J]．求是，2004，(8)．

② 冯之浚．中国循环经济高端论坛[M]．北京：人民出版社，2005：27．

机联系和可持续循环。第三,循环经济要求我们充分提高资源和能源的利用效率,最大程度地减少废物排放,使社会生产从粗放型的数量增长转变为集约型的质量增长。第四,从管理角度来看,循环经济的发展需要制度保障和政策支持,以便决策者、企业家、消费者可以内生性地将循环经济的理念纳入产业提升、企业产品开发、生活模式更新的实践之中。

其二,优化三次产业结构,提高产业科技水平,改善产业内在素质。一是加强第一产业的基础地位,加快传统农业改造的步伐。推进农业现代化是实现经济持续平稳快速发展的基础工程,加强第一产业应以提高农业效率为基础,以有效转移农业劳动力为中心,实现农业产业化、现代化。二是以提高产业竞争力为核心,改造和提升第二产业。今后几年,第二产业的产出结构将会以高新技术产业为主,传统产业的产出比重会下降,同时劳动力比重也应下降,鉴此,改造和提高第二产业应致力于增强产业竞争力、提高制造产业。三是大力发展第三产业,使第三产业的比重不断提高。发展以服务业为特征的第三产业是发展整个国民经济和提高人们物质精神生活的重要条件,有利于缓解环境、生态和资源的压力,实现可持续发展。发展第三产业应以劳动密集型服务业和现代服务业为重点,依靠科技进步和技术创新促进服务业快速发展和结构调整,支持运用现代经营理念和经营方式改造传统服务业。此外,产业结构的调整还应与改造传统产业、发展新兴产业相结合,开阔新的市场空间和消费空间。

其三,结构升级与扩大内需相结合,实现生产与消费的有机联系与可持续循环。如前文所说,近年来我国消费结构已经发生明显变化,这种变化不仅影响生产消费资料的产业的构成,而且还通过对生产消费资料的生产资料的生产,影响整个产业结构。我国消费结构的变化显示出一方面生产过剩、一方面总需求不足的现状,因此,要实现生产与消费的有机联系与可持续循环,产业结构的升级应与扩大内需相结合。例如,我国城镇居民生活的恩格尔系数从 1993 年的 50.2% 逐年下降到 2003 年的 37.1%,2006 年的 35.8%,①呈逐步下降的趋势,对服务类商品的需求逐

① 中国统计年鉴(2007)[M]. 北京:中国统计出版社,2007:345.

步增加，促进了第三产业的发展；同时，随着城镇化的实施，城乡人口结构不合理问题将逐步得到解决，第三产业的消费群体持续扩大，进一步加强了第三产业的发展。

其四，抑制过度重复建设，实现生产要素的合理布局。一方面，建立行业信息反馈机制，通过市场调节机制，迫使重复建设企业退出市场。市场调节机制（图3—10）是通过市场价格机制对资源配置和再配置，原来的要素配置过剩会使生产要素价格上升和产品价格下降，从长期来看会迫使重复建设企业退出市场。为防止市场失灵造成资源浪费，该机制内部还需要建立一个机制来预测市场需求，衔接生产，整合资源。显然，在这里微观企业起不了作用，只有通过全国性的行业才能有效收集广泛信息，实现信息资源充分准确迅速传递和共享，并使企业的微观经济活动有方向可循，避免短期行为和大的失误。

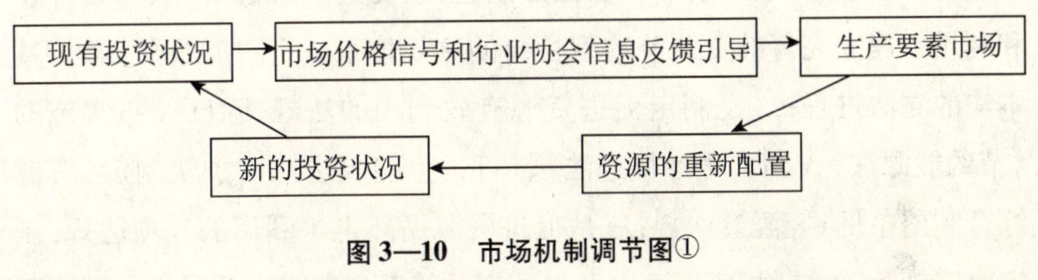

图3—10　市场机制调节图①

另一方面，通过非市场调节机制（图3—11），发挥政府对经济的有限干预作用，实行产业准入制度和退出援助机制。完善行业准入的技术、质量、环保、安全、能耗等标准，对于重复建设比较严重的行业，要在项目审批、银行贷款、土地征用等方面进行限制，防止新的盲目投资；同时，根据产业退出援助机制要求，对超过市场需求的重复建设和衰退性产业，政府要在技术、资金、劳动者培训、社会保险等方面提供援助，促进生产要素及时向其他产业转移。此外，还应通过建立科学的政绩考核制度，提高决策者素质，减少盲目投资。总之，政府引导市场有序竞争，促进资源高效流

① 宋国宇．过于重复建设问题及其治理的再分析[J]．物流科技，2004，(9)．

动,抑制低水平重复建设,才能实现资源在全社会的合理配置,促进社会经济的可持续发展。

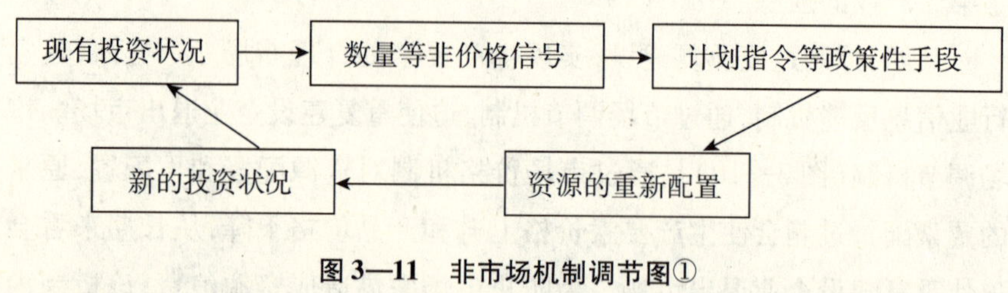

图 3—11　非市场机制调节图①

其五,加强资源与环境管理。节约型社会的生产模式的建立,还需要制度的保障。一方面,要建立促进节约型社会建设的体制和机制,如完善环境税收制度和现代产权制度。另一方面,要建立健全法律法规和标准体系,加强规划和宏观引导。加强法制建设,促进资源的有序、高效开发和利用。建立完善的资源节约型社会的法规体系:一是加快循环经济基本法的立法进程;二是制定促进资源有效利用的法规,除已颁布实施的《节约能源法》、《清洁生产促进法》、《可再生能源法》外,加快制定《资源综合利用条例》等配套法规;三是促进资源循环再生利用的专项法规,制定废旧轮胎、包装物、废旧家电及电子产品等系列废旧产品回收处理管理条例。建立完善的资源节约标准体系,包括加快制定用能设备能效标准、重点用水行业取水定额标准、主要耗能行业节能设计规范以及建立强制性能效标识和再利用品标识制度等。② 2007 年 11 月,国家发改委发布《单位 GDP 能耗考核体系实施方案》,方案实施的总体思路是:按照目标明确,责任落实,措施到位,奖惩分明,一级抓一级,一级考核一级的要求,建立健全节能目标责任评价、考核和奖惩制度,强化政府和企业责任,发挥节能政策指挥棒作用,确保实现"十一五"节能目标。考核对象为各省

① 宋国宇. 过于重复建设问题及其治理的再分析[J]. 物流科技,2004,(9).

② 周宏春. 建设资源节约型社会:中国现代化的唯一出路[N]. 中国经济时报,2005—5—26.

(区、市)人民政府(以下称省级人民政府)和千家重点耗能企业。考核内容主要包括节能目标完成情况和落实节能措施情况。考核采用量化办法,相应设置节能目标完成指标和节能措施落实指标,满分为 100 分。节能目标完成指标为定量考核指标,以各地区依据《国务院关于"十一五"期间各地区单位生产总值能源消耗降低指标计划的批复》(国函〔2006〕94 号,以下简称《批复》)制定的年度节能目标、各重点耗能企业签订节能目标责任书确定的年度节能目标为基准,分别依据国家统计局核定的地区能耗指标和省级节能主管部门认可的企业节能指标,计算目标完成率进行评分,满分为 40 分,超额完成指标的适当加分。节能措施落实指标为定性考核指标,是对各地区、各重点耗能企业落实节能措施情况进行评分,满分为 60 分。此外,发展绿色产业,实施清洁生产,从社会管理、社会动员和制度保障上搞好节能减排工作。

第4章　节约型社会的交易成本与流通

社会经济活动主要包含生产与消费领域,生产是经济活动的出发点,消费是经济活动的归宿与目的。联系生产与消费的是流通环节。节约涉及经济活动的全过程和生产与流通的各环节,流通领域的节约同样具有重要意义。流通环节存在与生产环节相联系的流通时间和流通费用,也存在交易成本。流通时间的缩短、流通费用的减少和交易成本的降低,便是流通领域的经济节约。因而,交易成本主要是流通领域的经济成本。

4.1　交易成本与流通环节的节约

4.1.1　交易活动与交易成本

人类经济发展过程中实际上开展了两方面的经济活动:一方面是与物质世界打交道,称之为生产活动;另一方面是人与人打交道,称之为交易活动。生产活动是人们从对自然界的交往中获得消费资源和生产资源的活动;交易活动是人们从与他人的交往中获得消费资源和生产资源的活动。制度经济学已经突破了传统的商品交易,将人们之间发生的经济联系都视为交易,并将人们之间的经济关系进一步引申为财产权利的交易。

由于市场环境中的不确定因素和潜在的交易对手的数量,交易的技术结构——交易物品的技术特性,包括资产专用性程度、交易效率等,人的有限理性和机会主义倾向,在经济活动中总会存在交易成本。从当前较为流行的定义出发,交易成本的具体内容包括以下各项行为所引起的费用:(1)进行市场调查,获取有关商品和劳务的价格、分布及质量的信息;寻找潜在的买者和卖者,获得与他们的行为有关的各种信息;(2)为确定买者和卖者的真实要价而进行的讨价还价过程;(3)起草、讨论、确定交易合同的过程;(4)监视合同签署人,看其是否遵守合同条款;(5)贯彻合同,若一方未履行合同并因此造成另一方损失,后者提出起诉,要求赔偿;(6)保护双方权益,防止第三方侵权,如防止剽窃、侵犯专利权等。而将交易成本定义得最为宽泛的张五常则认为,广义交易成本包括律师、金融机构、警察、中间人、企业家、经理、职员、佣人等的收入,除那些与物质生产过程和运输过程直接有关的成本外,社会中所有可想象的费用都是交易费用。

因此,交易活动也可以按功能划分类别。司法诉讼活动、维护治安的活动、审计活动、在计划经济中的制订计划活动、财务检查活动与市场经济中的讨价还价活动、签订契约活动、实施交易活动(运输、交货、付款等活动)一样,都可以被视为各种不同的交易活动,它们提供着完成交易的不同功能。由于交易活动所使用和耗费的资源与生产活动所耗费的资源是同样的,且生产活动所赖以进行的资源是稀缺的,交易活动所赖以进行的资源也必然是稀缺的。资源稀缺,相应的产品或服务也必然稀缺。因此,我们面对的交易活动是具有稀缺性质的事物,它所提供的服务也是稀缺的。也因为此,我们可以将经济学中的各种成本理论套用到交易概念上来。从短期来看,交易费用服从成本递增规则,即边际交易费用即使最初会有下降,终究是要递增的。从长期来看,交易费用可能是递减的,即可能随着交易方式和交易技术的改进,每实现一次交易服务的交易费用在减少。例如,从短期来看,企业内交易的边际费用最初可能会随着企业规模的增大而降低,但终究会上升;从长期来看,随着企业组织的改进和管理水平的提高会降低企业内交易的费用。①就交易活动本身而言,当实现一次交易服务所支付的交易费用超过其所带来的效用时,这种交易活

① 盛洪. 分工与交易——一个一般理论及其对中国非专业化问题的应用分析[M]. 上海:上海人民出版社,2006:89—92.

动就不可能持续下去；将交易活动视为在获得收入方面与生产活动互替的活动，一个人或组织从生产活动中所获得的收入，是用同等资源进行的交易活动的机会成本。他对交易活动和生产活动的资源分配在边际交易费用等于边际生产成本时达到最优均衡。

4.1.2 交易成本分类

由于交易成本几乎存在于所有重要的交易形式下的所有交易活动之中，可以说，交易成本无处不在，因此，不同的产权经济学家将交易费用分析方法运用到众多的分析领域时，都可以从特定的角度列出一些交易成本的项目。但是，还没有哪位经济学家对交易费用进行了全面的清理、分类和命名，不同的学者有不同的分类方法。

科斯在《企业的性质》一文中想依靠交易费用分析方法揭示企业的性质及企业取代市场和企业规模变动的原因。因而并没有对"交易费用"的外延加以严格的界定，他只是列举了一些项目：(1)"通过价格机制组织生产的最明显的成本就是所有发现相对价格的工作"。这一项其实也包含了很多具体项目，包括各种为获取和处理市场信息的费用，如寻找交易对象、了解交易价格等的费用。(2)"市场上发生的每一笔交易的谈判和签约的费用"。这一类与第一类相比，显然是具体交易活动进行时的费用。如讨价还价、签约、履约等的费用，第一类即是交易准备阶段的费用。(3)"利用价格机制也存在其他方面的不利因素(或成本)"。① 科斯对其他成本没有详述，只是列举了签订长期契约虽然可能节省因较多的短期合同而需要的部分费用，但是却可能因为未来的不确定性或预测的困难，契约期越长，对未来进行预期的费用越高，因而长期契约只能是粗略的一般条款。以后需要解决交易的细节问题，从而要花费成本。(4)企业内部组织交易也是有成本的。但科斯没有对企业内部交易成本进行分类。其他一些产权经济学家也从不同的角度提到过交易费用的一项或多项。交易成本中包括了产权界定、度量的成本、交换的成本、监察

① 科斯．企业市场与法律[M]．上海：上海三联书店，1990：6—10.

的成本、保护的成本、实施的成本等。

杨小凯区分了外生交易成本和内生交易成本。外生交易成本是指在交易过程中直接或间接发生的费用,它不是由于决策者的利益冲突导致经济扭曲的结果。广义内生交易成本是指所有参与者都做出了决策后才能决定的交易成本。狭义内生交易成本是指市场均衡同帕累托最优之间的差别,即人们采取机会主义行为争夺分工的收益,使得分工的收益反而因此减少,资源配置偏离帕累托最优。

卢现祥(1997)从宏观和微观意义上区分了交易费用。他认为,一国经济越发达,那么宏观意义上的交易费用就越高。这类交易费用高的根本原因是为了实现规模递增的收益。所谓微观意义上的交易费用是指经济主体(企业、个人等)从事一笔交易所需费用的多少,这类交易费用越低,那么市场运作的效率就越高。①

黄少安在接受"交易成本是制度运转的成本"这一最抽象的定义的基础上,将交易成本分为两大类:制度本身即交易的制度框架形成的成本和在制度框架内人们从事具体交易活动的成本。他认为如果对制度本身的成本做静态均衡考察,可以将其分为:制度制定成本,制度运转或实施成本,制度监督或维护成本。如果对制度做动态考察,即考虑到制度本身的创新(包括部分创新或修正、完善和制度的整体创新)或变革,就还包括因为要克服旧制度的阻力而支付的变革成本。例如:劝说、宣传、对旧制度既得利益者的保护或者对受损者的补偿,对避免社会振荡所支付的费用等等。新的生产方式的采用,新的分配、消费方式的出现,新技术的推广都会造成对既得利益者的损失,会阻碍新制度的实施,带来巨大的交易成本,也要耗费大量的社会资源。②

从纵向或按制度和交易的时序角度看,交易成本可分为:发现交易对象或寻找交易伙伴的成本;了解交易价格的成本,讨价还价的成本;订立交易契约的成本;履行契约的成本;监督契约履行和制裁违约行为的成本

① 卢现祥.流通领域中交易费用的初探[J].商业经济研究,1997,(4):47.

② 黄少安.交易费用范畴研究[J].学术月刊,1995,(11):43.

等。从横向，对制度的制定、运转、维护及交易过程的每一环节的成本进行区分，每一个环节上的成本都可以进行分类。每一环节上都有信息成本，包括信息的收集、分析和处理成本，都花费了人力、物力、财力，因此都包含在人力成本、物力成本和财力成本之中。

从承担主体的角度考察，可以将交易成本分为私人成本和社会成本。私人成本由交易者自身承担，是内在的或纳入其成本核算之中的；社会成本指实际造成者并不承担，而是让自身以外的主体承担，即成本外在化。

还可以按照不同的产业对交易费用进行划分。在不同产业的经营过程中，都会由于信息的不确定性、资产专用性，人的有限理性和机会主义行为等原因而产生交易费用。比如在金融交易活动中，由于借贷信用行为本身蕴涵的不确定性风险特征，使金融交易的冲突、依存和秩序原则表现尤为突出，所以金融交易费用包括搜寻有关价格分布、质量、寻找潜在的买者和卖者信息的费用，为真实要价而进行的讨价还价的费用，起草、讨论、确定交易合同的费用，监督合同的签订者执行合同的费用。对农业而言，由于资产专用性高，交易关系的不稳定使得农业生产经营面临巨大的风险，如果农户各自独立进入市场，无论是在生产决策还是在产品营销时，由于较少有稳定的交易关系，每发生一次交易，农户就势必支付一次搜寻交易对象、加工整理市场信息、考察对方资信情况以及与其协商、谈判和监督履约的费用。在交易频率高的情况下，无论是从农户个体还是从农户总体看，这笔信息费用的数额都相当可观，会妨碍交易的进行。在一体化企业内，由于农户没有剩余控制权，不能参与生产剩余的分配，所以，农户难以得到有效的激励，就会产生各种机会主义行为。为了维持企业生产的效率，监督必不可少，监督费用也无法避免。由于对农业生产的监督比对工厂生产的监督更困难，如果没有有效的监督，雇用劳动就会有偷懒的机会。所以农业生产的监督费用高昂。

4.1.3 流通领域交易成本的节约

构建节约型社会是我国当前具有全局性和战略性的重大决策，不仅关系到我国社会今后的可持续发展，也将对我国的经济安全和国家安全产生深远的影响。从流通的角度看，是减少流通环节，提高流通效率，减少流通费用，以同样的资源实现更多的商品价值。节约型社会就是要在社会再生产的各个环节降低消耗，减少浪费。从经济学的角度看，节约有两个层次：一是生产成本的节约，二是交易成本的节约。生产成本的节约属于边际节约，是二阶节约，因为生产成本最小化是给定组织制度约束条件下的成本最小化。交易成本的节约属于结构性节约，是一阶节约，因为交易成本最小化需要最有效的组织制度安排。节约型社会是相对于一定的发展水平而言的，需要生产成本和交易成本的综合最优，而不仅仅是生产成本或交易成本的最小化。生产成本最小化不能代替交易成本最小化，交易成本最小化也不能代替生产成本最小化。从短期来看，生产成本最小化类型的资源节约，能够解决最紧迫的问题，缓解“燃眉之急”。解决边际问题，我们可以采用自愿性选择和强制性选择相结合的方法。但从长期来看，更重要的是交易成本最小化类型的资源节约，因为这样才能解决最根本的问题。

而现在人们讲节约，更多的是注重从生产成本的角度节约资源耗费，但随着社会分工的深化和经济全球化，交易成本在一国的资源耗费中占据越来越大的比例，美国制度经济学家华莱士（John Wallis）和诺思在论文《美国经济中交易行业的度量》中，计算了美国经济中交易成本占资源耗费总额的比重。他们发现，提供交易服务的部门所用掉的经济资源的数量，在1870年占美国国民生产总值的25%，而在1970年增长到45%。[①] 我国学者陈志昂、缪仁炳（2000）的研究中，利用现有人口职业统计资料，将从业人员分为生产转换和交易两大类，在不考虑农业费用，并将文教卫部门视作交易部门的条件下得出了交易费用占我国总费用的

① 金玉国．体制转型对交易费用节约的实证分析：1991—2002［J］．上海经济研究，2005，(2)．

62%的结论。① 巨大的交易成本耗费了大量的社会资源,所以从某种程度上说,交易成本的节约比生产成本的节约更为重要。因为交易成本最小化的组织一般会自动选择生产成本的最小化,但反过来不一定成立。我国低水平的重复建设是最大的浪费,由经济结构调整带来的交易成本的节约潜力很大。建设节约型社会,既需要通过发展循环经济等措施来降低生产成本,也需要通过深化改革等措施来降低交易成本。减少交易成本在宏观上是节约社会资源,促进价值创造与实现;而从企业的微观角度来看,是降低其生产成本,实现盈利的重要手段。

在与物质世界打交道的过程中,获取的是一定的物质成品,支付的是存在于生产过程中的人、财、物的消耗,即生产成本。在与人打交道的过程中,获取的是一定商品和生产要素的交易量,同样要支付一定的人、财、物的耗费,这就是交易成本。交易成本作为新制度经济学的核心范畴,于1937年由科斯首次引入经济分析。在他之后,许多新制度经济学家进一步对交易费用的含义、决定因素和性质等问题进行了研究,但交易成本这个概念始终没有一个统一的说法。如肯佩斯·阿罗(K. Arrow)指出:"交易费用是经济制度运行的费用。"②奥利弗·威廉姆森把交易费用分为两部分:一是事先的交易费用;二是签订契约后为解决契约本身所存在的问题,从改变条款到退出契约所花费用。他还形象地将交易费用比喻为经济世界中的摩擦力。巴泽尔(Y. Barzel)在对产权交易实践的研究中发现,交易费用是界定和维护产权的费用;交易费用之所以高的原因是商品有多种属性,每一种属性都有可变性,全面测量各种商品属性的成本很高。诺思认为人类的社会活动可分为执行交易功能和物质转型两种功能,其中花费于执行交易功能的资源耗费称为交易成本;而花费于执行物质转型功能的资源耗费是生产成本。从组织经济活动的基本方式和合作

---

① 陈志昂、缪仁炳. 中国交易费用与经济增长关系的实证分析[J]. 商业经济与管理,2000,(9).

② 转引自 Oliver Williamson. Economic Institutions of Capitalism[M]. The Free Press, 1985, p.18.

秩序（哈耶克，1988）的视角看，交易成本是群居社会用专业化分工的方式组织经济活动而产生的协调分工和学习的成本。学习成本是一种机会成本，如果不学习就可以把资源配置到“自给自足”的生产中去。进入分工社会生活，必须在置于分工状态之前和同时学习分工的知识，所谓“知识分工”（哈耶克，1936）带来的协调成本和学习成本。专业化分工深化造成置于分工体系的人“必然的无知”，因此价格机制成为收集、处理和呈现信息的一种装置，使用价格机制的直接成本构成交易成本的一个重要部分。揭示价格的成本包括分类成本、度量成本、分担风险的成本、揭示交易对象信息的资信分辨成本、说服成本（广告）。不管各位学者的定义如何，就其实质而言，基本是一致的，只是侧重点和范围不同而已。在认为交易费用是使用市场机制时发生的“制度费用”这一点上，他们的定义是相同的。按照新制度经济学的观点，制度之所以存在，就是为了节省交易费用，但制度本身也在耗费资源。由于市场体系中交易费用的存在，导致经济资源配置效率的降低，因此，节省交易费用的努力就成为市场经济中组织结构和组织行为产生与变化的决定因素。

我们认为，从节约型社会这个宏观的角度来看，应从广义的角度来理解交易成本。既包括与生产相联系的流通环节的成本，还包括除生产领域以外的一切经济成本。既包括为完成市场交易而花费在搜寻信息、进行谈判、缔结合约、监督履约情况的成本，可能发生的处理违约行为的成本，其他的商务成本，还包括“一切不发生在物质生产过程中的成本”，即是人们在经济活动中发生的，除生产费用之外的其他一切时间成本、制度成本、协调成本。这些成本游离于生产活动之外，不参与价值创造，却是价值实现所不可缺少的一个部分。这种广义的“交易成本”确实很大，包括律师、经理、职员、佣人等的收入，除那些与物质生产过程和运输过程直接有关的成本以外，社会中所有可想象的成本都是交易成本。（张五常，2000）

交易成本是影响社会福利的重要因素。“一个社会的富裕与贫穷的关键是交易费用在国民收入中的百分比，这百分比减低少许，就大富；增加少许,就大贫”。[①]这就是说一个社会要达到同样的 GDP 值,在资源有限的条件下,如果交易费用的比重下降,就意味着社会有更多的资源投入专业生产,因为专业生产的利益很大,会使国内生产总值直线上升。然而在现实中,由于人们契约观念、信用观念不强,市场机制不健全,商业法规不完善等原因,经济交易活动中的违约现象严重,假冒伪劣商品大量存在,市场交易秩序不规范,大大增加了经济主体的交易成本。而这些交易费用是要耗费大量的社会资源的,势必减少资源的生产用途。一些非必要的交易费用是对社会财富和稀缺资源的损耗。在科斯之前的古典和新古典经济学中,人们只认识到生产成本是对人类稀缺资源的损耗,也只看到专业化和劳动分工对生产成本降低的重要作用,却没有发现由此导致的交易成本的成倍增长。作为人类稀缺资源损耗的交易成本有两种类型:一类是交易所必需的。一般来说,为达成交易总是需要信息搜寻,由此引起的费用是必需的。另一类是由于人的机会主义行为引起交易方的损害和由此引起的诉讼费用,在很大程度上是人类稀缺资源的浪费。

高额的交易成本可能减少或消除本来可能有利的交易,降低社会的产出,这也是一种浪费。比如,当贸易受到第三方威胁的时候;在高速通货膨胀时期,特别是不断变化的和不可预期的通货膨胀,会使交易成本提高,从而使许多有利于经济发展的投资受阻。在技术交易中,由于交易双方可能存在的逆向选择和道德风险导致高昂的交易成本,也使许多本来有利于交易双方的交易活动受阻,从而抑制了技术创新活动。许多科技发明之所以未能转化为技术创新,其中一个重要原因就是发明转让过程中的高额交易费用。例如,我国“八五”期间共取得国家级科研成果 16 万项,但实际转化为现实生产力的仅占 20%。[②] 这其中的原因很多,但技术交易过程中的高交易成本显然是一个重要因素。如果所有的科研成果都能顺利转化为生产力,将会极大地提高生产率,在有限的资源条件下创造出更多的社会财富。

---

① 张五常. 经济解释(卷二)[M]. 北京:商务印书馆,2000:137.

② 许峰. 中国技术创新滞后的成因分析与对策思考[J]. 上海经济研究,1999,(9).

市场经济条件下,企业投资与居民消费是经济增长的最终动力来源,我国当前企业投资与居民消费缺乏热情的很大一部分原因可以归纳为交易费用过高,过高的经济运行摩擦力阻碍了经济的有效增长。根据调查,当前,国有企业准入的80多个领域中,外资企业可以进入60多个,而国内非国有企业只能进入40多个,即使是能进的领域,民间投资要建立一个手续齐全、符合要求的生产、销售部门,不仅审批手续极为繁琐,而且在经营过程中还要受到工商、治安、消防、物价、环卫、质检等多部门的检查、管理,检查很可能就是罚款,管理就是收费,加大管理力度就是加重处罚金额,高额交易成本扭曲了市场价格,使市场价格机制失灵,导致乱抬物价,以次充好,进而扼杀居民的消费热情,导致进一步的库存增加。

高昂的交易费用,会影响产权主体行使权利,降低经济效率,同时还可能阻碍经济活动的正常运行。交易费用的大小随着交易方式的不同而不同,节约型社会倡导的经济增长方式的转变也需要特定的交易方式才能实现。增长方式的转变在一定程度上影响着交易方式,当新增加的交易费用超过了新增长方式所能减少的生产成本,则无论是何种形式的"集约"或"技术进步"都是无效率的。因此交易方式是增长方式的最直接的外部约束条件,而转变增长方式也只有与转变交易方式相协调,才能真正发挥作用。

在倡导节约型社会的当前,重视对交易费用的节约尤为重要,它体现了经济活动的相关成本,从微观主体(企业),升华到宏观主体(社会)的一个过程,体现了从有形资源到无形资源的节约使用的一种扩展。

4.2　节约型社会流通领域的交易成本

4.2.1　流通领域的交易成本

在社会经济活动中,交易行为大多发生在流通领域,在这一领域中也存在着大量的交易费用。从流通领域的交易行为来考察交易成本,其构成主要包括:(1)正常的交易成本,即为确立和实施商品或劳务的公平交易所支付的成本。这种交易成本是流通领域中不可缺少的并对商品流通起积极作用的成本，也是流通领域通过交易来协调社会生产活动和资源配置所必须花费的代价。它促使商品价值得以顺利实现，社会资源达到优化配置，极大地降低社会财富的浪费。(2)扭曲的交易成本，主要是指交易主体不遵守市场交易规则、违反国家法令制度，以谋取个人或小集团的私利来损害大集团或国家的利益所进行的不公正、非法或危害性的商品或劳务交易所发生的成本。这种成本是对正常交易成本的一种严重扭曲，是交易成本背离其合理的价格标准，使一方非法获取超额收益而导致另一方乃至社会遭受人为损失的一种严重的社会及市场偏离行为，它的直接后果是阻碍流通，扰乱市场，造成社会财富的巨大损失；其间接影响则导致整个社会商品、劳务、物价飞涨，社会风气恶化，社会政治经济动荡不安，给国家财政和人民生活带来极大危害。这种扭曲的交易成本主要表现为不公正或强制交易发生的成本和非法交易所发生的成本。前者表现为投机、垄断或钻法律空子进行交易等；后者表现为非法交易的受害方支付的巨额费用及由此产生的直接与间接损失，这种交易行为在流通领域里主要表现为以次充好、以假乱真、商业欺诈、权力寻租等。在节约型社会的构建过程中，我们要尽量地减少这种扭曲的交易成本。

4.2.2 我国商品流通领域交易成本的特征

改革开放以来，我国流通体制的变迁使我国商品的单位交易费用有较大程度的降低，改善了资源的配置效率。但是，与市场经济的要求相比，目前流通领域的单位交易费用较高，阻碍了市场机制的正常发挥。目前我国流通领域内交易费用具有如下特征：

——市场体系发育不完善，交易主体要支付高昂的信息成本。由于交易透明度不高，缺乏统一、权威的价格等信息，交易主体对商品价格状况缺乏足够的信息，他们只有增加搜寻次数才能获得有利的价格。这些搜寻活动不是在集中的市场上进行的，效率很低，缺乏公益性和时效性。这就给交易者搜寻工作带来困难，交易主体需支付高昂的信息成本。

——流通领域信息技术手段落后,信息时效性差。交易主体搜寻、加工、处理、反馈、储存商品信息的手段仍停留在以手工为主,效率低,准确性差,费用十分巨大。再加上虚假信息充斥市场,信息过滤成本增加。

——交易主体组织化程度低,交易分散,单位交易费用过高。流通企业的组织化程度低,难以实现规模经济,单位交易成本高。批发企业萎缩,无法通过批发企业交易次数的集约化和商品储存的集中化实现交易费用的节约。目前我国存在着大量不必要的零售企业同生产企业的直接交易,在日用工业品零售购进总额中,从生产单位直接购进的比重约占50%,在生产资料交易中直销比重约占70%。生产企业盲目向流通领域延伸,牺牲了社会专业化分工带来的交易费用的节约,是明显不经济的。

——交易主体信用差,违约现象严重,存在所谓"信用主体缺位"现象。交易双方缺乏信任感,出现供方"不付款,不发货",需方"不见货、不付款"的现象。这无疑增加了交易主体等待和搜寻时间,扩大了交易风险,使交易费用递增。

——假冒伪劣商品泛滥,使企业和消费者对商品的检验费用大大增加。在商品交易过程中,卖者比买者对商品品质的了解更充分,而且信息是有价值的,它可以利用这一信息优势使买者受损,而自己从中渔利。近年来,流通领域中的假冒伪劣产品几乎涉及所有商品,消费者为防止在交易中受损,必须在购买前对商品品质进行考核。有些商品的考核很容易,有些则非常复杂。在假冒伪劣泛滥的情况下买者必须对商品标签、包装、广告、品质进行更为详细的考核,必然使考核费用递增,甚至由于考核费用过大使交易活动不可能发生。前几年我国的边境贸易由于在质量方面存在的问题而引来某些国家对中国货的不满,带来了巨大的外部不经济,导致边境贸易萎缩,就是明显的例证。

——垄断使交易对手支付较高的交易费用。我国极少数企业或公共经济部门在一定范围内通过经济或非经济手段,基本控制某些商品和劳务交易,具有讨价还价优势,他们通过减少向其客户提供信息(如降低广告费),减少销售网点,以及减少保修期限等来节约交易费用。这种节约的后果是其交易对象承担数倍于这种节约的交易费用。垄断企业的一些工作人员利用这一优势地位享受交易对象请客送礼，甚至贿赂的好处。这种费用必定要转化为实现这种交易所承担的交易费用。

——制度软化，额外交易费用大量增加。现行制度对交易人员约束软化，贿买现象十分突出，具体表现在签订合同、协议或处理其他纠纷时请客送礼或大摆宴席。在贿赂情况下一方成本增加并不增加另一方效用，而是利益被另一方交易组织的个人攫走了。不少企业购销人员为了“寻租”有意回避公开交易，使交易过程的谈判成本大量增加，也阻碍了我国商品市场的发育。

——政府职能转换滞后，无法有效地降低流通领域的交易费用。由于政府职能转换滞后，使我国流通领域交易秩序出现某种程度的混乱，导致交易费用的大幅度增加。有些地方采取地方保护贸易政策，阻止外地商品进入本地市场，对非规范性竞争手段采取熟视无睹的态度或变相进行保护，对经济纠纷、银行结付等采取歧视性政策，这些无疑增加了外地企业的交易费用，阻碍了我国统一市场的形成。

当然，在流通领域中，不仅会发生由于信息不完备、利用市场机制而产生的交易费用（也就是纯粹的流通费用），还会发生因为生产活动在流通领域中的继续而产生的流通费用，即运输费用和保管费用。与上面交易费用的具体内容相比，流通费用与交易费用是两个不同的概念。马克思指出，在流通领域中，资本循环不仅有形态的变化，而且要经过一段时间，即流通时间；在流通领域中，资本循环不仅要经历一定的时间，而且还要消耗一定的费用。马克思把这种发生在流通领域中，并为资本由货币形态转化为商品形态和由商品形态转化为货币形态服务的费用称之为流通费用。马克思把流通费用分为纯粹流通费用、保管费用和运输费用三个方面。纯粹流通费用包括直接与买卖商品有关的费用、簿记费用、货币磨损所支付的费用，这一部分流通费用属于非生产性流通费用，既不能生产商品的使用价值，也不能生产商品的价值，是纯粹的社会财富虚耗。保管费用和运输费用属于生产性流通费用，这一部分流通费用可以保存商品的使用价值或实现商品的使用价值,因而能够在一定程度上增加商品的价值。流通费用考虑的是商品在流通过程中发生的费用,它包括商流、物流、资金流,但是它对商流的概括不全面,它隐含的前提是商品能够顺利地买卖,交易没有障碍。而交易费用考虑的是现代商品交易中最为困难的问题,这就是寻找信息和交易对象、确定合同和履行合同的过程,交易费用属于商流和信息流的范畴,但它不包括买卖中为实现商品在空间转移所付出的费用,也不包括流通企业为实现商品流通所需的簿记和各种管理费用。因此,流通费用属于商品流通中的"硬费用",交易费用属于商品流通中的"软费用"。两者的考察对象、概念性质、产生原因都是不同的。

近年来,流通领域内的零售行业竞争激烈,有的零售企业亏损严重,其中一个重要原因就是交易成本过高。零售企业交易成本的增加主要来自两个方面:一是为获得商品而付出的交易成本上升。零售企业的决策者是有理性的。面对众多的竞争者,要想赢得优势,实现交易并获益,决策者必须依靠获得更多的有利于自己做出决策的市场信息,以降低决策的不确定性。但在供过于求、市场规模不断扩大、消费需求日益多元化的市场条件下,市场竞争异常激烈,使市场环境的不确定性明显增加,信息量成倍扩大,使企业决策者获取信息的成本大大增加,即企业要做出合理的决策必须支付更高的信息搜寻成本。同时,一般情况下,价格是影响零售企业竞争优势的最重要、最敏感的因素之一。要赢得这一优势,零售企业须向有关生产企业获得质优、价廉、适销对路的产品。拥有产品的生产企业面对众多希望同自己交易的零售企业,处于相对垄断的优势地位,此时,生产企业会同众多的零售企业进行讨价还价,从而提高了零售企业的谈判成本和签约成本。另外,处于相对垄断地位的生产企业机会主义行为倾向明显增强,不断对零售企业施加压力,甚至可能出现违约的可能性,使零售企业承担起很高的违约风险。零售企业为了规避生产企业的违约风险,必须付出高昂的监督执行成本,否则,就要承担生产企业违约带来的违约成本。二是零售企业为销售商品而支付的交易成本明显增加。零售商业企业能否在竞争中求得生存和发展,最终取决于同消费者的交易是否能实现。在具备相对买方市场的条件下,市场竞争异常激烈。一方面,面对众多的商家和商品,消费者的机会主义倾向会导致其不断向零售企业施加压力,如要求商家进一步降低价格,提供更好的购物环境和服务等;另一方面,为获得尽可能多的客源,零售企业竞相通过各种媒体宣传、举办多种多样的展销和促销活动、开展各种公益活动等,及时主动地向消费者传递自己商品的各种信息,提供更为周到的服务,同时也付出了更高的信息成本。零售企业为了销售商品不得不接受消费者的条件,从而承担了高昂的谈判成本、监督执行成本等。可见,在新的需求条件下,传统零售业的经营方式受制于自身有限理性及供货方和买方机会主义行为,所付出的信息成本、谈判成本和监督成本都大大上升,在很大程度上提高了交易成本,从而影响了零售企业自身的收益。因而在节约型社会的构建过程中,需要对流通方式进行改革与创新,以节约交易成本,增加流通效益。

4.3 我国社会交易成本的浪费现象

从广义交易成本的含义来考察现实的经济活动,我们可以观察到,当前存在着大量的浪费交易成本的现象,这些浪费严重制约了节约型社会的建设。

——政府机构的浪费现象惊人,财政经费消耗较大。首先,政府运行成本过高。仅用电一项,政府机构年电力消耗总量占全国总消耗量的5%,能源费用超过800亿元,政府公务人员1天的耗电量够普通百姓用19天。据一份数据统计,北京48家市、区政府机构2004年年人均能耗量、年人均用水量和年人均用电量分别是北京居民的4倍、3倍和7倍。①政府管理每万人所需要的费用不断上升,2002年为231.95万元,是1978年(5.1万元)的45.48倍,年递增率为17.23%。2006年为428.99万元,

① 李树杰.建设节约型政府关乎公务员良心.光明网,2005—7—16.

是 1978 年(5.1 万元)的 84.12 倍,年递增率为 29.01%。[①] 其次,领导干部职务消费太高,主要集中在公款送礼,公款吃喝,公款购车上。一些领导干部把吃喝扩大化,节日请,典礼请,来访请,业务请,工作请,有的甚至连扶贫款、移民款、救灾款也一吃了之。很多行政单位建了豪华办公楼、豪华会议室闲置不用,却要跑到郊外的培训中心、招待所、温泉城,以每人每天数百元甚至上千元的消费去开会。再次,政府监督成本过高,效果太差。中国现在的国家监督力量很多,除审计机关外,财政有监察专员,国家发改委有稽查特派员,金融领域有银监会、保监会、证监会,还有其他各种专项监督。监督部门多,人数也不少,一方面造成重复监督,使一些金融机构、企业因为一年到头不停的检查而叫苦不迭,成本很高,甚至影响到正常业务的开展;另一方面出现谁都能检查、谁都不负责任的现象,而且经费开支巨大。

——餐饮业的浪费现象。2004 年,全国餐饮业零售额实现 7486 亿元,人均消费 576 元;2005 年,全国餐饮业零售额实现 8886.8 亿元,人均消费 680 元。[②]据《2007 中国餐饮产业运行报告》显示:2006 年全年餐饮消费零售额突破 1 万亿元人民币,达到 10345.5 亿元。[③]在这巨大零售额之后的浪费数字也让人触目惊心。首先是一次性用品耗费惊人,一次性筷子、一次性纸杯、一次性饭盒等随处可见。中国每年消耗的一次性筷子达 450 亿双,耗费木材约 2200 万立方米,减少森林面积 200 万平方米。同时,一次性木筷的浪费不仅仅限于木材,大多数一次性木筷还有一层塑料薄膜作为包装,这层塑料薄膜一旦撕下就变成了毫无用处的白色垃圾,而生产塑料薄膜用去的石油也就白白浪费了。其次是好饭好菜转眼间成为"垃圾"。按照餐饮界最保守的计算,浪费掉的食物约占餐桌上食物的 10%,据此估算,中国 2006 年餐饮业浪费掉的社会财富近 1035 亿元。如果能把这笔巨大资源节省下来用于生产,将会生产出更多的社会财富。

---

① 数据源于中国统计年鉴(2007),经计算得出.

② 中国餐饮年鉴[M]. 北京:中国商业年鉴社,2006:43—44.

③ http://hy.stock.cnfol.com/071020/124,1469,3439797,00.shtml.

在教书育人的高校食堂中也存在着惊人的浪费现象。由武汉科技大学的15名学生组成的调查组,对学校食堂的浪费情况调查的结果显示,该校仅南园餐厅一座食堂一年倒掉的饭菜价值上百万元。太原科技大学一餐厅负责人介绍,其负责的餐厅每日消耗100公斤粮食和150公斤蔬菜为学生提供15种主食和30余种菜肴,但平均每天都能产生60公斤以上的泔水,每天有超过1/5的食物被倒进了泔水桶。一年就是2.2万多公斤粮食蔬菜被浪费掉,足够100人整整吃一年。这种现象在全国各大高校中相当普遍。另据上海市容环卫局废弃物管理处的统计数据表明,上海餐饮业实际每天产生的餐厨垃圾超过2000吨,其中被浪费掉的至少有一半。再次是餐饮业中的水电耗费严重。就餐环境中的空调使用量很大,许多餐馆酒楼的空调温度经常维持在24度以下,即使是在气温正常时也将空调温度调得过低或过高,导致电力能源的巨大浪费。同时,餐饮业中的用水量也很大,包括饮食用水、清洗用水等,其中清洗用水量占了约2/3。①

——流通领域中的过度包装问题。包装的目的是为在流通过程中保护产品、方便运输、促进销售,但随着经济的发展,国际竞争的加剧以及消费者消费观念的转变,商品的过度包装现象充斥市场,不仅浪费了资源和能源,误导了消费者,更重要的是包装废弃物对环境构成了严重的威胁。过度包装,一是增加了消费者的支出。一盒盒包装得红红绿绿的西洋参礼盒,里外大小盒子都用泡沫垫着,而西洋参只有薄薄的一层,体积不到盒子的十分之一;同品质、同容量的白酒,纸盒装的售价79元,套上手提式仿古典花纹木盒后标称“豪礼装”,价格升至218元;普通铁观音茶叶经过纸袋、塑料袋、红木礼盒、丝绸内饰品、白色泡沫垫、瓷制茶具等六层装饰后,就成为标价568元的“极品贡茶”。二是浪费了大量森林资源。资料显示,我国每年仅衬衫包装盒用纸量就达24万吨,相当于砍掉168万棵碗口般粗的大树。每生产1000万盒月饼,包装耗材就需要砍伐400—600棵直径在10厘米以上的树木,还会使用大量的钢铁、塑料泡沫、纸张

① 餐饮业——节约的空间有多大?[N].经济日报,2005—8—31.

等资源。除月饼盒以外，我们日常生活中的纸质包装比比皆是，比如各种烟盒、酒盒、帽盒、鞋盒、牙膏盒、衬衫盒、食品盒和礼品盒等，这些质地精良和外观华美的纸质包装的绝大部分命运都是相同的，那就是被丢弃。这对于一个经济正处于发展中、木材资源又特别匮乏的国家来说，是巨大的浪费。三是过度包装在浪费森林资源的同时也产生了大量废弃物，带来了垃圾处理成本的增加。城市里，各种包装废弃物年排放量已占到固体废弃物的1/3，并且以每年10%的速度递增。据环卫部门统计，在每300万吨垃圾中，各种商品的包装物约占83万吨，其中有60万吨为可减少的过度包装物，包装中普遍使用的塑料等材料，降解难度大，通过掩埋处理则会浪费并污染大量土地资源。我国每年可综合利用的固体废弃物和可以回收利用的再生资源中，没有得到回收利用的价值达500多亿元。

——运输环节的浪费现象。我国的城市物流发展目前面临很多问题，一方面，部分地区缺少对城市物流的统一管理和规划，因此盲目投资造成了一些浪费；另一方面，城市物流运输服务企业普遍存在自成体系、规模小、地域分散、信息不对称、运力资源浪费等问题。这是导致城市物流交通拥挤、能源浪费、环境污染、成本高、效率低的主要原因。在铁路运输方面，尤其是对煤矿的运输，由于对劣质煤矿的开采，没有相应的洗煤等措施配合，致使大量劣质煤外运，不仅使用单位增加了煤耗，而且浪费了运输力量。据报道，现在我国每年为此浪费的铁路运输力量达100亿吨/千米。由于生活垃圾成分的变化，造成运输亏载浪费很大。粮作物在收获、储藏、加工、运输、利用等环节的损失率至少在10%，也就是说，全国每年有多达几百亿斤的粮食在这些过程中损失掉了。①

——我国社会经济生活中的诚信缺失现象严重，诚信环境恶化制约着市场经济的发展，增加了许多不必要的交易费用。据全国企业联合会理事长张彦宁分析，我国每年因逃避债务造成的直接损失约55亿元，产品质量低劣和制假售假造成的各种损失至少有2000亿元，由于“三角债”和现款交易增加的财务费用约有2000亿元，因不诚信造成的经济损

① 林君．建设节约型社会知识读本[M]．北京：电子工业出版社，2005：40—41.

失合计5855亿元,每年因不诚信而被拖垮的企业也不计其数。全国人大常委会副委员长蒋正华在“2003年第五届北大光华新年论坛”上指出,市场交易中因信用缺失、经济秩序问题造成的无效成本已占到中国GDP的10%—20%。诚信缺失已成为企业发展的巨大障碍。没有信用的基础和支撑,企业的资本积聚慢,无法实现有效的资本集中,单体膨胀受阻。西方企业把信用赊销当做主要的销售手段和竞争手段,而我国企业由于惧怕被赖账和拖欠,却很少采用赊销。以美国为例,美国的企业坏账率是0.25%—0.5%,我国企业坏账率是5%—10%,相差高达10倍到20倍;美国企业的账款拖欠期平均是7天,我国平均是90多天。据国家统计局资料,我国企业管理费用和销售费用占销售收入的14%,而美国只有2%—3%。与此同时,美国企业的赊销比例高达90%以上,我国企业赊销比例只有20%,交易成本过高。①

——不少人为追求与国际接轨的消费模式和生活方式,追求“时尚”、“新潮”、“前卫”而频繁地更新换代,使大量物品特别是耐用消费品在还可以使用时就被闲置或抛弃;住房追求大面积、高标准,过分或反复装修,轿车追求大排量、豪华型;作为传承人类文明载体的书籍也加以豪华包装,甚至制作成“金书”;少数富豪为显示其富有和“慷慨”,花费数万甚至数十万吃“极品饭”,设“天价宴”;电视媒体中的过度广告现象,电视台中每秒广告达上千万,有的企业不顾自己的实际情况盲目竞标;运输中的空载现象;蔬菜流通中由于储存设施不当,使生鲜蔬菜的损耗高达25%—30%;在市政建设中,由于缺乏统一的管理机构,导致城市“拉链工程”的重复建设,造成的浪费据估计每年不下5亿元,某些建设项目建设工期的拉长所造成生产上的损失,全国至少不下数十亿元,多时可达数百亿元。这些都是对社会资源和财富的巨大浪费。

① 于敏. 信任机制、交易费用和市场机制[J]. 济南大学学报,2004,(4):57—58.

4.4　节约型社会降低交易成本的措施

4.4.1　交易成本测度的经验分析

要节约交易成本，首先在于确定其核算机制。科斯理论中，交易成本与企业行政协调费用相对立，外在于企业，故很难从市场行为中去测定；威廉姆森则从不同的企业契约类型比较出发，对交易成本的高低进行序数比较，这一方式虽不具备绝对数上的可测性，但足以作为相对数上高低程度的参考值；钱德勒（A. D. Chandler）在威廉姆森的基础上，致力于交易成本可测性的研究，他认为企业组织费用是市场交易费用的内部化，也属于交易费用，而企业发生的一切费用均可核算，这就为交易费用的绝对量核算奠定了基础。

中国学者缪仁炳、陈志昂（2002）统计了包含交易部门和转换部门共计19个部门的交易成本。赵红军（2005）利用中国1997—2002年这6年间的混合数据测量了各省交易效率指数。刘业进（2006）利用1978—2004年的数据对专业化分工前提的交易成本进行了经验估算，得出的结论是：考虑包括“劳动报酬”在内的全部四个组成部分，在全部GDP中，中国广义交易成本从1978年的52.4%—58.1%增加到2003年的54.8%—60.8%，广义交易成本总量和比重随着经济增长而增长。①

诺斯和华莱士将交易成本的核算具体化，其主要贡献在于：在微观层面上，企业经营费用可分为转换费用和交易费用，前者指企业在进行自然物质的开发研究、变换和位移时所发生的费用，后者是协调人与人之间利益关系的费用。在宏观层面上，除了企业内交易费用外，还包括国家为维持经济秩序、提供公共服务所产生的费用，为交易服务的中介部门发生的费用，以及家庭为交易支付的费用。

按可测程度，交易费用分为可观察费用和不可观察费用。前者是指可进行核算的交易费用；后者是指难以进行核算的交易费用，如家庭购物

① 刘业进．专业化分工前提的交易成本经验估算：1978—2004[J]．改革，2006，(7)．

时发生的信息搜索费用等。并认为随着经济发展和交易中介部门的扩展,一部分不可观察费用将逐渐转化为可观察费用。

根据以上细分原则,一个经济体的总交易费用核算框架可由图4—1表示。

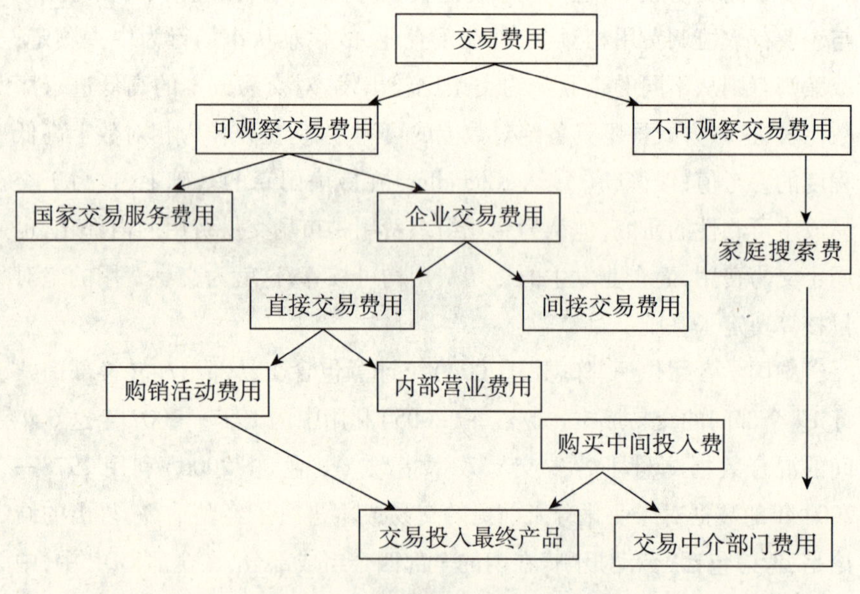

图4—1　交易费用的核算框架①

明晰交易成本的核算框架有助于量化交易成本,明确节约的切入点,以便有的放矢寻找解决方式,而节约型社会提倡绿色核算机制,体现在交易成本中,就表现为包括实现绿色GDP而产生的额外的交易成本。即在上述框架中,还应加入环境指数对交易成本产生影响的那一部分。

4.4.2　降低交易成本的途径

由于交易成本是由多种因素决定的,要彻底消除交易成本是不可能

① 陈志昂、缪仁炳. 中国交易费用与经济增长关系的实证分析[J]. 商业经济与管理,2000,(9).

也不现实的,但这并不意味着交易成本不可以降低,制度和技术是降低交易成本的两种主要力量。正如诺思所说:“制度所提供的交换的结构,加上所有的技术决定了交易费用与转化费用。”①科斯关于企业对市场的替代的论述说明,当用市场方式组织生产费用高昂时,可以用企业这种制度方式代替市场制度方式,从而节省交易费用。诺思指出,随着人类交易形式变得越来越复杂,制度必须随之变化,其目的就在于降低交易费用。如定期集市制度的出现,一般等价物——货币的产生就极大地节省了交易费用。技术对交易费用降低所起的作用则主要体现在它可以节省交易信息搜寻费用。如马路、运河、公路、铁路、飞机场等交通方式的不断改进,邮政、电报、电话、电子计算机、互联网等通讯手段的发明和进步,则极大地节省了交易的信息费用。长期以来,人们把节约理解为消费领域的节俭。实际上,节约不仅仅是指消费领域的节俭和其他经济活动中对人、财、物的节省或限制使用,而且还包含如何使用才符合合理、恰当和高效的要求。因此,我们认为,节约是人类在促进社会进步活动中,对稀缺性资源的合理使用。资源的合理使用意味着效率的提高。节约不仅不会妨碍经济较快发展,反而能促进经济的发展。

建设节约型社会,可以从以下方面采取措施节约交易成本。

——立足于交易成本最小化,构建节约型社会价值观。毛泽东在《关于正确处理人民内部矛盾的问题》中指出:“要使我国富强起来,需要几十年艰苦奋斗的时间,其中包括执行厉行节约、反对浪费这样一个勤俭建国的方针。”②江泽民在党的十四大报告中说:“我国底子薄,目前处在实现现代化的创业阶段,需要有更多的资金用于建设,一定要继续发扬艰苦奋斗、勤俭建国的优良传统,提倡崇尚节约的社会风气。”③建设节约型社会,单凭市场这只无形的手和政府这只有形的手还远远不够,必须使建设节约型社会成为全社会的共识,成为全社会的自觉行动,成为全社会的价

① 诺思.制度、制度变迁与经济绩效[M].上海:上海三联书店,1994:40—47.

② 毛泽东文集(第7卷),[M].北京:人民出版社,1999:240.

③ 《十四大以来重要文献选编》(上).北京:人民出版社,1996:32.

值观。只有这样,才能降低交易成本,才能建设交易成本最小化类型的节约型社会。建设节约型社会必须坚持“政府推动、企业主导、公众参与”的原则。政府要建立综合反映经济发展、社会进步、资源利用、环境保护等体现科学发展观、政绩观的指标体系,实现“政绩指标”与“绿色指标”的统一,彻底改变片面追求 GDP 增长的行为。企业更要树立节约型社会价值观,企业以追求经济效益最大化为唯一目标,但不能追求短期的经济效益,应该追求长期的、可持续的经济效益。在传统的发展理念中,只要产出大于投入,收益大于成本,这一经济循环就是有效的,因此往往不顾资源和环境的代价。这种传统的发展理念必须转变,彻底改变重开发、轻节约,重速度、轻效益,重外延扩张、轻内涵发展,片面追求产值、忽视资源和环境的倾向。公众要改变在日常生活中长期形成的各种陈规陋习,形成适度的消费观,树立绿色消费、文明消费和理性消费的观念。消费必须以满足人的需求为界,不能消费过度;必须以大自然的承受力为限,不能竭泽而渔。要从教育入手,从中小学教育到大学教育甚至全民教育,宣传节约型社会的重要性和必要性。通过电视、广播、报纸、网络等形式的宣传教育,养成人人都乐于节约一张纸、一度电、一滴水、一粒米、一块煤的良好习惯。提高全民族的资源忧患意识和节约意识,在全社会树立节约资源的观念,培育人人节约资源的社会风尚,营造全民节约资源的良好环境。通过宣传教育,使社会各主体增强社会责任感,把外在的引导和强制行为内化为自觉的节约意识。节约型社会价值观的形成,是建设节约型社会的最有效的手段。

——使用节约的包装。世界包装业的绿色原则是指包装要达到减量化、重复使用、再生使用和可降解。因此企业在包装产品的过程中,应减少包装材料的使用量,包装尽量轻便;包装材料使用后易于回收再用或再生;包装的废弃物应尽可能成为新的资源;不断研制开发出新型的可用于替代不可再生资源的包装材料;在包装上体现节能标志,防止过度包装的出现。对于大多数产品,只需恰到好处地达到包装的两个功能即可:一是保护产品;二是满足人们的情感需求。包装所应有的作用、效益和包装成本要处于基本协调、平衡状态，做到能使用最简便的包装，发挥最大作用。另外，要解决过度包装的问题还需要法律约束。美国对于木材包装的生产和使用是有严格规定的，凡是使用木材包装的商品，一律向批发商收取包装处理费；凡是包装体积超过商品体积的，属于欺诈行为；包装费用不得超过商品价格。韩国、日本、加拿大等国对包装物的容积、包装物与商品之间的间隙、包装层数、包装成本与商品价值的比例等设定限制标准。在德国、荷兰、意大利和西班牙等欧洲发达国家，将木材包装专门作为一类废物来回收，其中多数国家回收后，重新回炉化为纸浆。我们应该借鉴国外的相关规定，制定反过度包装的法律条例。目前，过度包装行为已经引起了国家有关部门的关注和重视，《固体废物污染环境防治法（修订草案）》正在审议之中。

——加快市场体系培育，建立、健全市场中介体系。进一步完善商品市场体系，建立地区乃至全国的价格信息网络，给消费者和企业提供及时、准确的信息，使他们减少搜寻次数，降低搜寻费用。加快生产要素市场的培育，降低企业组织生产要素的费用。这样一方面为企业规模扩大创造了条件，扩大了交易规模，降低了单位交易费用；另一方面也能使生产企业调整现有生产要素的配置，与流通企业合理分工，降低产品交易费用。建立信息咨询、评估等中介组织有利于改变交易双方信息不对称情况，避免市场欺诈，降低交易主体搜寻、谈判费用；仲裁、结算组织有利于降低交易实施费用；代理组织或职业经纪人以及行业协会有利于沟通市场主体间的联系，加强自律，抑制机会主义行为的发生。

——构建现代流通的集约化机制。通过集约化机制在流通领域提高运输效率、减少流通环节、降低流通费用。现代流通是运用供应链管理的思想，以包括现代信息技术在内的一系列现代化流通技术和先进的流通工具为载体的新型流通模式。现代流通的集约化机制就是在“大生产、大流通”的新经济背景下，流通业通过业务流程重组、产业结构调整和流通系统要素整合等途径，优化资源配置，推动流通业乃至整个供应链高效运作的体系。它是众多投入要素共同作用的系统，包括技术、劳动力、生产资料、供应链中的企业和其他流通投入要素等。其外延包括物流的集约化、信息的集约化和企业经营的集约化。

现代流通通过物流、信息和企业经营的集约化有效地降低了流通费用,极大地提高了流通效率,达到了保护并合理配置资源的目的,对节约型社会的创建起到了巨大的推动作用。因此,政府要把流通现代化建设当做构建节约型社会的有力抓手,从集约化机制入手,有针对性地引导流通领域的现代化建设,扶持组建一批专业化的流通企业,鼓励流通企业引进先进的流通技术和流通设备,大力发展第三方物流和共同配送模式。对生产和流通企业而言,要善于转变经营管理理念,学习国内外现代流通的宝贵经验,集中发展核心竞争力,从比较优势出发实行资源外包,优化整条供应链。

在流通领域,要大力推广运用各种新型清洁高效的交通运输工具,选择合适的交通运输方式,发挥水运、铁路、公共交通等比较优势,加强多种交通运输方式的协调和衔接;建立起城市专用、智能、高效的快速公共交通系统和公共交通网络,提供快捷、便利、舒适的交通服务;加强城市交通智能管理系统建设,实行现代化、智能化、科学化管理;建设现代物流信息系统,减少各种运输工具的空驶率,提高运输效率;减轻交通运输对环境的污染等。物流系统要负责两种物质、两个方向的输送:一方面把各种消费品及时输往消费者,另一方面把各种资源和回收的废旧物质及时输往生产者。由于我国各个区域发展不平衡,经济建设的空间布局不尽合理,有些资源从内地运到沿海进行加工,然后又把产品运到内地销售,存在着流通路程过长、流通环节过多、流通费用过高的问题。这些问题需要通过各地均衡发展和调整经济布局逐步加以解决。

——电子商务产生的新的流通模式减少了流通环节,缩短了流通渠道,整个流通过程中的流通费用和交易费用都会减少。电子商务对交易费用下降的影响发生在三个层面:一是企业层面,参与交易的企业利用网络收集信息和利用电子商务实现交易,从而使交易费用下降。电子商务可以降低促销成本。有研究表明,假如使用国际互联网做广告媒介,进行网上促销活动，其结果是在增加十倍销售量的同时，只花费传统预算的十分之一。电子商务可以降低企业的谈判与签约成本。传统店铺销售的谈判与签约通常是面对面进行，需要销售人员一对一的服务，在购物的高峰期，可能出现人手不够；在顾客较少时，又会人手过剩。即便连锁商店采取自助购物方式，在结算时仍需人来操作完成，而且货物毁损、丢失时有发生。因而，谈判和签约成本较高。而采用电子商务方式，零售企业只需将商品信息陈列在网上商店中供顾客选择，交易双方利用网络，经过认真比较、选择，将双方在交易中的权利、所承担的义务、对所购买商品的种类、数量、价格、交货地点、交货时间、违约和索赔等合同条款，全部以电子交易合同的形式做出全面的规定，合同双方利用电子数据交换系统进行签约，通过数字签名等方式签名确认。这既避免了购物拥塞，又大大地节约了劳动成本，从而降低了谈判和签约成本。二是渠道层面，由于实现供应链管理和渠道成员之间的有效合作，整个渠道上信息流、商流、物流、资金流的速度加快、效率大为提高，这种渠道整体效率的提高使成员均受益。三是流通产业层面，网络化和电子商务搭建的交易平台使所有企业的商品流通效率增加，电子商务基础上的社会物流为企业节约了大量费用。整个社会的流通以比过去少的投入实现了更高的效率。有测算显示，新开一个店面至少需要上百万美元的投资，而建一个网上商店只需10万美元；网上销售软件的成本是电脑销售的1/10，是店铺销售的1/15；店铺营业员售出一张飞机票成本是8美元，由网上售出只需1美元；由银行营业员完成一笔简单交易的成本是1.07美元，由自动取款机完成只需0.27美元，而通过网上完成交易只需0.01美元，其降低成本的优势不言而喻。

——通过立法遏制浪费行为。要使建设节约型社会变成社会的实实在在的行动，必须建立一整套制度，约束人们的行为。一是建立和完善法规体系。包括资源综合利用法规和条例、资源循环再生利用的法规，如废旧轮胎、包装物、废旧家电及电子产品等废旧产品回收处理管理条例；建立资源节约的标准标识体系；通过立法遏制浪费行为，如建立反浪费法；

对奢侈消费征收高额税(如高档餐饮);立法反对商品过度包装(如中秋月饼包装);修改能源节约法,加强可操作性。二是法规制定出来后,各级政府要支持执法部门严格执法,法规才能发挥作用。加强法制建设,增强法制观念,提高群众和领导干部执法守法的自觉性,是反对浪费工作的一个重要任务。

——构建节约型社会,对政府提出了更高的要求。政府必须转变职能,按照社会主义市场经济体制的要求构建自律、高效的管理体制。所谓政府自律,是指政府要按规律办事,对自身行为有约束能力,该管的务必管好,不该管的一定放手,避免由于政府干预不当造成资源浪费。各级政府要树立科学发展观和正确的政绩观。要克服对 GDP 的盲目追求,杜绝"形象工程"、"政绩工程",以减少浪费。所谓高效政府,主要是指政府的工作效率,包括政府在经济调节、市场监管、社会管理和公共服务方面履行职责的状况和所需的成本等,也包括政府应对各种危机事件的速度、手段和效果等。自律、高效的政府管理体制,为纠正政府"越位",实现政府"到位",进而加强宏观调控构建了体制保证。

政府的节约主要体现在三方面:一是节约办公开支,减少不必要的办公支出,如纸张、电能、用车等。二是精简和减少会议。会议本身不仅要消耗大量人力、物力和财力,而且要浪费许多人的大量时间,降低行政效率。时间是最宝贵的资源,同样也要节约。要减少开会的次数,缩小会议规模,精简会议程序,缩短会议时间。三是要科学决策政府投资,避免政府投资中的浪费。

——信息化节约交易费用。节约型社会的信息普及,不仅因为现代生活节奏的加快加大了对信息化的依赖程度,同时信息化的确能给我们的社会生活带来很多收益,而增加信息公开渠道,能降低交易费用,使在节约型社会提倡信息化变得更为迫切。信息公开渠道是指现代科技所依赖的信息技术,它促进信息公开,减少搜寻成本,避免因信息不公开而引发道德风险所造成的资源浪费,是节约型社会中降低交易费用的重要部分。信息技术渗透到节约型社会的各个领域,从规划、设计、生产流通、管理到生活,它们不仅有助于资源节约,还促进了各产业健康、协调发展,提高了人民福利水平。节约型社会提倡以高科技来实现高效率,而企业通过信息化,可简化交易的中间环节,使交易活动的目的更明确,以最小的投入来实现交易发生。信息化本身也应节约。信息化的出发点是节约交易费用,故要对信息化过程进行成本—收益比较。物质上的浪费可以反映在账面上,但信息化的浪费却往往消之于无形。只有当由信息化所节约的成本少于实行信息化的成本,信息化才能真正体现节约型社会的宗旨,为经济发展提供帮助。

——产权明晰是节约型社会各机制正常运转的重要前提。它不仅有助于经济活动运行,还能使其实现高效、高收益的运行。交易费用是产权转移过程中所涉及的成本,已有学者指出"要使价值机制运转起来,交易人必须对所有交换的物品有明晰和专一的可以自由转让的产权。否则,为交换的顺利进行所需的各种费用支出将非常高,乃至高到使交易的进行不再有利的程度"①。产权不明晰,则难以确认交易双方身份,更谈不上发生交易。当多人拥有标的物产权时,则有意交换的一方需与多方进行协商,以促成交易发生。而产权主体繁多,加大协商难度,也可能滋生"囚徒困境"的博弈的出现,无端增加交易协商成本。唯有产权明确界定,才能形成专一且可自由转让的产权,产权主体才会基于自身的财产基础,明确利益边界,从而市场主体既能自我激励,又会自我约束。成千上万产权独立、追求自身最大经济利益的市场主体在市场上的趋利避害的行为,无疑是市场运行效率的强心剂,而市场运行效率的提高也就意味着市场交易费用的降低,"其原因在于,只要产权上明确界定,交易各方就力求降低交易费用,使资源使用到产出最大、成本最小的地方,达到资源的最优配置"②。而稳定一个有效的产权制度不仅能有利于节约交易费用的有效产权制度的长期存在,同时还能有助于形成稳定的预期,由此而形成的市场主体的长期预期能有利于资源的优化配置,提高经济效率。节

① 张军. 现代产权经济学[M]. 上海:上海三联书店,1991:5.

② 张军. 现代产权经济学[M]. 上海:上海三联书店,1991:97.

约型社会中，产权明晰是市场活动发生的基本要求，这是市场内生化的一种要求，实现经济效率与增长的奠基石。

因此，在节约型社会要降低交易成本，实现经济的集约型增长，明晰产权是重中之重。通过建立产权关系清晰、科学合理的产权制度，就能形成交易成本的节约机制，并促进交易发生，给社会经济注入动力和活力，社会就能以不断节约交易成本来实现经济增长。只有产权明晰，交易主体才有降低交易费用的内在动力。在产权制度保障下，交易主体因其有明确界定的产权，能对交易结果进行合理预期：当交易预期收益大于预期成本时，交易为正效益，交易主体会在利益增加下促成交易；当预期收益小于预期成本时，交易为负收益，交易主体会在利益受损的约束下放弃交易。产权明晰能使制度约束硬化，减少贿买现象发生，有效降低额外交易费用。

——加强市场竞争，降低交易费用。节约型社会提倡提高市场效率，因为这将确保交换行为的效率，实现节约目的。交易费用随交易行为而存在，而市场本身存在不确定性，故市场的竞争程度对交易费用的高低有一定影响。有序的市场竞争条件，能规范其中的交易行为；市场透明度高，则能减少不必要的贸易摩擦，有利于交易双方达成协议；同时市场充分竞争表明市场能充分发挥作用，促进资源优化配置，市场信息一目了然，降低搜寻成本，交易费用随之减少。另一方面，市场竞争程度充分与否，受交易费用高低的反制约。交易费用越高，则进入该市场的成本壁垒越大，高昂的交易费用成为市场交易主体发挥公平竞争的绊脚石；也就是说，市场竞争程度与交易费用高低互为反作用。科斯曾提出，“只有在充分竞争的情况下，权利的自愿交易才会给资源的最佳配置提供保证”①。所以在节约型社会中，增加市场竞争程度能有效确保交易发生，降低所需要的费用成本，促进价值实现。

在有效的制度安排下，竞争压力或者潜在竞争压力才会始终存在。有竞争才会有节约，竞争是节约的最好约束，竞争机制的作用就在于把节

---

① 罗纳德·哈里·科斯．企业、市场与法律[M]．上海：上海三联书店，1990：11.

约纳入比赛的轨道。在市场经济条件下，谁没有节约成本，谁浪费了资源，谁的福利就会降低，谁就会遭受效率损失，就会在竞争中处于不利位置，长远来看就有可能被淘汰。

——信任机制在简化人际交往过程的同时也能节省交易费用。由于交易双方都要面临巨大的不确定性，这种不确定性被计入交易费用而使交易费用增大，从而抑制了交易的发展，但是信任可以减少不确定性。信用的出现是节省交易费用的又一重要步骤。信任是人们在长期交往过程中所建立的一套简化机制，在经济活动中，人们把信用引入，便节省了交易费用。在其他情况都不变的情况下，信任可以简化交易过程，使原来复杂的过程变得简单。因此信用是一种资源，一个人如果有良好的信用也可以从中得到好处。为解决信任问题，我们认为应采取如下措施：一是实现重复博弈；二是市场信号。在重复交易条件下，可以减少投机行为。特别是对于从事有关行业领域的交易，应对交易者的交易行为记录，从交易活动的重复及其表现方面对交易者进行监督。建立较强的市场信号也是克服信息不对称的一种方法。对企业来说，应着力于发展名牌战略；对社会个体来说，应当建立一套信用档案制度，对于不同信用的人给予不同的待遇。

第5章 节约型社会的资源分享与消费

社会经济活动过程是使用和消费经济资源的过程,也就是资源分享的过程。消费说到底是资源分享的结果,其前提是资源在不同地区和社会群体间的分配。与前文的生产消费不同的是,这里的消费主要是生活消费。生活消费领域的浪费对资源的破坏更直接,节约型社会建设重点在于生活消费的节约,绿色消费对于节约型社会建设更具现实意义。

5.1 资源分享的经济利益关系

5.1.1 代内冲突的利益博弈

现存的资源分享关系,本质上就是资源分享主体之间的冲突关系,也就是资源分享的代内冲突关系和代际冲突关系。这种关系的产生,是与节约型社会研究的出发点即资源的稀缺性、资源的禀赋不均、负外部性等密切相关的。

众所周知,人类享有的资源是稀缺的,再加上资源禀赋在各国和各地的分布不均,那么就表现为资源的排他性,即一方对资源的占有、使用,就排斥了其他人对此的使用权。因此,在同一时间、同一地域、同一空间的情况下就普遍存在着代内冲突。从宏观上来说,代内冲突就表现为国与国之间的资源战;从微观上来说,代内冲突就表现为企业与企业之间、个人与个人之间、企业与个人之间的资源争夺战。此外,当代人若过分地使用了某些公共资源,就会对后代人的福利产生损害,因此,在不同代人之间又存在着代际冲突。除了资源的稀缺性和资源禀赋不均之外,由于外部性中代内外部性和代际外部性的存在,也可造成代内冲突与代际冲突。从博弈论角度,可以清晰把握资源分享冲突关系的存在机理。

假定存在着两个博弈方i和j共同享有某一公共资源,这两个理性个体对于这一资源的公平使用程度不同将直接影响到各自的利益(在博弈中用各自的支付来表示)。我们这里用节约和浪费来衡量资源的公平使用程度。从战略选择上看,i和j各自都有两种策略,即节约或浪费地使用资源,因而这个博弈共有四个战略组合:(节约,节约)、(节约,浪费)、(浪费,节约)、(浪费,浪费)。若i和j都采用节约战略,则双方各自的收益为a。若其中一方选择节约地使用资源,而另一方采用浪费地使用资源,那么选择浪费地使用资源的一方,就会因"搭便车"获利,得到大于a的c,而采用节约战略的一方则遭受损失,只得到极低的收益b。若双方都采用浪费战略,那么双方的支付都为d。因为浪费战略对双方都有益,且比采用节约战略更好,因此,d > b,且a > d。综上可得,c > a > d > b。此时,i和j构成了完全信息静态博弈,其战略式博弈的支付矩阵如表5—1所示。

表5—1　消费中代内冲突的博弈分析

参与人j / 参与人i	节约	浪费
节约	a,a	b,c
浪费	c,b	d,d

注:c > a > d > b。

下面来分析上述博弈的均衡解。因为c > a且d > b,所以对于参与人i来说,不管参与人j采取节约资源战略还是浪费战略,他都会选择浪费资源的战略。同理,作为理性人的j也会作出相同的选择。因此,浪费地使用资源是理性人i和j的占优战略,而(浪费,浪费)是这个博弈唯一的纳什均衡,其支付为(d,d)。这说明,尽管行为个体i和j也许都有可持续发展的意识,但他们是理性人,具有利己行为,因此在竞争市场的外部环境下会作出个体最优化的选择，在此例中就表现为都采用浪费地使用资源这种非可持续发展的行为方式。

5.1.2 代际冲突的利益博弈

公共资源是自然界赋予人们的物质财富，也是各代人赖以生存和持续发展的物质生活基础。若各代人都能通过均等代际公平的权利来共享它，那么这种资源将获得更持久的利用与保护。杨勤业等人(2000)提出用下列方程来得出资源与环境代际公平度K：

$$\begin{cases} K_{n/n-1} = (E_n/E_{n-1})/f(n,n-1) \\ f(n,n-1) = f(n)/f(n-1) = f(M,S,L) \end{cases}$$

其中$K_{n/n-1}$代表当代人(第n代)选择时使上一代(第n-1代)获得的代际公平度，同理，$K_{n/n}$代表当代人(第n代)选择时使当代人获得的代际公平度，这是相对于下一代或上一代的资源与环境存量水平而言的。当$K_{n/n-1}$小于1时，代际不公平(偏向第n-1代人)；当$K_{n/n-1}$等于1时，代际公平(第n与n-1代人相对公平)；当$K_{n/n-1}$大于1时，代际不公平(偏向第n代人)。

用博弈论来分析，各代人在消费资源过程中产生的这种代际冲突是各代人在现实经济社会中作为理性行为个体追求当前利益而放弃长期利益及其子孙后代利益的博弈结果。如图5—1所示。

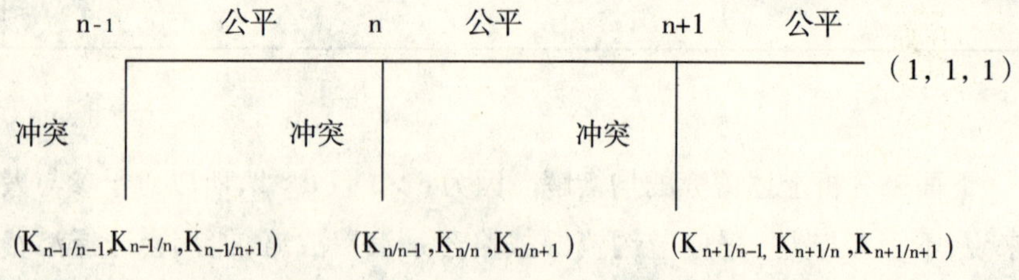

图5—1 代际资源分享的动态博弈

图5—1构造了第n-1代、第n代和第n+1代连续三代人围绕公共

资源环境代际分享的动态博弈树。这是一个完美信息动态博弈问题。若把第 i 代（$i=n-1,n,n+1$）人当作既定时代的当代人行使其分享资源的权利，如果当代人都能采用代际公平（即 $K_{i/i-1}=1$ 且 $K_{i/i+1}=1$）来对待其前代与后代，共同分享公共资源与环境，这时其博弈的结果是每一代人均能获得均等的代际公平度（$K_{i/i-1}=K_{i/i}=K_{i/i+1}=1$）；若当代人不采用代际公平来对待其前代与后代即（$K_{i/i}>1$），这时虽然当代人使用和消费了超额的公共资源，获得了超额的自身效用，但这是其前代人与后代人仅能获得不足的公共资源与环境为代价所换取的（即 $K_{i/i-1}<1$ 且 $K_{i/i+1}<1$），因此，资源分享的代际冲突就出现了。

在现实经济社会中，理性行为的当代人若仅从自身个体最优出发而毫无可持续发展与代际公平的思想，那么，当代人将会寻求这个动态博弈的博弈均衡解，即不公平对待其前代与后代。下面以第 $n-1$ 代、第 n 代和第 $n+1$ 代连续三代人为例用逆向归纳法加以说明。在第三阶段，后代人（第 $n+1$ 代）选择代际不公平（$K_{n+1/n+1}>1$）；在第二阶段，当代人（第 n 代）已知后代人将选择代际不公平，其最佳选择当然也是代际不公平（$K_{n/n}>1$），否则在第三阶段中由于第 $n+1$ 代人的不公平选择，将使第 n 代人取 $K_{n+1/n}<1$；在第一阶段，前代人（第 $n-1$ 代）若已知下一代人将选择代际不公平，其最佳选择也是代际不公平（$K_{n-1/n-1}>1$），否则在第二阶段第 $n-1$ 代人将获得的代际公平度 $K_{n/n-1}<1$。因而，这个动态博弈的均衡解就是：$K_{n-1/n-1}>1$ 且 $K_{n-1/n}<1$ 且 $K_{n-1/n+1}<1$。这就表明在现实社会中，当代人若没有受到代际公平的约束、没有可持续发展的意识，经济体内各代人将出于个体理性行为，而都将最大化其当前的利益而无意识地走上代际冲突的均衡路径，即非持续发展路径。

5.1.3　我国资源分享的非公平状态

从我国国情考虑，虽然我国地大物博，资源丰富，但人均资源少、人口分布和资源分布不均，使得我国的资源分享难以公平，资源利用难以合理。

首先,由于我国地域广袤,资源总量可观,但人均资源占有量处于世界平均水平以下。从表5—2展现的煤炭、石油、水资源、森林等资源占有情况可以看出,在世界人均资源逐步减少的同时,我国与世界水平仍有较大差距。人均煤炭、石油、天然气、水和森林等均低于世界平均水平。

表5—2　我国人均资源占有量

	煤炭	石油、天然气	水资源	森林
总量	我国煤炭资源量1.5万亿吨。可采储量(在当前技术和经济条件下)1145亿吨,占全世界11.09%,世界排名第3位。	世界石油探明可采储量1434亿吨,我国为38亿吨,占世界储量的2.6%,世界储采比为41,我国储采比为24。世界天然气可采储量146.4万亿立方米,我国为1.37万亿立方米,仅占世界储量的0.9%,世界储采比为63,我国储采比为58。 我国石油探明储量33亿吨,占世界2.3%,排在第11位。 天然气探明储量10288亿立方米,天然气资源占世界第14位。 原油生产量1.668亿吨,排在第7位,占世界4.5%。	我国水资源总量常年28000亿立方米,其中河川径流量27000亿立方米,在世界上排名第4位。 地下水资源量8200亿立方米,占水资源量的30%左右。	我国森林面积为15894.1万公顷,在世界排名第5位。 世界平均森林覆盖率为27%,我国森林覆盖率为16.55%,世界排名第110位后。
人均	人均可采储量为98.94吨,占世界人均数量的53%。	我国石油、天然气经济可采资源量分别只占世界经济可采资源量的3%和2%;人均占有量分别只占世界人均占有量的15%和10%。 据世界石油大会估计,中国常规可采石油总资源114.9亿吨,居世界第9位,但人均占有量仅10吨,居世界第41位。	人均2200立方米,为世界人均值1/4,排在第121位。 人均地下水资源占有量仅为世界人均占有量的1/3,世界排名第88位。	世界人均0.6公顷,我国人均0.12公顷,在世界排名第119位。

数据来源:2000年第五次全国森林资源清查,http://www.shlkx.net/xsyj/jjfx/syzyxq.htm.

其次,水资源状况尤为突出,且处于逐年递减状态。据有关媒体报道,我国已经成为一个干旱缺水严重的国家。淡水资源总量为28000亿立方米，占全球水资源的 6%，仅次于巴西、俄罗斯和加拿大，居世界第四位，但人均只有 2200 立方米，仅为世界平均水平的 1/4、美国的 1/5，在世界上名列 121 位，我国是全球 13 个人均水资源最贫乏的国家之一。扣除难以利用的洪水泾流和散布在偏远地区的地下水资源后，我国现实可利用的淡水资源量则更少，仅为 11000 亿立方米左右，人均可利用水资源量约为 900 立方米，并且分布极不均衡。到 20 世纪末，全国 600 多座城市中，已有 400 多座城市存在供水不足问题，其中比较严重的缺水城市达 110 个，全国城市缺水总量为 60 亿立方米。目前全国多数城市地下水受到一定程度的点状和面状污染，且有逐年加重的趋势。水利部预测，2030 年中国人口将达到 16 亿，届时人均水资源量仅有 1750 立方米。在充分考虑节水情况下，预计用水总量为 7000 亿至 8000 亿立方米，要求供水能力比现在增长 1300 亿至 2300 亿立方米，全国实际可利用水资源量接近合理利用水量上限，水资源开发难度极大。①由于水资源的非正常使用，近年来水资源总量减少，由 2005 年的 28053 亿立方米下降到 2006 年的 25330 亿立方米。

表 5—3　水资源情况（2001—2006 年）

指标	2001	2002	2003	2004	2005	2006
水资源总量（亿立方米）	26868	28261	27460	24130	28053	25330
#地表水资源量	25933	27243	26251	23126	26982	24358
地下水资源量	8390	8697	8299	7436	8091	7643
地表与地下水资源重复量	7456	7679	7090	6433	7020	6671
降水量（亿立方米）	58122	62610	60416	56876	61010	57840
人均水资源量（立方米/人）	2112.5	2207.2	2131.3	1856.3	2151.8	1932.1

数据来源：国家统计局网，www. stats. gov. cn/tjsj/qtsj/hjtjzl/hjtjsj2006/2007 -402452973. htm.

中国水资源总体状况是：南方多，北方少，东部多，西部少。从区域来

① 资料来源：人民网，新华社北京 3 月 21 日电，记者姚润丰，我国水资源现状：人均仅为世界平均水平 1/4.

看,分布在长江以北的中国北方地区地下水资源量占全国的32.2%,而长江以南的南方地区地下水资源量占全国的67.7%。因此,中国的水资源问题主要在北方。一方面自然区域条件形成北方水少地多,水资源短缺突出;另一方面人为因素也加剧了北方缺水状况。由于我国南北水资源分配极不平衡,北方缺水严重,一些地方已经在500立方米以下,最少的甚至低于200立方米,已经成为缺水严重的地区。目前,全世界约有15亿到20亿人口从地下水中获取饮用水,在中国城市用水量中,地下水比重超过30%的有400多座城市,其中一些北方城市中甚至80%的用水量来自地下水。对地下水的旺盛需求导致一些地方出现地下水滥开采、超量开采等不合理行为,诱发了一系列地质灾害现象,给国家经济、社会和自然环境带来重大损失。①

再次,资源的非公平使用。目前工业企业生产对资源使用的污染,城市经济对资源的滥用,城市化进程中对土地资源的滥用等破坏了资源环境,在资源使用上出现工业对农业、城市对农村的非公平状态。如一方面是农村供电不足,另一方面是城市景观灯过度使用,空调空开、电脑空开严重。此外,政府机关资源使用的浪费现象突出。据国务院机关事务管理局副局长寻寰中披露:"无论从财政支出分析,还是从实际现象观察,当前党政机关在整体上存在行政成本过高的问题,主要表现在人、楼、车、钱、能5个方面。人员上,'吃饭财政'的人数逐年增加,比例偏高,不少单位机构臃肿,人浮于事,效率低下。基建上,超标准建设楼堂馆所屡禁不止。某地方煤矿管理局,编制内只有10人,却建造了建筑面积2557平方米的办公楼,人均255.7平方米,平均一人半层楼。用车上,公车运行成本居高不下。用钱上,公款消费开支增大。能耗上,全国党政机关能源消费占全国终端能源消费总量的7%左右,接近全国8亿农村人口生活用电水平。"②

---

① 张晓松、韩洁:中外学者和官员对话中国地下水资源保护,www.gxepb.gov.cn/web/2006-10/19015.htm.

② 寻寰中. 当前机关行政成本过高[J]. 求是, 2008,(10).

5.2 浪费型消费方式及其危害

5.2.1 现行消费模式及其影响

当前我国现行消费模式对资源和环境造成了极大的压力。资源和能源消耗,不仅仅只发生在生产领域,而且也发生在生活消费领域。在当前的消费模式下,人们在生活消费环节中对能源和资源耗用就非常大。人们在日常生活中随时都在大量地消耗能源和资源,像照明、降温、采光以及休闲等都要耗用能源。根据国家统计局统计资料显示,生活领域所消费的能源虽占全社会总能源消费量的相对比例有所下降,但绝对量还是在稳步增长。例如1990年生活能源消费量约占全部能源消费量的16%,虽然此后逐年下降,到2005年间平均每年增长率大约保持在11%左右,但生活能源消费绝对量仍从1990年的15800万吨标准煤增长到了2005年的23393万吨标准煤,到了2006年更达到25387.87万吨标准煤,见表5—4。

表5—4　生活消费能源量及占其比例　　单位:万吨标准煤,%

	1990	1995	1999	2000	2001	2002	2003	2004	2005	2006
总能源消费量	98703	131176	133831	138553	143199	151797	174990	203227	224682	246270
生活能源消费量	15800	15745	14552	15965	16568	17527	19827	21281	23393	25387.87
生活能源消费比例	16.00	12.00	10.87	11.52	11.57	11.55	11.33	10.47	10.41	10.31

资料来源:根据《中国统计年鉴》(2007)计算而得。

如果以人均指标来衡量,那么人们对生活能源耗费的加快趋势更加明显。如图5—2中所示,人均生活能源消费和人均电力消费都呈现较快的上升趋势。其中,人均生活能源消费在经历了一段时间的下降之后,从1999年开始一路攀升,到2005年时已比1999年增长了47.8%,到2006年时已比1999年增长了60.4%;而人均电力消费的增长速度更快,2005年比1999年增长了83.3%,2006年比1999年增长了111.0%。这一方面是人民生活水平上升的反映,同时也说明生活消费环节中资源和能源可能存在低效率利用问题,值得高度关注。

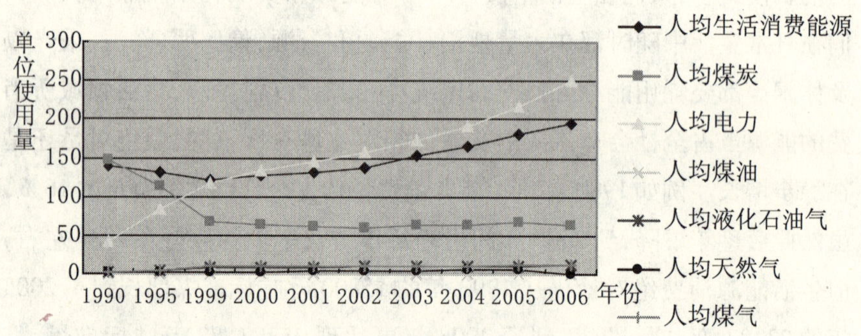

图5—2　人均生活能源消费增长状况

资料来源:根据《中国统计年鉴》(2007)整理而得。

注:右方人均生活能源消费自上到下的单位分别为千克标准煤、千克、千瓦时、千克、千克、立方米、立方米。

生活消费环节不仅耗费了大量资源,而且会产生大量的废弃物,如废气、废水等,由此会对生态环境造成巨大的压力。在几种常见的污染排放物中,生活所产生的污染物排放量已经接近或者超过工业所排放的污染物。近年来政府与企业采取了大量的节水措施以降低农业与工业生产方面的用水量,但同时生活用水和污水排放量却在逐年增长,根据《中国环境统计年鉴》(2004)统计资料显示,2002年废水排放一项中生活废水就占52.86%,此外,2002年57.28%的化学需氧量污染物和67.31%的氨氮污染物都是由生活排放引起的。根据《中国统计年鉴》(2007)统计数据计算得出,2006年废水排放一项中生活废水就占55.3%,此外,2006年62.1%的化学需氧量污染物和70.2%的氨氮污染物都是由生活排放引起的。可见,生活消费环节的废弃物处理已成为建设节约型社会的重要内容。

当前居民收入上升、消费结构变化推动了我国产业结构的升级和重型化，产生了对资源和能源的巨大需求。从消费总量来看，我国已成为世界上的消费大国，许多产品的消费量跻身世界的前列，这说明，一方面人民生活水平提高了，但是另一方面预示着未来居民消费增长将进一步加大对资源和环境的压力。

在我们的经济生活面临巨大环境压力的同时，社会消费的严重浪费状况加剧了这一压力。

其一，个人消费的浪费问题严重。

从个人消费的内容来看，现行消费模式在衣、食、住、行方面存在着严重的资源浪费问题。这四个方面是人类生活的四大基本需要，因而浪费也就主要集中于此。主要表现为：在服饰消费上，追求高档、奢华、时尚，有些甚至以一些稀有动物的毛皮来做服装，致使一些珍贵动物濒临灭绝。在饮食消费上，表现为大吃大喝、铺张浪费。据统计，中国每年因大吃大喝浪费的财产高达300亿元以上。① 在住的方面，在装修时追求豪华气派，攀比之风盛行，造成了资源的巨大浪费。在行的方面，公共交通工具日渐萎缩，各种机动车辆包括私人汽车大幅度增加，一方面造成了交通拥挤和堵塞，另一方面排放的尾气造成了严重的空气污染。

从消费方式来看，现行消费模式又体现出了铺张性、污染性、炫耀性等特点。换句话说，在现行消费模式下人们在消费时采取了不合理、不科学的方法和形式。铺张性主要表现在婚丧嫁娶方面。据统计，在上海，青年结婚时的平均费用已经超过了10万元，全国每年的人情费总支出高达1000—1400亿元，而因办理丧事仅花圈一项全国每年所耗费用就足以再建一个亚运村。② 污染性的突出表现就是使用一次性商品对环境造成的污染，如一次性塑料袋、筷子、衣物、相机、手机等。据《经济日报》报道，

---

① 郑文生．我国可持续消费模式构建探析[J]．再生资源研究，2004，(1)：2.

② 周世祥、蓝娟．关于构建节约型社会消费模式的思考[J]．消费经济，2006，(2)：57.

我国是世界上最大的一次性餐具的消费市场。方便杯等一次性水具，年需求约200亿只。各种一次性餐具的年增长率为6%。目前，中国垃圾堆放量已接近65亿吨，人均年产废旧物资达400公斤，其中很大一部分就是一次性制品造成的。① 炫耀性主要集中在高收入或暴富人群的消费上，其突出表现就是追求高档名牌奢侈品。2005年9月，全球四大会计师事务所之一的安永发表了题为《中国——新的奢华风潮》的报告。根据该报告所提供的数据，中国已成为世界第三大奢侈品消费国，并预期该市场在未来数年内将获得巨大增长。报告指出，中国奢侈品市场的年销售额为20多亿美元，预计从现在起到2008年年增长率为20%，之后到2015年年增长率为10%。届时，销售额将超过150亿美元，占全球消费总量的29%。②

其二，公共消费的浪费问题严重。

近年来行政管理费用支出上升得比较快，如2004年财政支出总额为28486.89亿元，其中行政管理费用支出为4059.91亿元，③与2003年相比财政支出总额增长率为16%，行政管理费用支出增长率为18%。由此可见，行政管理费用支出的增长稍快于财政支出总额的增长。如2006年财政支出总额为40422.73亿元，其中行政管理费用支出为5639.05亿元，④自2000年以来，财政支出总额的年均增长率约为25.7%，行政管理费用支出增长率为35.9%。⑤ 由此可见，行政管理费用支出的增长快于财政支出总额的增长。

在行政管理费用中除了工资和福利支出外，有一部分是用于办公费用的支出，这部分支出的使用效率还存在一些问题：一是公务消费能源消耗大。据权威部门测算，我国政府机构（包括教育等公共部门）能源消费约占全国能源消费总量的5%，节能潜力为15%—20%，能源总费用超过

① 数据来源：http://www.caijing.comcn/mag/preview.aspx? ArtID = 5643.

② 余勇．扭曲的奢侈品消费[J]．记者观察，2006，(1)：42.

③ 中国统计年鉴(2005)[M].北京：中国统计出版社，2005.

④ 中国统计年鉴(2007)[M].北京：中国统计出版社，2007.

⑤ 数据来源：中国统计年鉴(2007)，经计算得出．

800亿元,单位建筑面积能耗超过世界头号耗能大国——美国政府机关1999年平均水平的33%。[①] 此外,根据最近北京市的一项调查显示,48家市、区政府机构2004年人均耗能量、年人均用水量和年人均用电量分别是北京居民的4倍、3倍和7倍。[②]数据显示,2006年11月至2007年10月,国家机关办公建筑20个单位的36栋建筑耗电46511468度,每平方米建筑面积平均耗电85.4度;耗水总量557039吨,人均耗水量36.8吨。3家酒店共耗电24592273度,每平方米建筑面积平均耗电134.33度;耗水总量453352吨,人均耗水量53.83吨。[③] 2007年原建设部一个文件中的数据显示:国家机关办公建筑和大型公共建筑年耗电量约占全国城镇总耗电量的22%,每平方米年耗电量是普通居民住宅的10—20倍,是欧洲、日本等发达国家同类建筑的1.5—2倍。[④]二是公款使用效率低,存在着比阔气、比排场的不良风气。公款吃喝、公款旅游、公车私用成为消耗社会资源的巨大黑洞。据国家统计局测算,全国大中型酒店60%—80%的营业收入来自公款,达1000亿元。三是城市建设上盲目攀比,盲目求大求洋,热衷于建设国际性大都市,造成巨大的浪费。更严重的是政绩工程导致粗制滥造成风。

其三,资源回收环节存在低效率。

目前,我国生活垃圾的年产生量已达到2亿吨,每年还以10%的速度递增,历年垃圾的存量已达到66亿吨,全国2/3的城市陷入垃圾的重围。[⑤] 以电子垃圾为例,据国家统计局统计,目前我国电视机的社会保有量达3.5亿台、冰箱1.3亿台、洗衣机1.7亿台,这些电器大多数是20世纪80年代中后期进入家庭的,按照10—15年的使用寿命,从2003年起

---

① 数据来源:http://www.jieyue.net/homepage_show.asp? id = 17436&type1_id = 13&type2_id = 77&type3_id = 109.

② 数据来源:http://www.jieyue.net/homepage_show.asp? id = 17436&type1_id = 13&type2_id = 77&type3_id = 109.

③ 数据来源:http://www.ce.cn/bjnews/lvse/200801/03/t20080103_14100080.shtml.

④ 数据来源:http://www.law-star.com/cac/130020172.htm.

⑤ 盖虹云、全翔翼.二恶英的毒性及其对人体健康的影响[J].包头医学院学报,2002,(4).

我国每年至少有500万台电视机、400万台冰箱、600万台洗衣机报废。此外,近年来我国电脑、手机的消费量激增。目前全社会电脑保有量近2000万台、手机约1.9亿部。而电脑和手机的更新换代远快于家电产品,目前约有500万台电脑、上1000万部手机已进入淘汰期。[①] 消费者作为废弃物和污染物的主要产生者,在废弃物的处理环节,应该负有分类处理的主要责任。但是在对废弃物的处理上,在中国的一项调查显示,被调查的家庭中,实行垃圾分类的比例极低,重视回收废弃物的家庭仅占27.4%。我国约有4亿个家庭,单就电池来说,年消费量约44亿只,每年回收的废电池仅占1%。[②] 正是由于我们多年来的消费陋习,由此造成的污染已十分严重,同时对资源的回收利用率非常低,在某种程度上,这也是一种资源的浪费。

其四,会议浪费现象突出。

我国人口众多,会议也繁多,这吞噬了大量的人力、物力与财力,尤其是浪费了宝贵的时间。据新华社记者报道,我国每年召开的各种会议大约有8.7亿多个,平均每天有240万个,每小时有10万个。会议名目繁多,按内容分不下800种。而且参加会议的与会者都将领到份数不少、页数也不少的资料,而这些有的被看了,有的却被束之高阁,最后都被当做废纸处理。目前,我国年造纸消耗木材1000万立方米,进口木浆130多万吨,进口纸张400多万吨。纸张的大量消费不仅需要大量的资源,而且生产纸浆产生的污水占国内整个水域污染的30%以上。即便是开一个三五百人的大会,据粗略统计,大概会回收饮料瓶上千,其中有2/3瓶里仍然有水,有些瓶中的水甚至只喝了一两口,最后只好倒掉。以每个“半瓶”0.3升计算,开这样一个会,就有270升的饮用水被倒掉,折合人民币450元。以国内每天有10万人在开会计算,倒掉的饮用水就达54吨,价值9万元,如此一年又会浪费掉多少饮用水呢?

---

① 刘志峰、林巨广等. 电子电器产品的回收再利用及其关键技术研究[J]. 电机电器技术,2003,(1).

② 王学评. 关于绿色消费行为的思考[J]. 生态经济,2002,(1).

5.2.2　消费领域资源浪费的原因分析

消费领域资源浪费现象的产生,既有主观原因,又有客观原因。主观原因的浪费是指消费者道德品质和思想意识不足,或思想方法和工作方法错误等引起的浪费。当然从主观愿望来看,行为者本身又有自觉和不自觉、有意识和无意识的区别。在我国,有许多浪费都是无意识的习惯而产生的,其造成的损失也是非常惊人的。而客观原因造成的浪费,可以是体制和制度弊病导致的浪费,也可以是历史文化传统导致的浪费,还可以是管理水平低下、科学技术落后等造成的浪费。下面将分别从微观和宏观两方面来阐述造成消费领域资源浪费的成因。

——部分人群节约意识淡薄。中国人向来有提倡节俭的传统美德,有"历览前贤国与家,成由勤俭败由奢"的古训。但是,随着消费主义思潮以及及时行乐思想的影响,部分人群特别是暴富阶层和一些年轻人受其影响,开始追求炫耀性消费和过度消费。这些消费观念扭曲了我国消费结构,十分不符合我国目前整体收入水平、消费水平偏低以及资源供求矛盾激化的基本国情。同时在日常生活中,他们也没有节约的意识和习惯。一项家庭调查表明,有88%的用户不把电视、电脑完全关机。中国节能产品中心认为,这种情形消耗的电能已占中国城市家庭电力消耗的10%左右。大手大脚地浪费日常生活中的每一滴水、每一度电、每一升油,这种不愿意从细微处节约、不愿意省一分钱的消费习惯,已给中国国内的资源供应带来不小的压力。

——政府消费的监督缺位。我国政府公共消费数量大,但是其消费过程不公开、不透明,监督体制不合理,这导致政府的公共开支和消费环节存在资源和能源的利用效率比较低的现象。政府的消费决策极不透明,诸如建造政府办公场所、购置大型办公设备的决策等都没有受到良好的公共监督,出现了政府办公大楼建造过于豪华的现象;与此同时,政府雇员有大量"公款消费"的行为,对于办公场所内的水、电、油、气和纸张等方面消费的节约意识还不够。这些主要是由于行政监督体制中存在着监督主体地位不高、权利受限、不能相互协调配合和无法可依等弊端，此外，对于政府机关办公场所的能源消费也缺乏有效的计量和评价手段以及落实到人的考核制度。

——资源性公共品的定价机制不够灵活。从经济学角度分析，一种商品的价格是供求关系的反映，也是调节供求关系的重要手段。资源型公共产品诸如水、电、燃气等，因其具有自然垄断性，采用了政府定价的方式，而并非单纯由市场定价。这样做能避免市场失灵所带来的福利损失，但是，当政府定价不能完全反映产品的成本时，就会导致该产品的过度消费或者浪费。水资源的消费就是一个明显的例子。据有关资料显示，在美国，自来水总价中有55%是污水处理费，在其他发达国家，环境水价通常也都占总水价的50%以上。① 而在中国，以2003年的厦门为例，污水处理费为0.5元/吨，仅为总水价的22%；②2008年，以重庆为例，2.66元/吨的居民水价由三部分构成，包括自来水费2元/吨、水资源费0.06元/吨和污水处理费0.6元/吨，③污水处理费仅为总水价的22.6%，远低于国外水平。这说明，在中国，总水价中污水处理费比例不高，在水消费过程中，污水处理费这部分成本很大部分被外化了，虽然这种外化客观上增加了消费者的福利，但某种程度上会导致居民过度地浪费水资源，加剧水的供求矛盾。因而，我国资源型公共产品定价机制比较僵硬，不能及时反映市场上资源供求关系的变化，这是造成油、水、电、气等产品不合理消费的主导原因。

——高收入群体过度消费，收入差距过大。我国消费领域内存在的资源和能源的浪费现象，从某种程度上来说与现存国内收入分配体制不合理密切相关。我国收入贫富差距越拉越大，以全国城乡居民人均可支配收入之比为例，已由1978年的2.6:1扩大到2006年的3.3:1；城乡居

① 数据来源：http://www.waterchina.com/main/Web/Article/2005/06/15/2229292187C60610.aspx.

② 数据来源：http://www.waterchina.com/main/Web/Article/2005/06/15/2229292187C60610.aspx.

③ 数据来源：http://www.wateruu.com/W20a21513.html.

民的人均消费水平相应地在 2006 年也扩大到了 3.1∶1。[①] 一方面由于很大部分人购买力不足导致消费需求不旺，影响了总消费水平；另一方面，拥有很大一部分财富的高收入者挥霍、浪费，造成了资源和能源的低效率使用，同时带动了攀比性和炫耀性消费，造成了暴富阶层奢侈的消费生活与广大城乡贫困居民拮据的日常生活并存的局面。

——消费税结构不合理。国家为了引导消费方向、调节社会消费结构和产业结构，对在境内从事法定消费品生产、委托加工和进口的单位及个人征收消费税。目前其征收范围包括烟、酒及酒精、贵重首饰及珠宝玉石、成品油、小汽车、高尔夫球具等消费品。从大类覆盖范围看是比较全面的，但是还有些产品没有包括进去，如高档住宅、高档家具和私人游艇等，不利于节约风气的形成。

——消费领域的节能标准滞后。虽然我国现在有 120 多项国家节能标准、60 多项可再生能源标准和 400 多项环保标准，但关于各种消费品和消费环节的节能标准还存在不够完善、不够详细和明确的地方以及更新不够及时的问题，有些产品即使有节能标准，但由于执行成本高等原因，执行过程也不严格。例如空调等家电用品的节能，国家空调节能标准并没有就违规企业和产品的处罚作出详细的规定，也没有制定与之相配套的节能空调强制推广措施，同时还缺乏对节能产品的政策支持。

——废旧物资回收利用体系还不够健全。我国是一个资源贫国，多数资源并不富裕，部分资源十分紧缺。日趋贫乏的资源承载着超负荷的人口增长和环境污染恶化的沉重负担。但是，既可以节约资源、能源，又可以起到环保作用的废旧物资回收行业的发展明显落后。再生资源企业的一部分管理者，思想观念落后于市场经济发展，过多地依靠国家给予的优惠政策，把企业的生存与发展寄托在外部因素上，再生资源的回收利用没有引起社会关注。在我国废旧家用电器、电脑、电池，已进入更新换代高峰期，每年有大量的废旧家电报废，但政策上没有优惠，使大量的再生资源没有得到回收和很好的利用而被白白浪费掉。

---

① 数据来源：中国统计年鉴（2007），经计算得出.

5.3 节约型社会的消费模式

5.3.1 节约与消费关系的理论基础

1. 我国传统的节约消费观

我国古代一向尊崇节约的消费观,有代表性的是墨子的"节用论"、孔子的崇俭思想。

墨子提倡节用,即提倡节制有礼的生活态度,禁侈尚俭的治国纲领。他关于节约与消费关系的主要观点有三个方面:其一,节用普遍适用于社会各个等级,且统治阶级应该由上而下起示范指导作用。墨子把节用作为对各个等级的共同要求,既反对"奢侈之君",也谴责"淫僻之民"。①同时,他认为"富贵者奢侈,孤寡者冻馁"②的消费状况将加剧两极分化,最终自食国破身亡的恶果。其二,提倡适度消费。墨子在提出一种十分合理的经济行为和生活方式的同时,还主张消费水平应随着生产力发展而不断提高。他认为,消费的节用是和生产密切相关的,强调适度消费,反对与社会经济发展不相适应的享受型、奢侈型消费,提倡生产与消费的均衡。节用并不是不用,它是相对于奢侈而言的,在这里,"用"有一个度的把握问题。适度消费就是墨子所追求的节用的尺度。其三,提出黜侈崇俭的治国纲领。墨子认为,圣人治国理天下,国民财富可以加倍地增长,其方法不是对外掠夺,而是根据社会经济情况,"去其无用之费",③也就是说要节省不必要的费用,如此"天下可倍也"。④ 因此,墨子把节用当作"圣王之道",一方面是为了社会稳定、天下之治,顺应"节俭则倡,淫佚则亡"⑤的规律;另一方面是为了防备不测之天灾,从而保证社会上多数人特别是小生产者的长远消费,这在某种程度上也体现了可持续的思想。

① 《墨子·辞过》.
② 《墨子·辞过》.
③ 《墨子·节用上》.
④ 《墨子·节用上》.
⑤ 《墨子·辞过》.

墨子的消费经济思想，反映了战乱时代广大人民企盼衣食无亏、安居乐业的强烈愿望，带有小生产者的理想色彩。墨子提出的节用论，在今天仍有启发意义与借鉴价值，比如他提倡自上而下的节俭方式，提倡适度消费、反对铺张浪费。

除了墨子之外，在中国思想史上长期占据统治地位的儒家也是节俭论的强力主张者。作为其思想集大成者的孔子，其言论长期成为官方意识形态，也就被深深地烙入中国人的民族性格和民族文化之中，对中国人的经济行为与社会行为有着持久而深远的影响。孔子关于节约与消费关系的主要观点有：提倡通过节俭以缩小社会等级消费差距。在贫富悬殊的物质分配与消费之间的关系问题上，孔子认为"不患寡而患不均"，主张以节俭来缩小社会等级消费之间的差距。这里，"均"绝不是一般意义上的平均主义，而是要求人们在不同差等层面上，各安分于自己的等级名分。如果当政者挥霍无"度"，取之于民的赋税徭役没有"制"，且其他人都没有按照等级原则消费，那么"君子固穷，小人穷斯滥矣"。① 面对这种奢侈浪费以及等级不分的挥霍，孔子提出了"损有余"而"补不足"的宏观调控主张。也就是说，在社会整体消费的差等结构上，占有丰厚生活资料的在上者，要降低消费而"节财"，以施惠于民；而物质匮乏的在下者，要满足其生活的基本需求而"足食"，以利于社会的再生产。

以孔子为代表的儒家崇俭思想是我国历史上影响最深的一种消费观，时至今日，还渗透于人们的日常生活之中。这种节用思想最突出的特点是它的等级性，在等级森严的封建社会里，能为各色人等所承认和接受，在当时具有积极的意义。但是这种等级消费思想的产生，归根结底是由我国古代封建社会的生产资料所有制性质决定的，是古代封建消费关系的本质和阶级属性的反映，因此，从这一点来说，对于建设节约型社会的中国借鉴意义并不大。

2. 马克思主义节约消费观

关于节约理论，马克思曾提出了主要包括节约劳动时间理论、资本节

① 《论语·卫灵公》.

约理论以及排泄物的循环使用理论等几个方面的内容。他认为:“真正的经济——节约——是劳动时间的节约(生产费用的最低限度——和降到最低限度)。而这种节约就等于发展生产力。”①但关于节约与消费的关系,马克思并没有提出明确的观点,只在提到排泄物的循环利用时略有提及。他指出,排泄物包括生产排泄物和消费排泄物。前者指工业和农业的废料,后者指人的新陈代谢活动所产生的排泄物以及消费品被消费后残留下来的部分。但不管是生产排泄物还是消费排泄物都可以进入再循环。马克思对生产、消费排泄物的再循环所下的特定含义是将排泄物再转化为同一产业部门或另一个产业部门的新的生产要素,再回到生产或消费(生产消费或个人消费)的循环中。也就是说,与生产排泄物一样,消费排泄物不再直接排放到生态环境中去,而要使其转化为新的生产要素,再回到生产消费或个人消费的循环链中去。这种循环消费的思想在今天建设节约型社会消费模式中仍具有十分重要的借鉴意义。

毛泽东继承了我国传统的节俭思想,又运用马克思主义观点和方法,赋予了节俭以崭新的时代内容。早在新民主主义革命时期,毛泽东就提出过勤俭节约、艰苦奋斗的思想。而在20世纪50年代社会主义革命和建设中,毛泽东勤俭节约思想得以集中提出并形成。其中关于节约与消费的内容主要包括:勤俭持家、勤俭立国,浪费尤其是政府部门的浪费是严重的犯罪行为。毛泽东一向主张节俭,早在革命战争时期就指出:“节省每一个铜板为着战争和革命事业”②。在家庭生活消费方面,他主张移风易俗、勤俭持家。他极力反对生活中的铺张浪费,同时认为大家看待问题应该本着一种发展的观点。现在的节俭,就是为了“作长远打算”。与勤俭持家的思想相联系,他提倡勤俭建国,把“节约”作为社会主义经济建设的重要指导方针。他认为节约是社会主义经济的基本原则之一。他说:“要使全体干部和全体人民经常想到我国是一个社会主义的大国,但又是一个经济落后的穷国,这是一个很大的矛盾。要使我国富强起来,需

① 马克思恩格斯全集(第46卷下)[M]. 北京:人民出版社,1979:225.

② 毛泽东选集(第1卷)[M]. 北京:人民出版社,1991:134.

要几十年艰苦奋斗的时间，其中包括执行厉行节约、反对浪费这样一个勤俭建国的方针。"①这里，"节约"虽然主要是指生产节约，但也隐含着社会主义再生产的其他几个环节，如消费节约。正是基于我国人口多，底子薄，生产力水平极其低下，与发达国家相距甚远的实际国情，他指出了只有勤俭节约、艰苦奋斗才能最终实现社会主义工业化、现代化，把"节约"作为立"社会主义国家"之根本。此外，毛泽东还认为，浪费与贪污都是严重的犯罪行为。"浪费和贪污在性质上虽有若干不同，但浪费的损失大于贪污，其结果又常与侵吞、盗窃和骗取国家财物或收受他人贿赂的行为相接近，故严惩浪费，必须与严惩贪污同时进行，浪费的范围极广，项目极多，又是一个普遍的严重现象，故须着重地进行斗争，并须定出惩治办法。"所以，毛泽东"向全党提出警告：一切从事国家工作、党务工作和人民团体工作的党员，利用职权实行贪污和实行浪费，都是严重的犯罪行为"②。

由于毛泽东节约思想是在计划经济体制下优先发展重工业的背景下产生的，因而增产节约是为工业化的高积累服务的，与此同时，在消费方面提倡压缩消费，降低生活标准。具体表现为"新三年旧三年，缝缝补补又三年"、"富日子也要当穷日子过"的过度节俭现象。但是，毛泽东节约思想下开展的增产节约运动为我国社会主义建设奠定了坚实的基础，同时他把节约上升到社会主义经济发展规律的高度，把消费节约强调到法制的层面，其思想是非常深刻的，对于我们建设节约型社会具有重大的指导意义。

5.3.2　节约型社会消费模式及其特点

马克思说过："人从出现在地球舞台上的第一天起，每天都要消费，不管在他开始生产以前和在生产期间都是一样。"③马克思这里所说的消费

① 毛泽东文集(第 7 卷)[M]. 北京：人民出版社，1999：240.

② 毛泽东文集(第 6 卷)[M]. 北京：人民出版社，1999：208.

③ 《马克思恩格斯全集》(第 23 卷)[M]. 北京：人民出版社，1972：191.

包括生产消费和生活消费。我们在此讨论的主要指生活消费,它包括个人消费与公共产品消费,而前者又包括商品消费和劳务消费。

关于什么是消费模式,学术界众说纷纭。有些学者把消费过程的主要内容的总和或者消费的特征看成消费模式,认为"消费模式是指一定时期消费的主要特征,包括消费内容、消费水平、消费结构、消费方式、消费趋势以及消费的其他方面的主要特征"①。而有的学者认为应该从消费体制的角度来考察消费模式,认为消费模式"是指消费体制中最根本最重要的部分,是消费体制的骨架、基本规定性和主要原则"②。还有的学者则定义消费模式是"在一定的生产力发展水平和特定生产关系,以及与其相适应的上层建筑的作用和制约下,形成的人们消费活动的基本规范"③。笔者认为,消费模式的定义应从消费行为本身的质着手,而不是其主要内容或特征,因而比较赞同消费经济学的开拓者尹世杰先生的定义,即消费模式是指"在一定生产力水平和一定生产关系下人们消费行为的程式、规范和质的规定性"④。

根据消费模式的定义,顾名思义"节约型社会的消费模式"就是与节约型社会特定的生产力水平和生产关系相适应的人们消费行为的基本规范与质的规定。再进一步分析,我们可以把"节约型社会的消费模式"定义为:它是指能使社会消费达到社会最终产品和社会资源的耗费最小化的这样一种消费模式。这种节约型社会的消费模式是对过分追求奢华生活、浪费社会资源为特征的消费模式的批判,它适合于全世界不同收入的人群。

节约型社会的消费模式核心概念是"效率",即提高资源在生活消费领域的利用率。从经济学角度分析,节约型社会消费模式就是在满足当前人们基本效用的前提下,尽可能地减少使用量。我们这里假定效用可

① 周叔莲. 应该重视消费模式的研究[J]. 新华文摘,1982,(2).
② 杨圣明. 中国消费模式选择[M]. 北京:中国社会科学出版社,1989:68.
③ 林白鹏. 消费经济辞典[M]. 北京:经济科学出版社,1991:49.
④ 尹世杰. 消费模式论析[J]. 中国社会科学,1992,(3):67—69.

以用基数来衡量,那么在一定时间内,消费者从同一种商品的消费中得到的效用量的总和就可以用总效用函数来表示,如图 5—3 所示。

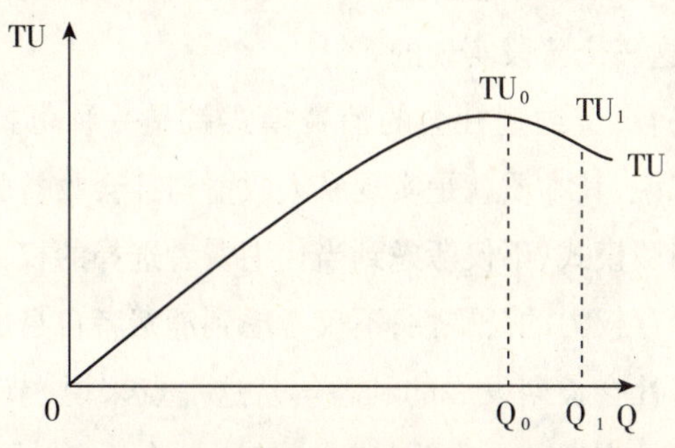

图 5—3　某商品的总效用曲线

图中横轴表示某商品的使用量,TU 曲线表示总效用曲线。随着对该商品的消费,消费者对该商品的总效用先上升后下降,并在 TU_0 处达到最高。但是在现实生活中,人们在对该商品的总效用达到最高之后,还是会选择继续消费,即图中所示($Q_1 - Q_0$)部分。这就属于浪费。对于个人来说,其边际效用在使用量达到 Q_0 之后变为负值,其总效用下降了;对于社会来说,由于消费者对该商品过度地使用,导致社会资源配置不均,所造成的浪费直接增加了社会成本。因而,我们提倡的节约型社会消费模式要求,对于单个消费者而言,尽可能地把消费量控制在 Q_0 以内,从而当个人消费汇总成社会消费时,达到对社会资源的耗费最小。

从内容上来看,节约型社会的消费模式是一种三阶段节约论。人们的消费过程,包括购买、使用和处理三个阶段。这是一个时间上相互继起、空间上相互并存的过程。作为单件商品的消费,必然会依次经历购买、使用和处理三个阶段,而作为整个社会的商品消费来看,购买、使用和处理这三个过程可以同时存在于一个空间。我们所提倡的节约型社会的消费模式,就是要把资源的高效利用和循环利用的节能思想贯穿于这三个阶段。也就是说,在购买阶段,我们提倡尽可能地购买节能产品、绿色产品;在使用阶段,我们提倡在满足基本效用的前提下,不过分浪费资源,甚至尽可能地创新或使用节能的方法或途径；在处理阶段，我们提倡要以资源节约、环境保护为前提，实现可循环利用的废物处理机制。因此，节约型社会的消费模式正是通过把资源节约的可持续发展理念贯彻到购买、使用和处理这三个阶段实现的。

从本质上来看，节约型社会的消费模式就是一种可持续消费模式。从经济学角度来说，其本质就是实现私人收益与社会收益的协调与优化。节约型社会的消费模式，不仅考虑到当代消费者选择的权力，同时也考虑到后代与当代生存权力的公平性；不仅考虑到消费者自身的私人利益，而且还考虑到经济社会长期发展的利益。从这一点来说，节约型社会的消费模式的目标就是实现私人收益（成本）与社会收益（成本）一致与协调，尽可能地避免私人成本外化现象的出现。

固然，正如第 3 章所述，节约型经济的本质是生产节约，但需要注意的是，不能由此陷入对“节约型社会消费模式”理解的误区。

首先，节约型社会消费模式的目的，不是为了要限制或抑制消费，而是通过反对浪费资源又不能带来任何效用的做法，合理刺激与引导社会再生产的扩大和进行，实现经济社会以及人类自身的可持续发展。因为我国目前还处于社会主义初级阶段，人民群众日益增长的物质文化需要与相对落后的社会生产这个主要矛盾，决定了我们只能通过不断发展先进生产力来满足而不是抑制人民群众的合理需求。建立节约型社会的消费模式，就是要坚持和实施节约优先的方针，通过合理消费、科学消费、系统消费来引导社会再生产的运动方向，让不断增长的社会生产力朝经济社会和人类自身的可持续发展方向迈进。

其次，就其内容来看，节约型社会消费模式不赞成过度消费，更不提倡过度从俭，与改善人们生活水平并不相悖。节约，首先是相对于浪费而言的，超越现实条件、盲目攀比的畸形消费与过度消费理所当然是节约型社会消费模式所极力反对的。但它也不赞成传统意义上的“节约”，即花钱越少越好、消费越简单越好。这种过度节俭的观念，既不能提高人们的生活水平，又不符合我们建设现代化国家的目标。从另一个角度来说，节约型社会消费模式也不拒绝奢侈品,规范的奢侈品消费市场有助于引导消费结构升级,有助于社会生产力的进步,也有助于提高人们生活水平。当然,改善人们生活,不仅仅是指提高消费水平,还包括提高生活质量,而生活质量表现在物质生活、精神文化生活、人居和生存环境、社会公共设施和服务的享有、社会治安状况等各个方面。然而,如果不提倡节约型社会消费模式,那么从人们整体的生存环境来说,物质消费的无度、挥霍和奢侈,势必侵占有限的土地和空间,不断增加的生活垃圾和废弃物,也会加重环境污染和生态破坏,从而使人居和生存环境受到严重影响,并最终影响人们的生活质量。

节约型社会消费模式与一般传统消费模式相比,有其自身的特点。

首先,节约型社会消费模式是一种合理消费,或者说适度消费。

合理消费(Moderate consumption)①,又称适度消费,是过度消费(Excessive consumption)的对称。它是消费水平保持在客观界限内,即与国情国力、生产力发展水平和自然资源相适应的消费。节约型社会消费模式的这种适度性表现在:一是结合具体的社会经济条件,消费能满足人的生存需要而又不显铺张浪费;二是结合客观的环境条件,消费量考虑环境的供给能力和承载能力;三是在达到一定消费水平时,考虑后代人至少应享有相同的消费机会,即注意环境的持续供给能力。

从微观消费来看,在节约型社会里,每个家庭或每个消费者的消费是适度的或合理的。这就意味着,消费者的消费与收入之间保持着一种合理的关系。从静态的角度看,收入大于消费支出,有一定的剩余,这种状态的消费就是适度的;从动态的角度看,消费支出与收入的比例大致保持常数的关系,这种消费也是适度的。因而,追求不符合自身经济条件的奢侈性消费、炫耀性消费就是一种过度消费,而不是合理消费;而从另一个方面来说,过多的储蓄、过俭的滞后消费也不是合理消费。再从宏观消费层次来看,在节约型社会里,国家的消费也是适度的或合理的。这种适度

---

① 林白鹏、臧旭恒. 消费经济学大辞典[M]. 北京:经济科学出版社,2000:285-286.

或合理是与某个时期的国家生产规模、再分配收入关系密切相关的。一般来说,消费水平与国家的生产规模同方向增长就是合理的;在生产性积累率和人口数不变时,消费水平大体与国民收入同步增长就是合理的。

此外,节约型社会消费模式的合理性不仅表现在处理消费与收入之间的关系上,还表现在消费行为过程的本身。这就要从节约型社会消费模式关于消费者行为假定这个前提出发来分析。依据社会上广泛存在着一代人向另一代人遗馈的现象,巴罗(Barro)曾提出,任何一代人的效用同其后代人的效用是有联系的。① 节约型社会消费模式理论也继承了这个思想,并对以往消费者行为内在设定进行了改进,主要包括:(1)拉长了跨时预算约束的时间跨度。消费者行为假定中关于预算约束,在西方经济理论中曾经历了以下几个发展进程:从凯恩斯(J. M. Keynes)和杜森贝里(J. S. Duesenberry)的现时一期消费,到弗里德曼(Friedman)的跨时消费及摩迪里安尼(Modigliani)的生命周期假定。而节约型社会消费模式则把这种终生预算约束进一步发展到跨代预算约束,即消费者从一个家庭的整体角度来考虑预算约束。(2)追求跨代效用最大化。与预算约束相对应,消费者假定也经历了追求现期一时效用最大化,到跨时效用最大化及一生效用最大化的发展过程。而节约型社会消费模式把这个假定进一步延伸,把追求跨代效用最优化作为消费者的目标。(3)过渡到"有远见、追求最优化的消费者"(far - sighted optimizing consumer)。凯恩斯理论中描绘的消费者是"短视"的,是追求现期利益的;而后杜森贝里发展了凯恩斯的观点,认为一个人的消费行为要受其他个人消费行为的影响,且消费具有"不可逆性",因而消费者是"攀附的、后顾的";而与前两者不同,弗里德曼和摩迪里安尼都强调消费者是"前瞻"的。节约型社会消费模式把"前瞻"思想进一步拓展,把消费者定位为具备合理预期能力的人,即其消费行为是深思熟虑的,不仅仅考虑到当代,还考虑到了后代人的利益。

---

① R. J. Barro(1974): Are government bonds net wealth? Journal of Political Economy, vol. 82, pp. 109 - 117.

正是基于以上对消费者行为的假定,节约型社会消费模式的主体在进行消费时,就能出于保护资源及实现消费可持续的愿望,自觉对消费行为加以控制。这也成为实现合理消费的一个内在动力。

其次,节约型社会消费模式是一种科学消费。

科学消费,是指人们在满足基本效用的前提下,用最有效率的方法来使用和处理商品的消费过程。这里的效率是指用尽可能少的资源获得尽可能多的收益,包括个人收益和社会收益。节约型社会消费模式的这种科学性,体现在节约型社会消费模式的两大重要环节中:使用阶段的资源再使用(Reuse)与处理阶段的废物回收再循环(Recycle)。这两大环节就体现在下述线性传递与循环传递过程中,用图5—4表示。

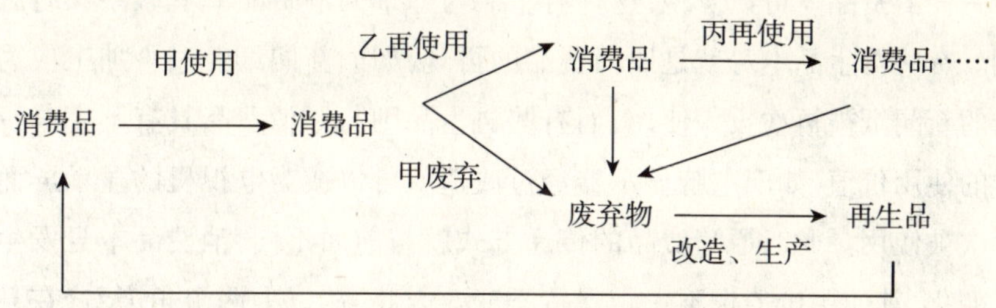

图5—4　资源再使用与资源回收再利用

先来分析线性传递过程。作为单个消费者或家庭,如果认为某件物品对于他或他们来说已经没有了使用价值,但仍然对其他人具有使用价值,那么把它闲置在家,这在某种程度上也就意味着无效率。节约型社会消费模式就提倡把这个物品再投入流通,让其他人进行再消费,经过循环直到这件消费品对任何人都没有使用价值时,才转入下一个环节即处理阶段。当一种商品对于消费者甲无使用价值时就可传递给消费者乙,当消费者乙也认为该商品没有使用价值时,就可以再传递给消费者丙,依此类推,这时商品就形成一个线性传递方式。但我们可以发现在这种传递过程中,商品本身没有变,其使用价值也没有变。通过这种资源再使用,一件消费品可以在不同层次上经历多个消费过程,延长了产品和服务的寿命,真正做到高效利用。

再来看循环传递过程。当一件商品作为一个整体对于任何消费者都没有使用价值的时候,它就进入到了废弃物处理环节。根据马克思的废物循环理论,生产或消费废弃物应当进入到再循环环节。再循环是相对于原循环而言的。例如,用木材做纸浆生产纸和用废纸做纸浆生产纸就是两个不同的循环过程,前者称为原循环,后者称为再循环。在节约型社会中,消费废弃物是进行分类回收的,通过把废弃物中部分或全部再次投入到生产领域进行再加工从而得到最优的整合利用,并随后进入生产领域或消费领域,这样就形成了一个再循环。一种消费品作为一个整体被消费者使用完毕后,就成为一种废弃物。这种废弃物经过改造、加工再生产,就成为一种再生品,这种再生品或投入市场或直接使用,从而再次成为一种消费品。可以发现,这种再生品与原来的消费品既有联系又有区别。有些再生品本身就是原消费品的再现,如旧新闻纸经过再加工成为新的新闻纸被再次投入使用;而有些再生品则与原消费品具有不完全一样的使用价值,如旧电脑显示器经过改造就可以成为电视机的显示屏而再次被使用。此时原消费品的传递方式就与前面不同,消费品本身发生了变化,其使用价值也不一定保持不变。因此,从以上两个角度看,在某种程度上节约型社会消费模式就是一种循环消费,具有高效科学利用的特征。

再次,节约型社会消费模式是一种系统消费。

系统消费,是指人们在消费过程中不只考虑人自身的需要,还要考虑人与自然的关系、人与人的关系,使人与自然、人与社会的关系都得到协调系统地发展的一种消费模式。

从人与自然的关系角度来看,节约型社会消费模式就是一种"绿色消费"。如第1章所述,"绿色消费"突出强调的是正确处理人与环境、人与自然的矛盾,提倡通过使用绿色产品来缓解甚至解决这个矛盾。它把绿色产品的全部生命周期,即从产品的原材料与所需能源的采集、加工、制造、使用消费,到回收利用以及废物处理,都纳入自然环境保护的框架之中,提倡尽量地减少对自然的污染。因而,它在重复使用、多次利用(Reuse)，分类回收、循环再生(Recycle)的基础上，还提出节约资源、减少污染(Reduced)，绿色生活、环保选购(Reevaluate)，保护自然、万物共存(Rescue)等，共同组成了“5R”原则。节约型社会的消费模式也提倡这样一种对环境不构成破坏或威胁的消费方式。

此外，从人与社会的关系角度来看，节约型社会消费模式是一种“可持续消费”。节约型社会消费模式的这种可持续性，表现在正确处理当代人与后代人之间的关系上，还表现在正确处理当代人与当代人之间的关系上。这种消费模式是建立在全球范围内各国居民公平满足其消费需求能力的基础上，因而这里强调的，还是一个更广泛的地域概念。作为人与社会关系的进一步深化，国家与国家之间的关系也体现这种系统的可持续性。因为一个地方或国家的生态系统的严重污染或破坏很可能会导致地球某个区域乃至全球生态系统的变化，很显然，建设节约型社会消费模式仅靠一国的力量是不够的。正如联合国环境与发展大会通过的《关于环境与发展里约热内卢宣言》中所指出的：“各国拥有按其本国的环境与发展政策开发自然资源的主权，并负有确保在其管辖范围内或在其控制下的活动不致损害其他国家或在各管辖范围以外地区的环境的责任。”因此，节约型社会消费模式是一种系统消费。

5.3.3　节约型社会消费模式的构建

建设节约型社会的消费模式，应积极借鉴国外循环消费模式。

首先，要立法先行。在国外，没有建设“节约型社会”一说，但他们的消费模式与节约型社会消费模式有相通之处，那就是都具有可持续理念，并为建设循环经济而服务，因此具有很重要的借鉴意义。很大一部分国家发展循环经济，都将立法作为主要手段，其立法的一个重要的切入点就是关于生产或消费的最后环节——废弃物的处理。

美国在1976年首次制定了《固体废弃物处置法》，1990年加利福尼亚州通过了《综合废弃物管理法令》；由7个州组成的州际联盟规定40%—50%的新闻纸必须采用再生纸；威斯康星州规定塑料容器必须使用10%—25%的再生原料;已有半数以上的州制定了不同形式的再生循环法规。1996年,德国公布了《循环经济和废物处置法》,把资源闭路循环的循环经济思想从商品包装拓展到社会相关领域如生产、消费、流通等。2000年12月,日本公布实施了《促进建立循环社会基本法》,该法以法规形式规定:国民应尽可能延长消费品的使用时间,并对地方政府或企业的回收工作给予配合;垃圾产生者责任等。此外,日本还根据各种产品的性质,制定了《促进容器与包装分类回收法》、《家用电器回收法》、《建筑及材料回收法》、《食品回收法》及《绿色采购法》等。因此,我们建设节约型社会的消费模式也要重视立法这个手段。

其次,要以政府消费节约为主导。在发达国家,政府在要求企业、公众提高节能意识,开发使用节能产品的同时,率先在政府机构中开展节能和提高能源利用效率的行动,在社会上形成了良好的示范带头作用,并推动了全社会的节能工作。例如,美国联邦政府年能源消费量约占美国当年能源消费总量的13%。为了推动节能工作,美国在1991年至1998年期间,共发布了10份行政令和2份总统备忘录,要求政府机构加强节能工作。"12902号"行政令还进一步要求各个政府机构2005年节能30%。白宫制订的节能计划要求政府公共设施购置和使用高效节能产品。由于采取了这些措施,美国政府每年节约了2亿多美元的能源费用支出。日本政府资源能源厅每年财政预算的四成用于节能和新能源工作,并推行"领跑者"政策,规定有一定规模、耗电每年在一定数量之上的政府机关有义务报告能源的使用量,提出节能措施等。

再次,要促进旧货市场交易。旧货交易市场可以推动二手货消费品的流动,从而达到消费品高效利用的目的。美国人开展循环消费已成气候,主要形式有家庭的庭院甩卖、旧货交易和商业网站或政府支持的网站进行的旧货买卖。

随着网络时代的到来,专营旧货拍卖的商业网站(eBay)在美国一出现就成为美国网民访问量最大的网站之一。在这个网站上,成交的物品绝大多数都是二手货。目前网民在这个网站上的月交易额已高达近3亿美元。[①] 另外，政府为鼓励循环消费也开办了免费供企业和居民进行旧货交易的网站。例如，加利福尼亚州政府就开办了加州迈克斯物资交换网站。加州的部分市、县政府也开办了类似的网站。除了信息网络发达外，美国循环消费中的另一个重要环节是遍布全国的节俭商店，即旧货店。这些旧货店一般为慈善机构所办，接受捐物和低价出售旧货，所得的收入主要用于社会救济。例如，友善实业公司就是一家将收入用于残疾人事业的慈善机构。它有 1900 多家节俭商店，遍于美国各州。节俭商店为捐物的居民提供减税证明，使捐物的居民得到实惠。这些旧货在全社会范围内的流动，无疑使这些二手消费品在全社会的配置达到了最优。

最后，要确立消费者责任延伸制度。这个制度主要发生在废物处理阶段。德国是世界上公认的发展循环经济起步最早、水平最高的国家之一。其垃圾处理体系，以其设计周密和运作高效而居于世界前列，其成功经验可给予我们诸多启示。其中关于消费领域废物处理的经验，就是明确消费者责任与义务。在 2003 年后，德国开始实施为饮料一次性包装支付押金的规定，如对矿泉水、啤酒和含碳酸的清凉饮料的玻璃、金属和塑料包装收取 25 欧分（容量超过 1.5 升的为 50 欧分）的押金，在退包装时返还，以更好地利用这些材料。[②] 此外，对垃圾选择性处理的责任则主要落在消费者身上。在德国，垃圾分类已成惯例，包装材料、一次性饮料瓶、生物垃圾（如厨房及花园垃圾）、旧报纸以及综合垃圾都被分开。一般来说，每个家庭都有三个垃圾筒，分别装报纸、有机物和杂物。有人定期上门收取垃圾筒及大型家电、电器。居民也可将金属、建筑垃圾送去专门地点。通过这种明确消费者责任的制度，大大减少了废品回收的难度与复杂度，为废弃物进入再循环准备了条件。

我国社会消费环节中存在着大量的浪费和低效率利用现象，但其解决不可能一蹴而就，而是一个长期调整的过程。因此，建设节约型社会消费模式，提高消费环节中的资源和能源利用效率，需要从改变消费理念、

---

① 徐信虎．发达国家循环经济之借鉴[J]．上海商学院学报，2005，(1)：45.

② 曹立强．源于垃圾经济的德国循环经济[N]．中国改革报，2006—5—16.

形成良好的消费文化、理顺分配机制、支持节能技术和节能产品开发等多方面着手。下面从制度建设、经济激励与约束机制、培养绿色消费主体以及配套改革四个方面展开论述。

第一,要加快资源节约的法制化进程。

制度是人类行为规范普遍化的表现。节约型社会消费的制度建设,涉及合理消费、科学消费、系统消费等的制度建设,涉及对绿色产品生产过程、消费过程等的规定。

在建设节约型社会消费模式的法律体系中,制度应当是多层次的。第一个基础层次是基本法律。即要通过立法确立国家、地方政府、企业和一般国民在建设节约型社会中所应承担的一般责任。我国一直没有统一的政府机构能源消耗标准,没有建立有效的能源体制报告制度,没有节能考核奖惩制度,节能工作基础薄弱。同时,没有相应的机构、专门的人员负责此项工作,也没有相应的规划和政策,成为节能监督工作的盲区。因此,要制定政府机构内部能源消耗标准及考核制度。首先是要严格政府消费支出的审批制度,从源头上控制乱消费、乱支出;其次要制定办公场所的能源和资源消耗标准,严格按照标准进行考核。此外,针对国民还要建立包括消费者责任和绿色消费制度,而消费者责任制度又包括消费对象、消费过程以及垃圾产生后的责任制度等。

第二个层次是综合性法律。即针对社会再生产领域环节的制度建设。比如在消费领域的废物处理环节可以制定《废弃物管理和公共清洁法》之类的法律,来界定消费者选择性处理、垃圾产生最小化、垃圾分类及回收责任等。

第三层次是具体法规、条例。比如废旧汽车处理条例、废电池处理条例、有机物处理条例、电子废物和电力设备处理条例、废木材处理条例、废物管理技术指南、城市固体废弃物管理技术指南等。在这些具体法规条例指南中可以更加具体地落实消费者责任。此外,政府还要加强绿色生态标志的科学认证与管理。绿色生态标志是消费者识别绿色产品的重要信息。对达到环境标准的产品授予生态标志,这是基于对绿色产品设计的一种刺激手段。生态标志应在独立机构的参与下，按照科学和技术指标的原则，确定生态基准，对绿色产品进行认证和严格管理，杜绝假冒伪劣绿色产品的出现，为消费者区别和评价绿色产品与普通产品提供可以信赖的依据。通过这种方式，还能鼓励产业界生产和营销经过认证的绿色产品。进入20世纪90年代以来，许多国家都逐步推广了自己的生态计划，如加拿大的"环境选择"，新加坡的"绿色标签"，德国的"蓝色天使"，我国也有了绿色食品。但目前我国消费者对绿色生态标志的信赖和知晓程度都还很低。加强这项工作，对指导个人和家庭消费向绿色消费转移有积极的作用。

第二，要建立有效的经济激励与约束机制。

一是要建立高累进的消费税。当前虽然已经调整了消费税的征收，但为了促进节约型社会的建设，还可以进一步调整。例如，将高档住房、私人飞机、高档家具、游艇等高档奢侈品纳入征税范围；征收高额累进税；将征税环节由向生产者征收，改为向生产者和消费者征收。通过消费税遏止资源过度使用和奢侈消费行为。2008年8月，财政部、国家税务总局发布通知，决定从9月1日起调整汽车消费税政策。一方面是提高大排量乘用车的消费税税率，排气量在3.0升以上至4.0升(含4.0升)的乘用车，税率由15%调至25%，排气量在4.0升以上的乘用车，税率由20%调至40%；另一方面，降低小排量乘用车的消费税税率，排气量在1.0升(含4.0升)以下的乘用车，税率由3%下调至1%。①

二是保持灵活的公用事业产品的价格形成机制。公用事业产品的价格在由政府控制或者决定的条件下，一方面要保持公用产品价格的灵活性，诸如电力、水、天然气、热力等公用产品的价格要能够反映市场的供求形势，可以在保持生命线价格的前提下，推行累进的公用产品价格体系，以便理顺资源价格体系，促进资源的可持续和高效利用；另一方面也要在公用事业产品行业内引入竞争，打破垄断，提高公用事业的效率。从制度建设上看，就是要建立和完善政府的监管体系，通过有效的价格监管提高

① 郁中华．大排量汽车消费税率9月起上调[N]．劳动报，2008—8—14(8)．

资源性公用产品的利用效率。

三是建立二手市场交易平台。积极推进各种类型的二手市场交易平台的建立,尤其是网络二手市场,进一步规范网络交易。二手市场可以说是市场发展到一定阶段、一定规模的必然产物。在国外规范的二手市场里,二手商品必须与一级市场中的商品一样,提供明码标价、售后服务以及退换保证。但由于中国目前并不健全的市场规范和诚信制度,二手市场处于一个非常复杂的特殊环境。而伴随着网络的盛行,以各种拍卖网站为主要类型的网络二手市场开始兴盛,以实际门市为主的传统二手市场逐渐丧失竞争力。但另一方面,由于网络交易虚拟的特征,其风险更加难以规避和防范,常常成为失范行为的温床,因而需要建立完善的网络交易服务规范。

第三,要倡导绿色消费和建设绿色政府。

一是要以倡导绿色消费为宣传手段。消费者的决策极其分散,行为具有高度的个体性。在消费者对消费行为的可持续性原则缺乏较为统一的认识以前,政府推进相关制度的成本高而效率低。在这种情况下,根据诺思的思想,建立符合制度目标的意识形态就显得尤其重要。由此,我们认为,政府在全面实施可持续消费政策前,可以而且应该通过消费者教育、消费示范和推进绿色消费、适度消费运动等方式,倡导消费中的可持续意识,并逐步使之成为消费者的内在意识。具体而言,可以通过以下几个方面展开:(1)进行消费者教育。消费者教育,是针对消费者所进行的一种有目的、有计划、有组织的,以传播消费知识、倡导消费观念、提高消费者素质为主要内容的社会教育活动。政府应将消费者教育纳入全民教育体系,使之成为全民教育的一个重要内容;支持民间机构、社会团体(如消费者协会)、营销企业的消费者教育活动。这方面可以借鉴瑞典人的教育方式,如"瑞典玻璃银行"专门制作了针对13岁以下青少年的环保回收宣传策划,让瑞典孩子从小就学会区别对待无色玻璃和有色玻璃,方便回收公司的再处理工作。(2)通过媒体宣传来作出消费示范。宣传其中的一个重要手段就是广告。在现代社会中,广告的社会功能已经不是主要用于传播商业信息,而是创造消费时尚。创造一种新的消费时尚,也就是创造一种不同于从前的消费价值尺度,这种消费价值尺度最终扩展为整个社会生活的价值尺度,成为衡量人生价值的尺度之一。要重视发挥舆论的重要引导作用,必须充分利用电视、电影、广播、报刊、网络等多种媒体大力宣传绿色消费理念,激发人们在消费过程中的忧患意识和环保意识,营造一个绿色氛围。(3)提倡“适度消费、绿色消费”的新消费运动。在现代市场经济和国际化社会中,一定要调整消费结构,大力提倡和宣传“适度消费、绿色消费”的新消费运动,注意在日常生活中的每一个细节都要有节约的意识,逐步形成节约型社会的消费方式和消费文化。可以肯定,数百万消费者的“绿色”行动的累积结果可能显著地改变资源消费的方式。正因为如此,无论是联合国《21 世纪议程》还是《中国 21 世纪议程》,都把公众参与作为可持续发展的一项重要原则。

二是要以绿色政府消费为主导。在建立节约型社会的过程中,政府机构率先开展节约行动,严格控制政府消费,提高政府等公共机关的资源和能源利用效率。首先,政府要建立绿色采购体系,加强办公场所的节能技术改造,施行节能智能化管理。政府绿色采购因具有消费规模大和市场带动作用明显等特点,可以成为引领绿色消费的重要手段,是我国建立可持续消费模式的突破口。政府作为最大的购买团体和循环经济的推动者,应切实推进政府绿色采购制度的贯彻实施,使绿色采购制度进一步法制化、规范化,并扩大实施的范围,发挥对社会绿色消费的推动和示范作用。例如在政府采购中,通过政府庞大的采购力量,优先购买对环境影响较少的环境标志产品,优先采购经过清洁生产审计或通过 ISO14001 认证的企业的产品;在使用中,按循环经济的理念,注意节约及多次重复使用,主动回收废弃办公用品等,促进企业环境行为的改善,推动国家循环经济战略及其具体措施的落实,同时对社会绿色消费起到巨大的推动和示范作用。其次,提高政府机构公务人员的节约意识,培养他们的节能习惯。政府部门公务员要树立“浪费就是腐败”的节约观。同时,要把定额管理等技术手段应用于政府行为中,建立政府机构能耗统计体系,并把政府机构节能责任纳入公务员各工作岗位职责和日常管理的考核之中。据媒体报道,上海政府机关50%的班车率先改换成环保型混合电能超级电容车,该种车"以电代油"的零排放环保车辆,每百公里油耗、电耗仅为普通车的1/3。至2008年9月,市级机关清理耗能超标车110辆。公务车每周少开一天也在落实中。①为落实节能减耗,2008年8月《公共机构节能条例》发布后,中央机关落实错时上班,封存公务车30%。

第四,要促进节约型社会消费模式的配套改革。

一要以可持续生产作为基础。生产是消费的基础,可持续消费首先必须建立在可持续生产基础上。因此必须大力发展社会生产,建立一个低耗、高效、少污染或无污染的生产体系,建立与合理消费结构相适应的产品结构,并努力增加生产资料的数量、多样性和提高质量。可持续生产的具体内容包括:迈向清洁生产;提高资源生产率;制造更耐用、更适于循环使用和修复的产品;减少废物;加强清洁生产技术的传播和转让等。

实际上,社会存在着对产品和服务的"非物化"需求,科学技术的发展,使得这种"非物化"的生产也成为可能。例如,利用电子技术对实际经验进行模拟,可以用模拟的经历来取代真实试验,从而减少对材料和能源的物质消费。又如,联网计算机系统可以提供一套信息服务以取代类似报纸杂志等纸张的生产及相关的生产和运输行为;新的通信系统可能减少对办公室、楼房、运输的需求,因为人们可以在家中办公。

技术方面,要在现有的废物利用技术上,继续完善和开发新的废弃物利用技术,如废纸加工再生技术、废玻璃加工再生技术、废塑料转化为汽油和柴油的技术、有机垃圾制成复合肥技术、废电池等有害废物回收利用技术等。在技术成熟能够投入生产的同时,还必须建立完善废物回收点网络和垃圾分类技术,能够源源不断为厂商提供足够的原材料。从总体上看,通过资源再生分离利用有用物质,不仅可以保护资源,还可以减少用不安全的垃圾填埋方法或倾倒处理法后可能产生的更多额外污染。

二要以合理的分配格局作为保障。据统计,1994年我国收入分配的

① 政府半数班车年内实现零排放[N]. 劳动报,2008—10—11.

基尼系数达到0.4343,2004年我国收入分配的基尼系数达到0.47,①收入差距已经超出国际公认的相对合理区域(注:市场经济国家对基尼系数取值的一般标准为:0.2以下高度均等,0.2—0.3之间相对均等,0.3—0.4之间相对合理,0.4以上差距偏大)。虽然没有最近几年的统计数据,但可以肯定收入差距在进一步扩大,其后果十分严重。首先,高低收入组之间收入差距过大,一方面会造成低收入者生活贫困,贫困者为求温饱大量砍伐森林作柴烧,或者未经加工简单出售;还有的贫困者为求温饱甚至在斜坡超过45度的山坡上垦荒种植,结果导致生态破坏、水土流失,破坏可持续消费的自然资源。另一方面会导致高收入者大肆挥霍浪费,比如,用不掉就扔、吃不完就倒,这同样会破坏生态和污染环境;更糟糕的是高收入者的消费会产生消费示范效应,使整个社会形成挥霍型消费。其次,城乡之间、东中西部地区之间收入差距过大,会形成国内的"南北差距",其结果,也许会使一些大城市或经济发达地区生态环境改善了,却无法遏制更多地方生态环境的恶化。因此,如果说世界各国之间贫富收入不平等格局是实现世界可持续生产与消费的最大障碍,那么,一国国内收入差距过大同样也是一国可持续生产与消费的障碍。

因此,必须积极推行分配制度改革,解决社会资源和收入分配不公的问题。主要措施包括:改革财政税收体制,适当缩小高低收入组之间、城乡之间、东中西部地区之间的收入差距;增加收入的透明性,利用税收调节过高收入;坚决取缔各种非法收入等。

三要完善废品回收的政策支持体系,提高废旧物资的回收和处理效率。依据循环经济的内涵,垃圾只不过是放错了地方的资源,所有的废弃物都可以通过废物利用技术实现产业废弃物和生活废弃物的资源化处理,寻找到其有效用途。由于我国现阶段整体技术工艺的落后,以及城市化加快带来的生活垃圾的急剧增加,废弃物的处理已成为日益严峻的问题,传统的填埋和焚烧方式已经不能有效满足需要,同时也为了资源的有效和重复利用,保护环境,必须提出一种新的废物处理方法,废物回收综

① 数据来源:国际统计年鉴(2008)[M],北京:中国统计出版社,2008.

合利用也就是在这种情况下应运而生,并在日本、欧洲国家取得良好的效应。一方面要建立垃圾分类收集和垃圾收费制度。在垃圾分类收集中要明确责任分工。对城市垃圾要进行分类收集,一般可按废纸、塑料、玻璃、金属和有机垃圾五类进行分类。这个分类的责任就可归于个人或家庭。回收部门或专业运输队负责收运,或直接送到有关工厂或交由环卫部门清运和处理。此外,要对垃圾进行收费制度改革。目前全国各个城市的垃圾收费方法不尽相同,单从向居民收费的角度,有的是按户收费,以垃圾处理税或固定费率的方式收取;有的是按垃圾排放量来收取。建议可以试用计量收费制,按不同废物、不同量收取不同费用。另一方面,要发展物资回收行业。这有利于提高再生资源利用的效益和减少环境污染。从我国保护环境促进再生资源开发利用的角度,政府应对物资回收行业实行优惠政策,从而鼓励资源的再循环,最终实现节约型社会。

第6章 节约型社会的经济增长与发展

“对不断消失的矿产、森林和其他可耗竭资源的关注引起了对这些资源开采进行管制的迫切需要。可耗竭资源的价廉和过快开采，以及由于廉价而导致的生产和消费中的浪费行为，不利于下一代人的利益，这种意识导致了环保运动。”①这是1931年哈罗德·豪泰林(Harold Hotelling)文章中的一段话，也正源于此，经济学家开始了对资源和经济增长的正式分析。资源的节约利用与经济增长是一个问题的两面。

6.1 资源节约与经济可持续增长

与传统的经济增长模型不同，节约型社会经济增长模型至少多考虑两个问题：资源约束和污染问题。传统的经济增长模型主要考虑推动经济增长的主要因素，如资本、劳动力、科技进步、人力资本、制度等，而没有考虑制约经济增长的生态因素，如自然资源和环境质量。自然环境不仅提供了用于生产的物质资源，还提供了用于生活的环境空间，资源耗竭和环境恶化都会使人类不能进行再生产和生活，从而经济增长无从谈起。

虽然资源和环境都很重要，但人们对此的理性认识发展却很不平衡。随着工业生产和人口的扩张，资源问题至少两百年前就已引起经济学家的关注，而对环境污染问题的经济学分析却要晚得多。西方经济学家对可耗竭资源的数理研究始于1931年，20世纪70年代初由于石油危机导

---

① Harold，“The Economics of Exhaustible Resources Hotelling”，The Journal of Political Economy，Vol. 39. No. 2.（Apr，1931），pp. 137－175.

致西方世界对资源约束型的经济增长的研究非常火热,出现一大批用最优化理论研究不可再生资源约束的经济增长数理模型,与此同时,环境污染也开始被考虑进经济增长模型。

有限的自然资源对经济增长和人口规模有限制作用,这是个很古老的命题。在马尔萨斯(R. Malthus)时代,土地是主要讨论的自然资源,到20世纪70年代,石油为代表的能源资源成为考虑的焦点。19世纪马尔萨斯等人对未来的悲观失望已被证明是杞人忧天,但他们却也留下了一个值得深思的问题——可耗竭资源究竟如何约束经济增长。

究竟在什么情况下可持续的人均消费水平是可行的,经济稳态是什么,最优经济增长路径是什么,尤其是资源开采的最优方法、可耗竭资源存量的最优储蓄率,一直是经济学家所关心的问题。

斯蒂格利茨(Stiglits,1974)证明,在考虑自然资源的经济增长模型中,有效增长路径受储蓄率影响。约翰·莱特纳(John Laitner,1984)采用了不同的生产函数,又得出了有效增长路径与储蓄率无关的结论。

只考虑资本或只考虑自然资源的最优增长路径分析是比较容易的。只考虑资本时,最优增长总是伴随着不断增长的人均消费。只考虑自然资源时,自然资源就像一种资本品,而且由于它是刚开始很多然后随着被消费不断减少,很显然,即使存在最优路径,人均消费也会随着时间消逝不断减少。当资本和自然资源都考虑时,最优路径的性质(比如人均消费上升还是下降,是否单调)却不是那么明了的。对考虑自然资源约束的最优经济增长路径的分析具有显而易见的技术困难,因为这需要两个状态变量和两个控制变量。但如果能够选择合适的变量,仍然能够分析出路径的定性特征。

最令斯蒂格利茨感兴趣的是不同增长路径的选择,实际上也就是对拥有不同增长率(即便在渐进程度上也不相同)的路径的选择。斯蒂格利茨(1974)认为,高度开采自然资源的路径会导致长期的低增长率。

斯蒂格利茨不是唯一的先行者,在20世纪70年代,大批文献考察了资源禀赋有限而无开采成本的增长模型,比如达斯古塔(Dasgupta)和希尔(Heal)(1974,1979),斯蒂格利茨(1974)和索洛(Solow,1974)。而戈勒(Gorller)和温伯格(Weinberg)(1978)和诺德豪斯(Nordhaus,1974)认为,在许多现实生活中,重要资源的潜在总供给是巨大的,虽然在某一特定开采成本以下可获得的资源量是非常有限的。所以约翰·莱特纳(1984)认为,关于自然资源的社会问题是,随着易开采的资源不断耗竭,不得不为获得资源付出越来越多的开采成本,资源本身不会耗竭。

虽然众说纷纭,但他们的共同点是很显著的。

库普曼斯(Koopmans,1973),达斯古塔和希尔(1974,1979),斯蒂格利茨(1974),索洛(1974),加格(Garg)和斯威尼(Sweeney)(1978)都认为,技术进步、可再生人工资本对不可再生自然资源的替代、规模经济递增可以允许经济克服缺乏不可再生资源的难关。使用资本和资源不变替代弹性、不变人口的生产函数时,可持续增长的条件是资本对资源的替代弹性大于1(达斯古塔和希尔(1974,1979)),或者是资本对产出的弹性大于资源对产出的弹性(斯蒂格利茨(1974),索洛(1974))。在 Cobb - Douglas 生产函数形式中,保持消费不减少的充分必要条件是 $\tau+(\alpha+\beta+1)\eta\geqslant 0$,其中 τ 表示制造商品的外生技术进步率,η 表示人口增长率,α 和 β 分别表示资本和劳动对产出的弹性,即技术进步和规模经济递增的收益之和必须足够抵消人口增加导致的对资源需求的增加。

可持续增长路径的最优化还依赖于社会偏好,特别是跨期效用的折现率 δ。在达斯古塔和希尔(1974)模型的资本资源替代中,当且仅当资本的边际生产率大于 δ 时,消费的渐进增长是最优的。在斯蒂格利茨(1974)模型中,人均消费的渐进增长当且仅当 $\tau>\delta\gamma$ 时是最优的(γ 是资源在产出中分得的比重)。

以上模型都没有考虑污染问题,在 20 世纪 80 年代该领域的研究已达到顶峰,而对考虑污染的经济增长模型的研究则继续发展。从 20 世纪六七十年代开始,一些经济学家开始建立将资源和环境都纳入的经济增长模型。

克鲁蒂列(Krutilia,1967)提出了未损坏的自然环境所能提供舒适服务(自然资源提供的科研服务、娱乐休养服务和审美服务等)的危机问题。他认为,这个问题比保护资源投入品问题更紧急。技术进步、资源替代也许可以使经济保持物质生活水平,但是受保护自然资源的供给将减少,尽管物质财富水平的提高增加了对舒适服务的要求。

费雪(Fisher)、克鲁蒂列和西科赫蒂(Cicchetti)(1972)分析了自然环境开发还是保护的分配问题,认为最优情况下应对一些开发加以限制,如果根据当期值收益和成本,在相对近期本不可能出现的"负开发"(开发不可逆)是更需要的。该文认为开发相对保护的收益随时间递减,所以如果要开发的话就立刻开发。如果现在开发是不适合的,那么永远都别开发。

杰弗里·阿·克劳克拉默(Jeffrey A. Krautkraemer,1985)分析了资源的舒适价值(自然资源具有的科研价值、娱乐休养价值和审美价值等)对最优经济(需要自然资源投入的经济)增长的影响,比如增加了开采资源的机会成本,考察了使保护自然环境成为最优的条件,发现这些条件比先前文献提出的要严格。不断增长的消费和降低的消费品价格不足以保证永久的保护。初始资本和资源存量将对最优环境保护水平有重要影响。而且,资源的"舒适"价值将会提高资源的初始价格,但降低其增长率。

在大多数早期研究环境政策对经济增长影响的模型中,比如乔根森和威尔科克森(Jorgenson and Wilcoxen)(1990),普洛格范德(Ploeg van der)和威瑟根(C. Withagen)(1991),塔沃嫩(Tahvonen)和库鲁万嫩(Kuuluvainen)(1993),假定技术进步是外生的和不受环境政策影响的,然而,阿什福德(Ashford et al.,1985)、兰娇和莫迪(Lanjouw and Mody)(1993)对工业化国家的实证研究表明,严厉的环保政策会引发减污技术的巨大进步。

由此,博文伯格(Bovenberg)与斯马尔德思(Smulders)(1996)为了探索严厉的环保政策和经济增长之间的联系,建立了一个将减污技术内生化的经济增长模型。环境被假定为可再生资源,既可作为公共消费品,也可作为对产出的公共投入。

齐尔伯曼(Zilberman,2005)建立了一个将污染和无效投入使用联系起来的内生增长模型,来研究通过投资节约型资本(Conservation Capital)实现均衡增长和保护环境的潜力。他研究了在什么条件下,即使没有政府管制,个人对环境质量的偏好和私人投资节约型资本的激励能够导致非递减的环境质量和均衡增长路径,以及在什么条件下,对节约型资本的投资能够使环境规制的经济达到更高的可持续均衡增长水平。

该文假设,环境具有两种用处:首先,提供舒适价值,因为环境质量影响效用;其次,环境质量,环境质量的存量决定了其吸收污染和再生产自身的能力。经济行为也对环境有两方面的影响,低效率的利用资源增加污染,降低环境质量。对一些特定资本品的投资提高了资源的有效利用率和生产率,降低污染,使打破经济发展和环境恶化的必然联系成为可能。节约型资本是指能够提高资源利用效率和降低单位投入和产出污染的资本。它在生产过程中起着双重作用。它既是资源节约型的又是污染减少型的。节约型资本和生产性资本(Production Capital)有所不同,后者不影响投入的污染强度。

在该文之前,已有几篇文章将经济和环境的联系引入到内生增长模型(见斯马尔德思(Smulders,1995a)的综述)。该文框架和前面几文有几点不同。

第一,传统假设认为污染是对生产的一种直接投入,该文认为污染之源在于投入没有有效利用产生的浪费。投入和污染的区别允许投入增长而污染维持在可持续水平上。

第二,该文假定节约型资本在生产使用上是竞争性和排他性的,是通过投资附着在设备或技能里面的私人资本,这与斯马尔德思(1995b)和博文伯格与斯马尔德思(1995)有所不同。从而,节约型资本不一定要由公共供给,它对投入品生产率的提高作用使得私人公司有动力进行自愿投资,而不一定要环境政策强制。

第三,环境管制对增长率的影响机制与斯马尔德思(1995b)和博文伯格与斯马尔德思（1995）不同，后者将环境品质的供应计入生产的投入。先前的文献仅关注了环境管制对生产率的影响，当污染降低时，资源投入减少，资本生产率和经济增长降低，同时环境的再生产能力和环境质量存量上升，可以促进生产；他们发现，只有当污染控制政策对环境质量和再生能力有非常大的正向影响时，控制污染政策对经济增长才会有正向影响。在该文中，控制污染政策对生产率的正面影响主要来自对节约型资本的投资增加而非环境质量的改善。

最后，和先前研究不同，该文认识到，环境管制引起的对节约型资本的投资不仅有生产率效应还有挤出效应。不过，后者不一定总是降低增长率。这和雷伯勒（Rebelo，1991）、格拉德斯与斯马尔德思（Gradus and Smulders）（1993）有所不同，这两文中，环境管制总是降低增长率，因为对环保型技术的投资挤占了资源，使之不能置于更具生产性的用途。与之不同，该文认为，如果对环境质量相对于消费的偏好足够强，折现率足够低，生产率效应和挤出效应可以促进增长。这两种效应都降低了现在的消费占产出的比重，使用于投资的储蓄更多。此外，如果有污染的投入价格很低，用量很大，环境规制更可能对增长有净的正效应，减少其使用的环境管制可以将更多的资源转向节约型资本的投资。

一些学者还从不确定性角度考察环境保护和经济可持续增长。

肯尼斯·阿罗（Knnneth J. Arrow），安东尼·费雪（Anthony C. Fisher）（1974）分析了不确定性和不可逆性对环境保护决策的影响。阿罗认为，由于不确定性的存在，即使人们是风险中性的，不可逆性也使人们投资后失去了某种选择权，从而使有不可逆环境成本的开发投资行为的净收益下降，从而这种开发行为必须加以限制。

保尔·德·赫克（Paul De Hek）与 桑塔努·罗伊（Santanu Roy）（2001）分析了一个经济随机单因素经济增长模型，并考察了确保长期增长存在的条件，发现和确定性模型相比，不确定性模型中效用函数对长期经济产出行为有着更为关键的作用，所要求的条件更严格。

6.2　经济增长模型演化

6.2.1　豪泰林模型

哈罗德·豪泰林(1931)最早研究了可耗竭资源的“吃蛋糕”(cake－eating)问题，分析了矿主将如何安排开采进度以最大化自己利益现值(V)，并且考虑了完全竞争、完全垄断和寡头垄断时的不同情况。

在完全竞争时，

$$V = \int_0^T u[q(t)]e^{-\gamma t}dt \tag{h1}$$

$$u(q) = \int_0^q p(q)dq \tag{h2}$$

$$p = p_0 e^{\gamma t} \tag{h3}$$

$$q = f(p,t) \tag{h4}$$

$$\int_0^T q dt = \int_0^T f(p_0 e^{\gamma t},t)dt = a \tag{h5}$$

$$f(p_0 e^{\gamma t},T) = 0 \tag{h6}$$

(h1)式中 γ 是贴现因子，(h2) 式中 p 是除去开采成本后的净价格(单位产品收益)，q 是当年资源开采量，(h3) 式中 p_0 是初始价格，(h5) 式中积分上界 T 是资源耗竭的时间，此时 q 为零，(h6) 式用来决定 T。

垄断时，用(h7) 式替代(h1) 式和(h2) 式，

$$J = \int_0^\infty qp(q)e^{-\gamma t}dt \tag{h7}$$

哈罗德·豪泰林进一步研究发现，可耗竭资源的垄断开采一般会尽可能地延长开采期，拖延资源耗竭的时间。

评述：哈罗德·豪泰林第一个使用微积分工具分析了如何在时间上分配可耗竭资源的问题，开创了这方面的现代经济学研究。哈罗德·豪泰林将可耗竭资源看做一种随时间产生收益的资本。现在开采和消费一单位资源的一个重要的机会成本是，将来可供开采和消费的减少了。一个矿业公司制定当期开采决策时，是在考虑机会成本的情况下寻求最大

化现在和将来的所有利润的折现值,要使开采的边际净收益(资源价格减去开采成本)等于其边际机会成本。减少的机会成本有以下几项构成:使用成本(user cost),反映减少将来资源的成本;边际价值(in situ value),反映现有资源存量的边际价值;资源租金(resource rent),反映价格和边际开采成本之间的差额。

豪泰林最大的贡献在于提出了著名的豪泰林法则:在资源同质,数量有限并为已知,资源产品不耐久(被开采和消费的资源在将来不再可用),开采成本独立于资源存量的条件下,可耗竭资源的收益包括全部的边际价值,而市场均衡要求边际价值以利率的速度增长。在开采的边际成本为零的情况下,资源的价格等于边际价值,从而资源的价格上涨速度也等于利率。如果开采的边际成本不为零,资源的价格上涨速度就小于利率。豪泰林法则还显示,资源开采将由于资源价格的上升而随时间下降。利率的上升暗示着边际价值更快的增长,并要求初始的边际价值较低,初始资源存量更快地减少(由于开采而减少)。

在大多数情况下,豪泰林基本模型关于资源价格和开采路径的结论与现实不符。原因有很多,如资源储量不可知不确定,开采规模短期难以随资源价格变动相应扩大,利率上升时开采资本的成本增加等等。

但将豪泰林基本模型用到经济增长中来,最大的问题是没有考虑资本的因素,只是一个最简单的分析基础。

6.2.2 斯蒂格利茨模型

斯蒂格利茨(1974a)建立一个包含自然资源的科布道格拉斯齐次生产函数,

$$Q = F(K,L,R,t) = K^{\alpha_1}L^{\alpha_2}R^{\alpha_3}e^{\lambda t},\alpha_1 + \alpha_2 + \alpha_3 = 1 \qquad (s1)$$

$$Q = C + \dot{K} \qquad (s2)$$

R 是自然资源利用率,L 是劳动力供给,λ 是技术进步率(假定不变),Q 是总产出,可以用来投资($\dot{K}$)或消费(C)。

人口增长率假定不变为 n。

$$\frac{\dot{L}}{L} = n \tag{s3}$$

对(s1)式进行对数求导(令 $g_Q = \frac{\dot{Q}}{Q}, g_K = \frac{\dot{K}}{K}, etc. ...$),得到

$$g_Q = \alpha_1 g_K + \alpha_2 n + \alpha_3 g_R + \lambda \tag{s4}$$

为了进一步分析资源投入降低的速度,假定有效条件为:资本的边际回报必须和自然资源的边际产品的变化率相同。

$$F_K = \frac{d\ln F_R}{dt} \tag{s5}$$

或者写作:

$$\alpha_1 \beta = g_Q - g_R \tag{s6}$$

这里 $\beta = \frac{Q}{K}$ 为资本产出比例

$s = \frac{\dot{K}}{Q}$ 为总储蓄率

$x = 1 - s$

同时定义

$\gamma = \frac{R}{S}$ (R 是资源利用率, S 是资源存量)

$$\frac{\dot{\gamma}}{\gamma} = g_R + \gamma \tag{s7}$$

斯蒂格利茨在上述模型假定的基础上,分析了模型的稳态,得到以下几个命题:

命题1:任何消费以不变速度增长的路径,一定会有渐近不变的储蓄率、自然资源变化率和流量—存量比例。

命题2:储蓄率的增长导致增长率的和渐近资本产出比的增长,和较低的资源利用率。

命题3:稳定有效增长意味着渐近储蓄率小于资本的产出弹性,即 $s < \alpha_1$ 。

命题4:如果人口增长率为正,那么保持不变人均消费水平的充分必要条件是,技术变化率 γ 和人口增长率的比率,必须大于等于自然资源的

产出弹性 α_3。

命题5a:如果 $\lambda = 0 = n$,则最多只有一条有效路径:$g_c = 0$;储蓄率等于自然资源的产出弹性 α_3。

命题5b:在没有技术变化和增长的情况下维持不变消费水平的充分必要条件是:自然资源的产出弹性 α_3 小于资本的产出弹性 α_1。

斯蒂格利茨又以(s8)式为标准分析了最优经济增长路径,得出了命题6

$$\max\int_0^{\infty}U(c)e^{-(\delta-n)t}dt\ (\delta \text{为时间折现系数}) \tag{s8}$$

$$U(c) = \frac{c^v}{v}, v < 1, \neq 0\ (\text{当}\ v = 0\ \text{时}, U(c) = \ln c)$$

命题6:在最优路径上,利率、资本产出比、储蓄率、资源利用率单调上升(下降)。人均消费有一个渐近不变的增长率,并且与 v 的取值无关。最优资源利用率 $\gamma = \delta - n$ 即为时间折现率减去人口增长率。所以高的折现率会导致资源过早耗竭。

评述:斯蒂格利茨(1974)较早建立了将资源约束和资本、劳动力、技术进步结合在一起的科布－道格拉斯形式的经济增长模型,成为该领域经典文献之一。斯蒂格利茨认为储蓄率的增长导致增长率的和渐近资本产出比的增长,和较低的资源利用率,同时又认为储蓄率必须小于资本的产出弹性,这说明靠提高储蓄率加快经济增长很快会有极限。他认为技术进步率必须大于资源的产出弹性,这就意味着要用足够的技术资源部分代替自然资源,用人工技术资源的积累弥补自然资源的消耗,这样能够延缓资源耗竭的时间。如果技术进步率达不到这一水平,那么人均消费水平就会下降,可持续经济增长就无法实现。

斯蒂格利茨(1974)是20世纪70年代石油危机后不久研究可耗竭资源与经济发展的众多文献中比较具有代表性的一个模型,采用了当时主流的最优化分析方法,在没有过多特殊假定条件的情况下得出了不少有益的结论。

斯蒂格利茨(1974)的缺陷在于,该模型中技术进步率决定了能否可持续发展,是最为关键的因素,而这一因素的产生和变化却是外生的。该模型对开采成本的假设也不合理。

6.2.3　莱特纳模型

约翰·莱特纳为了分析资源有限的情况,先建立了一个资源无限但受自然资源开采成本约束的竞争模型。由于存在开采成本,即使资源无限,也可以得到稳态解。

该模型的大多数方程相似于索洛(1956)和斯蒂格利茨(1974b)。模型中的变量如下:K_t 为 t 时刻的总物质资本;L_t 是自然劳动力供给;E_t 为加入技术进步的劳动供给;Q_t 为 t 时刻的最终产品产量和资源开采服务之和;R_t 为 t 时刻资源使用流量;U_t 为截至 t 时刻资源的总消耗量;p_t 为单位资源投入的价格,r_t 为利率。假定 Q_t 可同时分别用作开采、消费和投资,Q_t 每期的价格都被标准化为 1。该模型系统还包括两个非传统的地方:V_t 表示 t 时刻所有未开采资源的总市场价值的现值,q_t 表示 t 时刻最昂贵开采的单位开采成本。所有变量都是非随机的。方程如下:

$$L_t = e^{nt}, n > 0 \tag{j1}$$

$$E_t = L_t e^{\lambda t}, \lambda > 0 \tag{j2}$$

$$Q^t = (K_t)^{a_1}(E_t)^{a_2}(R_t)^{a_3}, 0 < a_1, a_2, a_3 < 1 = a_1 + a_2 + a_3 \tag{j3}$$

$$p_t = \frac{a_3 Q_t}{R_t} \tag{j4}$$

$$r_t = \frac{a_1 Q_t}{K_t} \tag{j5}$$

$$\hat{U}_t = R_t \tag{j6}$$

$$\dot{p}_t = r_t \cdot (p_t - q_t), p_t \geqslant q_t \tag{j7}$$

$$U_t = A \cdot (q_t)^{\alpha}, A > 0, \alpha > 0 \tag{j8}$$

$$V_t = \int_t^{\infty} e^{-\int_t^s r_x dx}(p_s R_s - q_s R_s) ds \tag{j9}$$

$$\dot{K}_t + \dot{V}_t = s \cdot (Q_t - q_t R_t + \dot{V}_t), 0 < s < 1, Q_t > q_t R_t \tag{j10}$$

(不考虑税收)

方程(j1)、(j2)、(j4)、(j5)和索洛(1956)相似:劳动力增长和劳动增进型技术进步是指数化的,要素投入拥有竞争型价格。科布–道格拉斯形式的总生产函数和斯蒂格利茨(1974)的有点相似,但斯蒂格利茨的生产函数中技术进步是中性的。

方程(j7)是豪泰林法则的表现。对于任何变量 x_t ,令 $\hat{x}_t = \frac{\dot{x}_t}{x_t}$,则 $\dot{p}_t = \hat{p}_t \cdot p_t$ 给出了一单位 t 时刻未开采资源的回报。另一方面, $r_t \cdot (p_t - q_t)$ 给出了一单位资源(当时最难开采的)在 t 时刻被开采并卖出后的收益。如果 $\dot{p}_t > r_t \cdot (p_t - q_t)$,所有者将停止开采边际资源,若 $\dot{p}_t < r_t \cdot (p_t - q_t)$,则说明所有者开采太慢了。所以只有 $\dot{p}_t = r_t \cdot (p_t - q_t)$ 才是均衡的。

该模型中的资源成本函数与铃木(Suzuki,1976)、斯蒂格利茨(1974b)和希尔(1976)的有所不同。在铃木(1976)的模型中,总生产率随着 U 的上升而降低,不考虑资源使用的流动率,而且 U 是有界的。在该模型中,U 只影响资源开采的边际成本,而且 U 是没有边界的。

在斯蒂格利茨(1974b)模型中,存在 $S_0 < \infty$,当 U < S_0 时开采成本为零,否则无限。在希尔(1976)的最优增长框架中,超出某一 U 时,开采成本 level out(就像所谓的 backstop 技术得以应用,如发现了廉价的替代品)。斯蒂格利茨(1974b)和希尔(1976)的资源供给方程大体上是相反的。如果假设 $\alpha > 1$,则有希望近似得到 Heal 的模型;如果假设 $\alpha < 1$,则可近似得到斯蒂格利茨的公式。

根据斯蒂格利茨(1974b),如果 $Q_t = Q_0 e^{\delta t}$, $K_t = K_0 e^{\delta t}$, $V_t = V_0 e^{\delta t}$, $U_t = U_0 e^{\gamma t}$, $r_t = r$,所有的 t 和方程(j1)到(j10)中的相一致,则:

$0 < Q_0 < \infty$,$0 < K_0 < \infty$,$0 < V_0$,$0 < U_0 < \infty$,r、$\gamma > 0$,σ 和 δ 定义了一个稳态。(σ 和 δ 是稳态参数,在稳态时,$\hat{Q}_t = \hat{K}_t = \sigma$,$\hat{U}_t = \gamma$,ω_t 为工资率)

可以得出,资源无限下的稳态时,即使开采成本不断上升,资源价格上升速度仍然低于总产出增长速度,资源利用会随着时间不断增加。

约翰·莱特纳接着对参数A和α进行分析,发现由于$\hat{p}_t = \sigma - \gamma$,$\frac{d(\sigma - \gamma)}{d\alpha} < 0$表示,如果$\alpha$变大,$\hat{p}_t$必须变小来引起对$R_t$需求的更快的增长。

然后约翰·莱特纳在无限资源供给模型的基础上建立起了有限资源供给模型,将原模型中(j6)和(j8)分别替换为:

$$\dot{S}_t = -R_t,\ S_t \geqslant 0,\ \dot{S}_t \leqslant 0 \tag{j11}$$

$$S_t = A \cdot (q_t)^{-\alpha},\ \alpha > 0, A > 0 \tag{j12}$$

S_t表示t时刻未开采资源的总储量。

如果$Q_t = Q_0 e^{\delta t}$,$K_t = K_0 e^{\delta t}$,$V_t = V_0 e^{\delta t}$,$S_t = S_0 e^{\gamma t}$,$r_t = r$,所有的t和方程(j1)、(j2)、(j3)、(j4)、(j5)、(j11)、(j7)、(j12)、(j9)、(j10)中的相一致,则$0 < Q_0 < \infty$,$0 < K_0 < \infty$,$0 < V_0$,$0 < S_0 < \infty$,r,$\gamma > 0$,σ和δ定义了一个稳态。

由此得出:$\alpha < 1$和$s < \frac{(1-\alpha)(a_3 + \alpha a_1)}{[\alpha + (1-\alpha)a_3]}$是新模型有稳态解的充分必要条件。

其中对s的限制$s < \frac{(1-\alpha)(a_3 + \alpha a_1)}{[\alpha + (1-\alpha)a_3]}$与斯蒂格利茨(1974b)中的$s < \alpha_1$相类似。$\alpha < 1$则保证了开采成本随着$S_t$减少而迅速上升。

有限资源供给模型中稳态的主要特征如下所示:

(ⅰ)Q_t以σ的速率增长,$0 < \sigma < n + \lambda$

(ⅱ)$\hat{S}_t = \hat{R}_t = \gamma < 0$

(ⅲ)$\hat{p}_t = \hat{q}_t = \sigma - \gamma > 0$,$\sigma - \gamma > \sigma$

(ⅳ)$\hat{\omega}_t = \sigma - n$,$\sigma - n$可以为正,为负,或为零

(ⅴ)$\frac{dr}{ds} < 0$,$\frac{d(\frac{p_0}{q_0})}{ds} > 0$,$\frac{d\gamma}{ds} = \frac{d\sigma}{ds} = 0$

(ⅵ)$\frac{d\gamma}{dn} < 0$,$\frac{d\gamma}{d\lambda} < 0$,$\frac{d\gamma}{d\alpha} < 0$

(ⅶ) $\frac{d\sigma}{d\alpha}<0$, $\frac{d\sigma}{dn}>0$, $\frac{d\sigma}{d\lambda}>0$

在有限资源模型中,由(ⅰ)和(ⅲ)可以看出,资源价格上升速度超过收入上升速度,这与前面的无限资源模型的结果相反。这是因为 γ 在两个模型中的正负号刚好相反。

在有限和无限资源两个模型中,平均储蓄倾向都不影响稳态时产出和资源利用率的增长率,资源价格对开采成本的补偿比例也保持不变。

评述:莱特纳(1984)的模型中对开采成本的假设 $U_t = A \cdot (q_t)^{\alpha}, A > 0, \alpha > 0$,即开采的边际成本和资源已开采总量的关系是独具特色的,而且对 α 的不同假设还可得出不同的开采成本变化方向。现实生活中,就某一现有矿产而言,如果没有突破性技术进步,一般开采成本会随着开采的进行不断增加。这就使采矿的净收益受到限制,净收益为零时自动停止开采,留待一段时间后技术突破,还可以用低成本的新技术开采资源,这就自发将资源留给了未来,有利于长久发展。莱特纳模型的这一假设使得模型在资源无限时也可能有稳态解,资源有限时资源价格上升速度超过收入上升速度,更容易抑制资源的过度开采,从而得出了十分乐观的结论。

不过莱特纳(1984)仍然没有考虑环境污染的问题,这个问题还需要进一步的解决。

6.2.4　斯马尔德思模型

斯马尔德思(1996)的基本假定如下:

1. 生态假定:

$$\dot{N} = E(N) - P \qquad \partial^2 E/\partial N^2 < 0 \tag{m1}$$

(N 为环境质量,E(N)为自然资源的再生过程)

2. 生产函数:

$$Y = A(N) \cdot F(K_Y, Z_Y) = C + \dot{K} \tag{m2}$$

(Y 是最终产品,A 为全要素生产率,K 为私人资本,Z 为有效资源投入,C 为消费, $F(\cdot)$ 和 $G(\cdot)$ 为齐次函数)

$$H = A(N) \cdot G(K_H, Z_H) = \dot{h} \tag{m3}$$

（h 为环境技术资本）

$$K_Y + K_H \leqslant K \tag{m4}$$

（K_Y、K_H 分别为最终产品部门和环境研发部门的资本投入）

$$Z_Y + Z_H \leqslant Z \equiv hP \tag{m5}$$

（Z_Y、Z_H 分别为最终产品部门和环境研发部门的有效资源投入）

3. 效用函数：

$$W = \int_o^\infty e^{-\theta t} U(c(t), N(t)) dt \tag{m6}$$

$$U(c,N) = \left(\frac{\sigma_c}{\sigma_c - 1}\right)(c \cdot N^\varphi)^{1-\frac{1}{\sigma_c}} \tag{m7}$$

（φ 是环境偏好的参数，σ_c 为不同期间替代的不变弹性）

该模型将减污技术内生化到增长模型中，计算分析了执行严厉环保政策后向新平衡增长路径的整个转变过程，发现了截然不同的短期和长期效应：在短期可能降低产出增长率，在长期可能改善收入增长。

评价：该模型首次将减污技术内生化到经济增长模型中，为环保政策促进经济增长的可能性提供了理论证明（此前大多数理论文献由于采用外生技术进步，一般认为环保政策抑制经济增长，而支持环保政策促进经济增长的文献也只是实证分析，缺乏理论论据）。

但是，该模型还只是可用于资源可再生时的情况，如果资源无限时，减污技术只能缓解资源矛盾，不能彻底解决可持续发展问题，这就需要对环保技术作出更乐观的假定，这点将在下面齐尔伯曼（Zilberman，2005）的模型中看到。

6.2.5　齐尔伯曼模型

齐尔伯曼（2005）模型中，经济体最终产出 Y，投入资源 X，物质资本 K，节约型资本 H。$\alpha(H)$ 作为 X 的生产率系数，决定于节约型资本的存量。定义 $E = \alpha(H)$ 为"有效"资源投入，并且 $\alpha_H > 0$，$\alpha_{HH} < 0$。具体生产函数如下：

$$Y = F(\alpha(H)X, K); F_X > 0, F_K > 0, F_{XX} < 0, F_{KK} < 0 \quad (z1)$$

$$H = M \text{（M 为节约型资本的投资）} \quad (z2)$$

假定 X 可以以不变边际成本 w 生产并且供给具有无限弹性，则对物质资本的投资如下：

$$K = Y - C - wX - M \quad (z3)$$

$\gamma(H)$ 为单位投入产生的污染，是节约型资本存量的减函数，污染流量 P 为：

$$P = \gamma(H)X, \gamma_H < 0, \gamma_{HH} > 0 \quad (z4)$$

N 为资源质量，被认为是可以再生的，再生速度固定为 R_N，环境质量的净变化如下：$N = R_N N - \gamma(H)X$ (z5)

无限期生存的个人的效用来自于消费 C 和环境质量 N。一个代表人的不变效用函数 $U(C,N)$ 是一种科布－道格拉斯效用函数，即对数线性的，是关于消费和环境质量加性可分的，对环境质量还有一个权重 φ_N。

$$U(C,N) = \ln C + \varphi_N \ln N, U_C > 0, U_{CC} < 0, U_N > 0, U_{NN} < 0 \quad (z6)$$

引入时间偏好系数，则社会福利方程为：

$$W = \int_0^\infty e^{-\rho t} U(C,N)\, dt \quad (z7)$$

均衡增长定义为所有经济变量以一不变速度 $g_J = \frac{\dot{J}}{J} = g$（J = C，H，K，M，X，Y）增长，这就意味着分配变量 $s_M = \frac{M}{Y}$，$s_C = \frac{C}{Y}$，$s_X = \frac{wX}{Y}$ 是不变的。另一方面，可持续增长意味着环境质量水平可以固定在某一水平，即 $g_N = 0$，并且 $g_N = 0$。所以可持续均衡增长必然有：$g_N = 0$，$g_N = 0$，并且 $g_J = g, \forall J$。

下面考察均衡增长路径的可行性。

在大多数内生增长模型里，只有当生产函数对于 X, H, K 规模报酬不变，并且产出弹性 $\varepsilon_X, \varepsilon_H, \varepsilon_K$ 不变时，均衡增长路径才是可行的。生产型资本、节约型资本、资源投入的均衡增长导致产出以同样的速率增长。

在可持续均衡增长路径中，$g_N = 0$。而前面要求 $g_X = g_H$，所以均

衡增长路径要求 $\xi = \frac{-\gamma_H H}{\gamma} = 1$ 。

然后分析可持续增长路径的最优化：

除了上述对生产函数和污染函数的限制外，还需要对社会福利偏好进行限制，以保证可持续均衡增长是最大化社会福利或是最优的。在（z3）、（z2）、（z5）的约束下最大化方程（z7）可以求得社会对 C,N,X,H,K 的最优选择，$\theta_1,\theta_2,\theta_3$ 分别表示这个约束的乘数。

消费者通过选择这样一条消费路径来实现不同时间之间的效用最大化，延迟消费的边际回报要等于现时消费的边际效用。这是对拉姆齐规则的扩展：

$$\sigma \frac{\dot{C}}{C} - \sigma_{CN} \frac{\dot{N}}{N} + \rho = r \tag{z8}$$

右边的 r 表示单位产出投入资本后的社会回报率，$\sigma = (\frac{-U_{CC}C}{U_C})$ 是将来和现时消费的替代弹性，$\sigma_{CN} = (\frac{-U_{CN}N}{U_C})$ 是对 N 的边际消费效用弹性。这个等式保证了均衡增长是最优的，即使没有可变的 g_N 。为了简化，假定 $\sigma = 1$ 。所以当 $r = g + \rho$ 时可持续均衡增长是最优的。

当 X 的边际产品等于它的单位社会成本时，资源投入是最优的。X 的社会成本包括私人成本 w 和污染成本（（z9）式中最后一项）

$$\varepsilon_X - s_X = q_3 \gamma \frac{X}{Y} \tag{z9}$$

这里 $\varepsilon_X = \frac{F_X \alpha X}{Y}$ 是 X 的产出弹性，s_X 是 X 支出占总产出的比重，用 $\frac{wX}{Y}$ 表示。X 的单位污染成本决定于污染系数 γ，和环境质量相对于消费品的影子价格（$q_3 = \frac{\theta_3}{\theta_1}$）。节约型资本的存量越小，X 的污染系数越大，社会成本也越大。在管制经济中，q_3 代表达到社会最优环境质量水平的污染税。

K 和 H 之间的最优动态分配在各自的回报率都等于 r 时取得：

$$r = \varepsilon_K \frac{Y}{K} = \varepsilon_E \Psi \frac{Y}{H} + q_3 \xi \gamma \frac{X}{H} \tag{z10}$$

这里 $\varepsilon_K = F_K \frac{K}{Y}$ 是生产型资本的产出弹性。对节约型资本的投资得到净社会收益的途径有两条。节约型资本的边际增加提高了 X 和 K 的生产率，这由 $\psi = \frac{\alpha_H H}{H} > 0$ 和 ε_E（ E 的产出弹性）来体现。$q_3 \xi \gamma \frac{X}{H}$ 则显示对 H 的投资通过降低 γ 和 X 的社会成本（ $q_3 \gamma \frac{X}{Y}$ ）来产生社会收益。

环境质量的选择也要使得改进环境的边际收益（用其价格标准化）加上其吸收能力和其价格增长率，等于资本的回报率：

$$\frac{U_N}{q_3 U_C} + R_N + \frac{\dot{q}_3}{q_3} = r \tag{z11}$$

社会最优增长路径需要 $q_3 = \frac{\varepsilon_X Y}{X} - \frac{w}{\gamma}$，同时可持续增长的可行性要求 $\xi = 1$ 而且 ε_X 和 s_X 不变。这两点结合起来，意味着 $\frac{\dot{q}_3}{q_3}$ 不变并等于 g（将（z9）式对 t 求导可得）。在（z11）式中用 g 代替 $\frac{\dot{q}_3}{q_3}$，用 $g+\rho$ 代替 r，得到：

$$q_3 = \frac{U_N}{[\rho - R_N] U_C} \tag{z12}$$

在均衡增长路径上，以不变速度增长的 q_3，为了与不变的 N 和以 g 的速度增长的 C 相一致，必须使 $\frac{U_N}{U_C}$ 以 g 的速度增长，并且使 $\frac{U_N N}{U_C C} = \varphi_N$ 保持不变。Bovenberg 和 Smulders（1995）证明了，在均衡增长路径上，如果 C 和 N 的不同期间替代弹性是单位弹性的话，φ_N 保持不变。因为在均衡增长路径上，随着 C 的增长和 N 的稀缺，由于 N 对 C 的替代效用，C 的相对价格将会下跌，但是单位替代弹性保证了 N 对 C 的替代效应正好被均衡增长时总产出增加的收入效应所抵消，使 $\dot{N} = 0$ 与均衡增长相一致。

根据上面的分析,为了使可持续均衡增长路径可行,作如下假定:

$$\alpha(H) = H^{(1-\mu)}, Y = (H^{(1-\mu)}X^{\mu})^{\chi}K^{1-\chi}$$

$$\gamma(H) = \frac{1}{H}, U(C,N) = \ln C + \varphi_N \ln N \qquad (z13)$$

前三个方程表示,节约型资本的增加提高了 X 的生产率并降低了污染系数,有效资源投入和生产型资本是规模报酬不变的。最后一个方程中,φ_N 是不变的,表示环境质量对效用的权重,而且 C 和 N 之间的期间替代效用是单位弹性的。这些假定意味着:

$$\varepsilon_K = 1-\chi, \varepsilon_X = \mu\chi, \psi = 1-\mu, \varepsilon_E = \chi$$

$$\xi = 1, \gamma = \frac{1}{H}, \sigma = 1, \frac{U_N N}{U_C C} = \varphi_N, \sigma_{CN} = 0 \qquad (z14)$$

以上假定可以满足可持续均衡增长的可行性和最优化条件。下面将用(z14)式中的具体假定来推导社会最优选择并将其与无管制经济相比较。

结果发现,单位产出污染的边际社会成本相对于消费品价格的增加,导致产出中消费份额的增加。这是因为 N 的边际收益随着 τ 的增加而减少。因此,消费必须增加来保证改进环境质量的边际收益等于资本的回报率(资本的回报率在均衡增长路径上是固定的,见 A6)。

该文还分析了环境管制的影响,得出两点结论。第一,环境管制可以增加生产型资本的生产率。第二,环境管制的挤出效应可以被高储蓄率和资源释放转移(从污染投入中释放出来,转移到投资中)来减弱。最终可以得出结论,如果消费份额较低(即 φ_N 较高,ρ 较低,R_N 较高),X(资源投入量)较高(w 较低),那么环境管制(污染税)是可以促进可持续均衡经济增长的。X 较高这一条件保证通过用降低 X 的将来使用而释放出来的资源来补偿对节约型资本的投资不会显得捉襟见肘。

评述:齐尔伯曼(2005)模型在总结前人的基础上,已经相当完善,当然为了能解出模型,不得不做出大量的简化假定。这样做是很有必要的,但并不是所有的简化假定都没有问题。如开采成本 w 假定不变,资源的总量变化也没有在模型中体现。

6.3　节约型经济增长模型

笔者主要结合了齐尔伯曼(2005)和莱特纳(1984)的假定条件,并利用了索洛(1974)等文献对于资源开采成本变化的观点,构建节约型经济增长模型。

6.3.1　资源无限模型

资源无限只是为了分析方便而作的一个假设。本书仍坚持第2章所分析的资源有限假设。在资源无限分析的基础上进而分析资源有限条件下的节约型经济增长模型。

假设资源无限条件下,总产出Y,投入资源X,物质资本K,节约型资本H;资源开采总量为 O_t ,资源总量假定无限。$\alpha(H)$ 作为X的生产率系数,决定于节约型资本的存量。定义E = $\alpha(H)$ 为"有效"资源投入,并且 $\alpha_H > 0, \alpha_{HH} < 0$ 。具体生产函数如下:

$Y = F(\alpha(H)X, K); F_X > 0, F_K > 0, F_{XX} < 0, F_{KK} < 0$　　(1)

$\dot{H} = M$ (M为节约型资本的投资)　　(2)

假定开采成本 $w = A_t O_t^{\theta}$, $\theta > 0$, A_t 为资源开采和开发技术,假定不变。　　(3)

$O_t = X_t$　　(4)

则对物质资本的投资如下:

$K = Y - C - wX - M$　　(5)

$\gamma(H)$ 为单位投入产生的污染,是节约型资本存量的减函数,污染流量P为

$P = \gamma(H)X, \gamma_H < 0, \gamma_{HH} > 0$　　(6)

N为资源质量,被认为是可以再生的,再生速度固定为 R_N ,环境质量的净变化如下:$N = R_N N - \gamma(H)X$　　(7)

无限期生存的个人的效用来自于消费C和环境质量N。一个代表人

的不变效用函数 $U(C,N)$ 是一种科布－道格拉斯效用函数，即对数线性的，是关于消费和环境质量加性可分的，对环境质量还有一个权重 φ_N。

$$U(C,N) = \ln C + \varphi_N \ln N, U_C > 0, U_{CC} < 0, U_N > 0, U_{NN} < 0 \tag{8}$$

引入时间偏好系数，则社会福利方程为：

$$W = \int_0^\infty e^{-\rho t} U(C,N)\,dt \tag{9}$$

均衡增长定义为所有经济变量以一不变速度 $g_J = \frac{\dot{J}}{J} = g$（J＝C，H，K，M，X，Y）增长，这就意味着分配变量 $s_M = \frac{M}{Y}$，$s_C = \frac{C}{Y}$，$s_X = \frac{wX}{Y}$ 是不变的。另一方面，可持续增长意味着环境质量水平可以固定在某一水平，即 $g_N = 0$，并且 $g_N = 0$。所以可持续均衡增长必然有：$g_N = 0$，$g_N = 0$，并且 $g_J = g, \forall J$。

为了使可持续均衡增长路径可行，作如下假定：

$$\alpha(H) = H^{(1-\mu)}, \quad Y = (H^{(1-\mu)} X^{\mu})^{\chi} K^{1-\chi}$$

$$\gamma(H) = \frac{1}{H}, \quad U(C,N) = \ln C + \varphi_N \ln N \tag{10}$$

前三个方程表示，节约型资本的增加提高了 X 的生产率并降低了污染系数，有效资源投入和生产型资本是规模报酬不变的。最后一个方程中，φ_N 是不变的，表示环境质量对效用的权重，而且 C 和 N 之间的期间替代效用是单位弹性的。这些假定意味着：

$$\varepsilon_K = 1-\chi, \quad \varepsilon_X = \mu\chi, \quad \psi = 1-\mu, \quad \varepsilon_E = \chi$$

$$\xi = 1, \quad \gamma = \frac{1}{H}, \quad \sigma = 1, \quad \frac{U_N N}{U_C C} = \varphi_N, \quad \sigma_{CN} = 0 \tag{11}$$

以上假定可以满足可持续均衡增长的可行性和最优化条件。下面将用（11）式中的具体假定来推导社会最优选择并将其与无管制经济相比较。

社会最优解通过最大化下式求得

$$W = \int_0^\infty e^{-\rho t} (\ln C + \varphi_N \ln N)\,dt \tag{12}$$

限制条件：$\dot{K} = (H^{(1-\mu)}X^{\mu})^{\chi}K^{1-\chi} - AO_t^{\theta}X - M - C;\dot{H} = M;\dot{N} = \frac{X}{H} - R_N N, \dot{O}_t = X_t$

$$\theta > 0 \tag{13}$$

构建现值(Current Value)汉密尔顿函数：

$$H = \ln C + \varphi_N \ln N + \theta_1[(H^{(1-\mu)}X^{\mu})^{\chi}K^{1-\chi} - AO_t^{\theta}X - M - C] + \theta_2 M + \theta_3[R_N N - H^{-1}X] + \theta_4 X_t \tag{14}$$

$$H_c = 0 \rightarrow \frac{1}{C} - \theta_1 = 0 \tag{B1}$$

$$H_M = 0 \rightarrow -\theta_1 + \theta_2 = 0 \tag{B2}$$

$$H_X = 0 \rightarrow \theta_1[\chi\mu\frac{Y}{X} - w] - \theta_3\frac{1}{H} + \theta_4 = 0 \tag{B3}$$

$$H_K = 0 \rightarrow \theta_1(1-\chi)\frac{Y}{K} = \rho\theta_1 - \dot{\theta}_1 \tag{B4}$$

$$H_H = 0 \rightarrow \theta_1(1-\mu)\frac{Y}{H}\chi + \theta_3\frac{X}{H^2} = \rho\theta_2 - \dot{\theta}_2 \tag{B5}$$

$$H_N = 0 \rightarrow \frac{\varphi_N}{N} + \theta_3 R_N = \rho\theta_3 - \dot{\theta}_3 \tag{B6}$$

$$H_O = 0 \rightarrow A\theta O_t^{\theta-1} = \rho\theta_4 - \dot{\theta}_4 \tag{B7}$$

(定义 $q_3 = \frac{\theta_3}{\theta_1}$，$q_4 = \frac{\theta_4}{\theta_1}$，$\vartheta = \frac{q_4 X}{Y}$)

对于最优 N，由(A6)和(A1)得：$\frac{\varphi_N C}{N} + q_3 R_N = \rho q_3 - \frac{\dot{\theta}_3}{\theta_1}$ (B8)

通过(A7)至(A11)，将(A1)至(A6)转化为以下 9 个方程，并含有 9 个未知参数($\frac{C}{Y}$，$\frac{Y}{K}$，$\frac{H}{Y}$，N，P，g，r，τ，ϑ)

$$g + \rho = r \tag{15}$$

$$\frac{wPH}{Y} + \tau + \vartheta = \mu\chi \tag{16}$$

$$r = \frac{(1-\chi)Y}{K} \tag{17}$$

$$r = \frac{\varphi_N(\frac{C}{Y})P}{\tau N} + R_N + g \tag{18}$$

$$r = \frac{A\theta O^{\theta-1}}{q_4} + g = \frac{A\theta O^{\theta-1}(\frac{X}{Y})}{\vartheta} + g \tag{19}$$

$$r = [(1-\mu)\chi + \tau]\frac{Y}{H} \tag{20}$$

$$\frac{Y}{K} = [p^{\mu}\frac{H}{Y}]^{\frac{\chi}{1-\chi}} \tag{21}$$

$$g = [1 - \frac{C}{Y} - g\frac{H}{Y} - wP\frac{H}{Y}]\frac{Y}{K} \tag{22}$$

$$P = R_N N \tag{23}$$

(15)式意味着利率必须等于社会折现率加上增长率。(17)和(20)式表明,在有效生产中,最优的 K 和 H 都应使其边际产品等于利率。在(18)式中,利率决定了最优环境质量的选择,环境质量的选择依赖于环境质量的边际消费效用弹性 φ_N,环境质量再生率 R_n,环境质量的影子价格 τ 和经济增长率 g。在(19)式中,要取得均衡,就必须重新假定 A_t 的性质,若资源开采技术不变,由于 O 是不断增长的,所以要么 ϑ 不断增长,要么 ϑ 不变,$\frac{A\theta O^{\theta-1}(\frac{X}{Y})}{\vartheta}$ 挤占经济增长速度,最终经济增长速度为负,要么 r 也不断增长,经济体系不但无法达到均衡,还会崩溃。这还是在假定资源无限的情况下,如果资源有限,情况会更糟。所以为了实现均衡可持续增长,关键是要假定 A_t 具有开发廉价替代资源的效应,即随着资源开采的不断进行,A_t 不断降低,能够缓冲甚至抵消传统资源不断开发引起的边际成本递增。如果 $A_tO^{\theta-1}$ 仍然增长,经济将会收敛最终崩溃;当 $A_tO^{\theta-1}$ 能够保持不变时,σ 就能稳定下来,均衡可持续增长成为可行;若新型廉价资源开发速度更快,即 $A_tO^{\theta-1}$ 下降,既没有了资源约束,经济有可能会加速增长,但是由于还有环境质量的约束,g 不变,而 σ 则会逐渐下降,即单位产出的资源消耗影子价格下降。当 $A_tO^{\theta-1}$ 能够保持不变时，求得：$\frac{Y}{K}=(\frac{\mu\chi-\tau}{w})^{\frac{\mu\chi}{(1-\mu\chi)}}((1-\mu)\chi+\tau)^{\chi(1-\mu)/(1-\mu\chi)}(1-\chi)^{\frac{(\mu\chi-\chi)}{(1-\mu\chi)}}$ (24)

$$S_C=\frac{\tau(\rho-R_N)}{\varphi_N R_N} \quad (25)$$

$$\frac{dS_C}{d\tau}=\frac{(\rho-R_N)}{\varphi_N R_N}>0$$

这说明，单位产出污染的边际社会成本相对于消费品价格的增加，导致产出中消费份额的增加。这是因为 N 的边际收益随着 τ 的增加而减少。因此，消费必须增加来保证改进环境质量的边际收益等于资本的回报率（资本的回报率在均衡增长路径上是固定的，见（B6）式。

$$s_M=[(1-\mu)\chi+\tau]-\{\rho[(1-\mu)\chi+\tau]^{(1-\chi)(1-\mu\chi)}$$
$$\times w^{\frac{\mu\chi}{(1-\mu\chi)}}(\mu\chi-\sigma)^{-\frac{\mu\chi}{(1-\mu\chi)}}(1-\chi)^{-\frac{(1-\chi)}{(1-\mu\chi)}}\} \quad (26)$$

$$\frac{dS_M}{d\tau}=1+\rho[(1-\mu)\chi+\tau]^{(1-\chi)(1-\mu\chi)}w^{\frac{\mu\chi}{(1-\mu\chi)}}[\chi(\mu\chi-\tau)+\tau]$$
$$\times(1-\chi)^{-\frac{(1-\chi)}{(1-\mu\chi)}}(1-\mu\chi)^{-1}>0 \quad (27)$$

$$s_X=\mu\chi-\tau \quad (28)$$

资源投入占产出的份额随着 $\mu\chi$ 增加而增长，随着 τ 的上升而下降。

在私人最优决策中，

$$\max\Pi=(H^{1-\mu}X^{\mu})K^{1-\chi}-wX-M$$
$$\text{s.t. } \dot{K}=(H^{(1-\mu)}X^{\mu})^{\chi}K^{1-\chi}-wX-M-C;\dot{H}=M \quad (29)$$

与社会最优决策不同，私人不考虑环境质量是否能够保持。

采用类似的方法可求得：$s_X=\mu\chi$， (30)

$$\dot{N}=R_N N-(\frac{\mu\chi(1-\chi)^{1-\chi}}{((1-\mu)\chi)^{1-\chi}w})^{\frac{1}{(1-\mu\chi)}} \quad (31)$$

$$\dot{N}\geqslant 0,\text{如果 } N\geqslant\frac{(\frac{\mu\chi(1-\chi)^{1-\chi}}{((1-\mu)\chi)^{1-\chi}w})^{\frac{1}{(1-\mu\chi)}}}{R_N} \quad (32)$$

这表示即使没有环保政策约束，如果 $\mu\chi$ 和 $1-\chi$ 足够低，R_N，w，N 足够高，环境质量一样可以得到保护。污染产出的低产出弹性和高资源价格抑制了X的使用,新资源开发缓慢使得资源供给不会大量而廉价,造成资源浪费和污染。而生产型资本的低产出弹性抑制了生产型资本的利用,高的$(1-\mu)\chi$促进了H的使用,降低了污染,增加了改善环境质量的可能性。另外,自然再生率和稳态N必须很高的条件,意味着没有管制时,只有环境没有严重退化时,私人决策才能使环境质量保持下去。如果N达不到(37)式中的水平时,那么为了实现可持续均衡增长,环保政策是必不可少的。

那么政府的管制能促进经济的长期增长吗?

由(22)式可知,

$$g=\left[1-\frac{C}{Y}-g\frac{H}{Y}-wP\frac{H}{Y}\right]\frac{Y}{K}=\left[1-s_C-s_M-s_X\right]\frac{Y}{K} \tag{33}$$

(33)式对τ求导,得

$$\frac{dg}{d\tau}=\overbrace{(1-s_X-s_C-s_M)\frac{\partial\left(\frac{Y}{K}\right)}{\partial\tau}}^{\text{生产率效应}}-\overbrace{\frac{Y}{K}\left\{\underbrace{\left(\frac{\partial s_C}{\partial\tau}\right)}_{\text{消费效应}}+\underbrace{\left(\frac{\partial s_X}{\partial\tau}\right)}_{\text{投入效应}}+\underbrace{\left(\frac{\partial s_M}{\partial\tau}\right)}_{\text{节约效应}}\right\}}^{\text{挤出效应}} \tag{34}$$

(25)式对τ求导,得

$$\frac{\partial\left(\frac{Y}{K}\right)}{\partial\tau}=\frac{\left(\frac{Y}{K}\right)\chi\{\mu[(1-\mu)\chi+\tau)](1-w)-\tau\}}{(1-\mu\chi)(\mu\chi-\tau)((1-\mu)\chi+\tau)} \tag{35}$$

$$\left.\frac{\partial\left(\frac{Y}{K}\right)}{\partial\tau}\right|_{\tau=0}=\frac{\left(\frac{Y}{K}\right)(1-w)}{(1-\mu\chi)}\begin{cases}>0, & w<1\\ =0, & \text{如果}w=1\\ <0, & w>1\end{cases} \tag{36}$$

事实上,由于$w=A_tO^\theta=AO^{\theta-1}\cdot O$,所以$w=1$时,$AO^{\theta-1}=\frac{1}{O}$,即$AO^{\theta-1}$不仅要稳定,还要稳定于$\frac{1}{O}$的水平上,才能使污染税的对资本产出比的效应刚好为零,要使资本产出比因污染税增加,$AO^{\theta-1}$必须小于$\frac{1}{O}$,否则即使开征污染税也不能阻止资本效率降低和经济增长放缓。这就对新资源开发技术提出了很高的要求。

$$g = \left\{1 - \frac{\tau(\rho - R_N)}{\varphi_N R_N} - \chi + \frac{\rho[(1-\mu)\chi = \tau]^{\frac{(1-\chi)}{(1-\mu\chi)}}}{(\frac{\mu\chi - \tau}{w})^{\frac{\mu\chi}{(1-\mu\chi)}}(1-\chi)^{\frac{(1-\chi)}{(1-\mu\chi)}}}\right\}$$

$$\times (\frac{\mu\chi - \tau}{w})^{\frac{\mu\chi}{(1-\mu\chi)}}[(1-\mu)\chi + \tau]^{\frac{\chi(1-\mu)}{(1-\mu\chi)}}(1-\chi)^{\frac{(\mu\chi-\chi)}{(1-\mu\chi)}} \tag{37}$$

$$\left.\frac{dg}{d\tau}\right|_{\tau=0} \begin{matrix} > \\ = \\ < \end{matrix} 0 \text{ 如果 } \varphi_N \begin{matrix} > \\ = \\ < \end{matrix} \left[\frac{\begin{pmatrix} (\rho - R_N)(1-\mu\chi)(\mu\chi/w)^{\mu\chi/(1-\mu\chi)}((1-\mu)\chi)^{\chi(1-\mu)/(1-\mu\chi)} \\ \times (1-\chi)^{\frac{(1-\chi)}{(1-\mu\chi)}} \end{pmatrix}}{R_N(1-w)(1-\chi) + \rho(1-\mu\chi)}\right] \tag{38}$$

这里再次可以看出,污染税促进经济增长的作用取决于临界值 φ_N ,而 φ_N 受到 w ,ρ 和 R_N 三个因素影响 w ,ρ 和 R_N 。这表明,如果效用函数中环境质量的权数足够大使污染税(τ)的消费效应够小,折现率够低使高储蓄率和大量投资 H 成为最优的(见(26)式),那么污染税能够促进增长。当 A_t (见(3)式 $w = A_t O_t^{\theta}$)较高即资源开发效率较低时, w 较高,挤出效应必须较大而且为正,从而使得污染税对经济增长率有正效应。然而, w 高时,X 的比例会较低。以降低 X 的将来使用而释放出来的资源来补偿对节约型资本的投资显得捉襟见肘。如果 A_t 较低,即新资源开发效率高,有源源不断的廉价新资源出现来弥补传统资源开采成本的上升,资源供给充足,即使有很多资源可以利用来投资,但是对节约型资本的需求就不是很紧迫了,节约型资本让位于消费和生产型资本。最后,即使 φ_N 较低,污染税对增长的效应也可能为正,只要环境质量的自然再生率较高。这是因为,(24)式显示,较高的 R_N (环境质量自然再生率)降低了 S_C (消费占产出的比重),从而增加了可用于投资的储蓄。

同时,由于资源无限,单位能耗的成本被加以固定,单位产出所耗资源的影子价格对于经济增长率则没有影响,如果就此开征资源税,也不会对长期经济增长有影响。

6.3.2 资源有限模型

资源有限时,在无限资源模型中绝大多数假定仍然得以保持,但是资源总量不再是可增的, A_t 的作用大受限制,因为所有资源都是已知的,不能通过不断开采新的资源来解决资源危机，开源不行，只好节流了，节约型资本的作用大大增强，如果说在资源无限时节约型资本的主要作用是减少污染，顺便节省资源的话，那么在资源有限时，节约型资本的作用主要是提高资源利用效率，而保护环境只是副产品，毕竟资源有限的假定意味着人类社会的时日无多，尽可能延长生存年限是最紧要的，这一更接近现实的假定往往更能体现倡导节约型社会的意义。

一方面，可供开采资源的数量和种类当然不会永远停留在现在已知的水平上。另一方面，每次重大突破都是可遇而不可求的，是不连续、不可预期的，这就需要人类在相邻两次重大突破期间尽可能地未雨绸缪，减缓等待下一次重大发现的压力，支撑到下一次黎明。所以说，本书所认为的资源有限只是针对两次重大发现之间而言，这一段时间内，人类不能寄希望于新资源的开采，但是这段时间不可能永远持续下去，要么最终没有资源而消亡，要么发现和利用新的资源而进入下一周期。这可以是一种新资源不连续增加的假定下的部分阶段的情况。如果新资源开发的前景十分明朗，那么这一阶段将是很短的；如果新资源开发的前景迷惘并且被少数发达国家所控制，那么这一阶段将是非常漫长和痛苦的。

在这一阶段，由于假定资源无法替代和更新，那么为了尽可能延长战略储备期或缓冲期，只能不断降低物质产品在人们消费效用中的比重，即改变人们的消费偏好。当然，人们的物质消费也有一个生理上的底线，不可能降低到零，只靠精神生活下去。此外，要想摆脱这种 不利局面，留有希望，必须留出一部分资源用于开发新型替代资源。虽然新资源的开发不是一投入就能回报的，风险很大，周期很长，但是不进行投入肯定是坐吃山空。于是，社会中总的物质资源至少分为两部分，第一部分用于直接消费，第二部分用于做开发新能源新资源的风险投资。现有的资源形势越急迫，能供给最低物质消费水平的时间越短，就越需要开发出新资源。开发新资源虽然风险极大，但不仅有利于将来，也有利于现在稳定信心，提高效用。

不连续开发间隙中的资源有限模型：

总产出为Y,投入资源为X,物质资本为K,节约型资本为H,开发新资源的资本为I,资源开采总量为 O_t ,资源总量在该阶段内假定有限,为 R_e 。$\alpha(H)$ 作为X的生产率系数,决定于节约型资本的存量。定义 $E = \alpha(H)$ 为"有效"资源投入,并且 $\alpha_H > 0$, $\alpha_{HH} < 0$ 。具体生产函数如下:

$$Y = F(\alpha(H)X, K); F_X > 0, F_K > 0, F_{XX} < 0, F_{KK} < 0 \quad \text{(B1)}$$

$H = M$ (M为节约型资本的投资) (B2)

假定开采成本 $w = A_t O_t^{\theta}$, $\theta > 0$, A_t 为资源开采技术,假定不变。

(B3)

$$O_t = X_t \quad \text{(B4)}$$

则对物质资本的投资如下:

$$K = Y - C - wX - M - I \quad \text{(B5)}$$

$\gamma(H)$ 为单位投入产生的污染,是节约型资本存量的减函数,污染流量P为:

$$P = \gamma(H)X, \gamma_H < 0, \gamma_{HH} > 0 \quad \text{(B6)}$$

N为环境质量,被认为是可以再生的,再生速度固定为 R_N ,环境质量的净变化如下:$N = R_N N - \gamma(H)X$ (B7)

新资源开发成功概率的函数为:

$$\hbar = \hbar(\sum I), \quad \text{(B8)}$$

$\hbar(I)$ 是 $\sum I$ 的递增函数。

无限期生存的个人的效用来自于物质消费C、享受的环境质量N以及对未来资源充裕程度的信心。假设一个代表人的不变效用函数 $U(C, N, \hbar)$ 是一种科布-道格拉斯效用函数,即对数线性的,是关于消费和环境质量加性可分的,对环境质量的权重为 φ_N ,对新资源开发成功质量的权重为 $\varphi_\hbar$ 。

$U(C, N, \hbar) = \ln C + \varphi_N \ln N + \varphi_\hbar \ln \hbar$, $U_C > 0, U_{CC} < 0, U_N > 0, U_{NN} < 0, U_\hbar > 0, U_{\hbar\hbar} < 0$ (B9)

引入时间偏好系数,则社会福利函数为:

$$W = \int_0^{\infty} e^{-\rho t} U(C, N, \hbar) dt \quad \text{(B10)}$$

限制条件：

$$\dot{K} = (H^{(1-\mu)}X^{\mu})^{\chi}K^{1-\chi} - AO_t^{\theta}X - M - C - I;\dot{H} = M;\dot{N} = \frac{X}{H} - R_N N, \dot{O}_t = X_t$$

$$\theta > 0, \hbar < 1, O_t \leqslant R_e, \tag{B11}$$

构建现值（Current Value）汉密尔顿函数：

$$H = \ln C + \varphi_N \ln N + \varphi_{\hbar} \ln \hbar + \theta_1[(H^{(1-\mu)}X^{\mu})^{\chi}K^{1-\chi} - AO_t^{\theta}X - M - C - I] + \theta_2 M + \theta_3[R_N N - H^{-1}X] + \theta_4 X_t + \theta_5 I \tag{B12}$$

$\varphi_h \ln h - \theta_1 I + \theta_5 I$ 是现在的汉密尔顿函数与以前的汉密尔顿函数的主要差距，由于 $h < 1, \ln h < 0, \varphi_h > 0$，故 $\varphi_h \ln h < 0$，又因为 I 比 K 的风险更大，$\theta_5 < \theta_1 < 0$，所以可以认为 $\varphi_h \ln h - \theta_1 I + \theta_5 I < 0$，在资源有限的情况下，即使有着开发新资源的前景，总体社会福利也会永远低于资源无限的情况。但只要新资源开发成功，福利损失就将停止，两者之间的差距就会定格为一个常数。

但是，现实生活中有一种情况不能忽视，那就是旧资源拥有者同时垄断了开发新资源技术和信息的严重不对称。如果某个少数人团体已经开发出了新资源，但是由于其同时控制了旧资源，他们不愿意放弃既得利益，而选择保密新技术甚至阻碍新技术开发的做法，直到旧资源已经开发殆尽，利润实现了最大化后，才会宣布并推广新资源开发技术，开始新一轮的垄断经营活动。对于他们来说，一旦新资源开发成功，$\varphi_{\hbar} \ln \hbar - \theta_1 I + \theta_5 I$ 就已经定格为0，而其他不知情者还在不断地消耗 I，并为新资源开发前景而忧虑不已，即使新资源还未开发成功，垄断者对新资源开发前景的担忧程度 $\varphi_{\hbar}$ 也很有限，因为资源紧张导致的资源价格飙升是有利于其短期利润增长的，尽管不可持续，但是却十分可观。如美国前三大石油巨头仅在2008年第一季度就由于油价飙升而赚了整整300亿美元。在油价飙升的同时，各大新能源厂商也获益匪浅，因为深受油价高昂之苦的普通大众对新型可替代能源开发前景的重视程度 $\varphi_{\hbar}$ 大幅提高了，由此追捧新能源资本，使之获得了高溢价。如果开发新资源技术没有垄断性，资本可自由进入,信息共享,那么这种热捧情况也就不会出现。新资源技术开发者以利润最大化作为目标,甚至与旧资源拥有者形成合谋的关系,那么就会对人类的资源前景产生很大的威胁,因为促进新资源技术的创新远比阻碍它要困难,再充裕的资本投入也不能保证重大新资源技术的顺利及时产生,而资金的捉襟见肘或移作他用却能在开发过程中的任一阶段将其阻碍或扼杀。因此,资源有限时的主要矛盾不只是人与自然之间的矛盾,还有人与人之间的矛盾,后者在资源危机中可能扮演主要角色,这不是简单地运用数学优化就能够解决的,还需要从根本上改变旧资源和新技术的控制状况,使其真正为民所用,从而尽可能地减小与资源无限时的福利差距。

6.4 资源税对经济增长的改进

6.4.1 资源税及其作用

前文分析假定存在一种能够同时提高资源利用率和降低污染的节约型资本和不断变化的资源开采成本,重点分析资源开采成本变化、环境质量要求、污染税和资源税对经济增长的影响,结果发现:无限资源时,如果效用函数中环境质量要求足够大、折现率足够低,那么污染税能够促进增长,当资源开发效率较低时污染税对经济增长率有正效应,而资源税不会对长期经济增长有影响;有限资源时,与前面的结论基本相同,但是由于资源稀缺的重要性增强,资源税的作用不再可以忽视。

资源税是对自然资源征税的税种的总称。与此相关的还涉及级差资源税和一般资源税的概念。级差资源税是国家对开发和利用自然资源的单位和个人,由于资源条件的差别所取得的级差收入课征的一种税。一般资源税就是国家对国有资源,如我国宪法规定的城市土地、矿藏、水流、森林、山岭、草原、荒地、滩涂等,根据国家的需要,对使用某种自然资源的单位和个人,为取得应税资源的使用权而征收的一种税。

资源税是建立在资源有限的假设前提下的,按照劳动价值理论,未开采的自然资源是天然形成的，无劳动附加其上，本身并无价值，也很容易使人们视做公共品。但其使用价值和有限性使得其潜在价值极大，又由于其地域性，决定了其产权归属。但在同一地域范围内的开采也容易滥用。因此，要合理使用资源，保持资源利用的可持续性要求资源国有和使用资源纳税。我国开征的资源税是对在我国境内开采应税矿产品和生产盐的单位和个人，就其应税数量征收的一种税。在中华人民共和国境内开采《中华人民共和国资源税暂行条例》规定的矿产品或者生产盐的单位和个人，为资源税的纳税义务人，应缴纳资源税。

资源税有以下特点：

一是征税范围较窄。自然资源是生产资料或生活资料的天然来源，它包括的范围很广，如矿产资源、土地资源、水资源、动植物资源等。目前我国的资源税征税范围较窄，仅选择了部分级差收入差异较大，资源较为普遍，易于征收管理的矿产品和盐列为征税范围。随着我国经济的快速发展，对自然资源的合理利用和有效保护将越来越重要，因此，资源税的征税范围应逐步扩大。中国资源税目前的征税范围包括矿产品和盐两大类。

二是实行差别税额从量征收。我国现行资源税实行从量定额征收，一方面税收收入不受产品价格、成本和利润变化的影响，能够稳定财政收入；另一方面有利于促进资源开采企业降低成本，提高经济效率。同时，资源税按照“资源条件好、收入多的多征；资源条件差、收入少的少征”的原则，根据矿产资源等级分别确定不同的税额，以有效地调节资源级差收入。

三是实行源泉课征。不论采掘或生产单位是否属于独立核算，资源税均规定在采掘或生产地源泉控制征收，这样既照顾了采掘地的利益，又避免了税款的流失。这与其他税种由独立核算的单位统一缴纳不同。

资源税在经济生活中具有重要作用。一是调节资源级差收入，有利于企业在同一水平上公平竞争。二是加强资源管理，有利于促进企业合理开发和利用资源，避免资源破坏性使用。三是与其他税种配合，有利于发挥税收杠杆的整体功能。四是以国家矿产资源的开采和利用为对象所课征的税。开征资源税,旨在使自然资源条件优越的级差收入归国家所有,排除因资源优劣造成企业利润分配上的不合理状况。

6.4.2 资源税对经济增长的改进

我国的资源税主要是从20世纪80年代初,推行"利改税"政策后开始实施的。资源税征税范围包括:原油、天然气、煤炭、其他非金属矿原矿、黑色金属矿原矿、有色金属矿原矿、盐等7类。资源税纳税主体,包含在我国境内开采应税矿产品或者生产盐的单位和个人。资源税扣缴义务人,是指在某些情况下,可由收购未税矿产品的单位代为扣缴税款。资源税应纳税额的计算及减免,资源税计税依据在于为应税产品的课税数量。

资源税应纳税额的计算公式为:应纳税额=课税数量×单位税额。

资源税的税目、税额幅度表

税目	税额幅度
原油	8—30元/吨
天然气	2—15元/千立方米
煤炭	0.3—5元/吨或立方米
其他非金属矿原矿	2—30元/吨
黑色金属矿原矿	0.4—30元/吨
有色金属矿原矿	10—60元/吨
盐	2—10元/吨

从短期来看,资源税的征收对微观经济增长产生了直接的影响,直接增加了企业的生产成本。但从长期来看,资源的有限性,要求资源开发利用从节约出发,以资源税约束和规范企业在生产中使用资源的行为,从宏观层面改进了经济增长模型,有利于资源的合理利用和持续的经济增长。

第7章　节约型社会的治理机制

节约型社会的建设是一个社会系统工程,涉及社会的各个层面和经济生活的各个领域。节约型社会的治理,是一种在政府主导下,充分利用市场机制和经济政策调节机制,并由经济主体广泛参与合作的社会化治理机制。科学发展观为构建节约型社会治理机制提供了指导方针,市场化、法制化、制度化是节约型社会治理的基本途径。

7.1　节约型社会治理机制概述

7.1.1　节约型社会治理机制

节约型社会的建设和治理,作为一个社会系统工程,要求政府、市场、企业和公众都在其中扮演重要的角色,发挥不同作用。节约型社会的治理,是一种在政府主导下,充分利用市场机制和经济政策调节机制,并由经济主体广泛参与合作的社会化治理机制。

首先,节约型社会的治理很大程度上需要以政府为主导。生态环境与自然资源具有典型的公共物品属性,市场机制对公共物品的配置作用有限,需要依靠政府更多、更为积极的干预和管制。同时,节约型社会治理机制的建立和实施具有很强的公共性,并且需要从社会各个层面上展开,对国民经济的各个领域进行统筹,还需要协调各类经济主体和利益集团,这就决定了政府在节约型社会治理中的主导地位。政府制定和执行经济政策和法律法规,监控和管制市场行为,纠正市场失灵,减少外部不经济,提供公共产品,实施产权制度。政府以经济的、法律的和行政的手段约束经济主体的浪费资源与破坏生态环境的行为，引导和激励经济主体优化决策，使其行为符合节约型社会的标准。需要指出的是，在节约型社会中，政府本身也被纳入节约型治理对象范围中。在前文中已经提到，政府失灵是造成资源浪费的原因之一。此外，政府机构运行成本过高也造成了资源的大量浪费。因此，在节约型社会中政府发挥主导作用的一个前提条件就是，转变政府职能，提高政府管理能力，建立高效的节约型政府。

其次，节约型社会的治理不否定市场机制的作用。市场是资源交换和配置的场所，也是资源实现其价值的手段。经济主体通过市场交换获得经济利益，公平和有效的市场交易提供了资源分配和利益平衡的机制。稀缺资源需要在充分竞争的市场中得到合理定价和有效配置，从而避免浪费。市场的发育程度也为不断出现的新的交易需求创造条件，例如排污权交易是伴随着环境治理手段的市场化而出现的，这必须以相应市场的存在与完善为前提。我国建设节约型社会是在社会主义市场经济的背景下进行的，而市场经济体制的完善也为节约型社会的治理机制的建立和实施创造了有利条件。市场的有效运行是经济政策得以实现效果的必要条件，因为有效的市场为经济政策提供了传导机制。经济政策正是通过调控一系列市场中间变量，来实现对经济主体行为的引导和调节。

再次，企业和公众是节约型社会中的最广泛的经济主体。一方面，企业和公众接受政府经济政策和法律法规的调控制约；另一方面，企业和公众本身的节约与环保的自觉动机也将促进节约型社会的发展。节约型社会要求企业在生产过程中遵循节能降耗和环境保护的原则，在企业之间则形成节约型产业链和生态型工业园，促进资源的综合利用。此外，企业本身也是技术创新的主体。节约型社会也要求公众在消费过程中提倡绿色消费，减少消费的外部性。微观层面上的企业和公众是节约型社会治理的最直接对象。因此，节约型社会的建设和治理需要企业和公众的广泛参与，形成社会合作机制与反馈机制。在我国，企业和公众层面存在着巨大的节约空间。

节约型社会治理机制由经济政策、法律和相关制度安排构成。经济政策是政府依据其社会管理职能，通过经济杠杆对市场和经济主体行为进行调控的手段。经济政策分为宏观经济政策和微观经济政策。宏观经济政策的作用在于调节国民经济的总量平衡和经济发展趋势，在宏观经济层面上实现资源的最优配置。宏观经济政策通过各种传导机制影响微观个体，因此对微观领域也具有一定的调节作用。微观经济政策则直接作用于微观领域，直接影响微观个体的决策行为，调节微观变量。其目的在于纠正市场扭曲，使价格机制正常发挥作用，直接对浪费行为进行制约。

节约型社会是法治社会，社会管理要体现法治原则。因此，在建立节约型社会治理机制时不能忽视法制的作用。法律具有强制性和稳定性，体现着社会公共意志。把建设节约型社会的目标通过立法定性化，是对整个社会进行节约型治理的前提。在节约型社会的相关领域中，除了发挥经济政策的调节作用外，法律的引导与规制作用是必不可少的，它为经济政策制定与实施提供了制度化的条件和保障。与节约型社会治理直接相关的法律制度包括绿色产业法、绿色消费法和生态环境保护法等。

节约型社会治理机制需要一系列的制度安排，对具体的经济活动进行规范和约束。这一系列制度安排包括由长期交易方式确定下来并由政府立法认可的正式制度，也包括随着市场不断发展而萌发的非正式制度。这些制度对经济主体从激励与约束两个方向上起着作用。构建节约型社会的治理机制，还需要依靠制度变迁和制度创新。节约型社会的相关制度安排包括绿色产权制度、绿色经济核算制度、环境影响评估制度、生产者责任及消费者责任制度、宣传教育制度和公众参与制度等。

建立节约型社会的社会治理机制，既要充分利用市场机制的利益导向功能，又要充分发挥政府的宏观管理职能，将市场机制与政府调控、法律法规的制约督促相结合。这需要进一步发育和完善市场，矫正价格信号，同时完善法律、法规，转换政府职能，实现节约为本的激励相容。

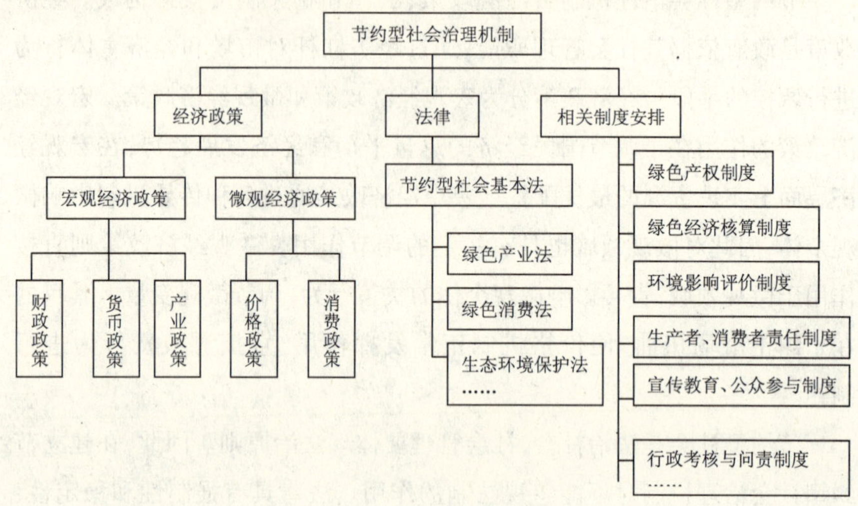

图 7—1 节约型社会治理机制

7.1.2 节约型社会治理机制运行原则

节约型社会治理机制的建立和运行,需要遵循以下几条原则:

(1)全面性原则。节约型社会的治理过程,既要在国民经济的微观层面进行,也要在宏观层面进行。同时,要从国民经济的各个领域中进行节约型治理,即在生产、交换、流通、消费等领域中施以相应治理手段。从经济主体角度来看,政府、企业、个人都应当成为被治理的对象。全面性原则还要求不存在治理的真空地带,凡是涉及资源与环境问题的领域,都应当有相应的政策或法规予以规范和制约。

(2)互补性原则。互补性有两层含义:第一,充分利用现有的政策、法规和制度,在实施新的治理手段时,应当配合已有的治理手段。各种治理方式在相对独立的同时,互为补充、互相配合。第二,互补性意味着各种政策手段、法律法规与相关制度相互协调,不产生相互抵触与相互矛盾的情况。

(3)激励与约束相结合原则。政策、法律与制度的作用方式有二:约束与激励。这两者从不同的方向影响经济主体的行为,约束和激励手段将改变经济变量,对经济主体的决策产生影响。对于与节约资源相违背的行为,应当进行制约;而对有利于节约型社会的行为则应当实施激励。激励与约束手段的意义还在于,使经济主体形成合理预期,主动选择有利于节约和环保的行为。只有约束手段与激励手段的配合使用,才能达到治理的最佳效果。

(4)经济性原则。在实施治理的过程也要体现节约原则,充分权衡各种政策手段的成本收益,即以最小的治理成本获得最大的治理收益,而不能占用和消耗过多的社会资源,物质成本和交易成本都力求最小化。要实现这一原则需要做到三点,一是要求各种治理手段本身是合理有效和节约资源的;二是要求治理者即政府是节约高效的,不存在政府失灵;三是治理措施的实施不会在其他领域产生扭曲效应或者使负效应最小化。

(5)公众参与原则。节约型社会治理具有较强的社会性,需要社会公众的广泛参与。公众的广泛参与有利于形成社会互动与反馈机制,从而能够及时反映治理手段的有效性和合理性。公众参与监督政府行为,有利于避免政策扭曲和政府失灵。公众的广泛参与也能够促进社会合作机制的形成,从而降低治理成本。

7.2　节约型社会的经济政策

7.2.1　财政政策

财政政策是国家对宏观经济运行进行调控的重要手段。公共财政政策,以社会公共利益为出发点,以满足社会公共利益需要为目的,提供公共产品,弥补市场失灵,纠正外部性。由于环境与自然资源具有公共物品属性,因此财政政策在作为调节国民经济总量平衡的宏观经济政策的同时,对保护资源环境也具有非常重要的意义。财政政策的主要政策手段包括财政收入政策和财政支出政策。在节约型社会治理过程中,财政收入政策通过税收手段,提高消耗资源和影响生态环境的经济行为的成本,以减少外部效应,达到节约资源和保护环境的目的;财政支出政策则通过国家预算、财政拨款和政府绿色采购,为节约型相关产业提供政策扶植、经济激励和资金保障。

第一,税收政策。

税收政策是政府实施财政政策,调节宏观经济运行的主要政策工具之一,也是国家财政收入的主要来源。同时,税收也是政府调控市场机制,弥补市场失灵的主要手段。按照福利经济学的理论,政府通过向产生外部效应的经济主体征税,使其私人成本与社会成本相一致,从而实现外部效应的内部化。税收的实质就是社会公共物品的价格,因此,税收体现了资源使用者付费的原则。税收对资源环境利用的调节作用表现在:(1)使经济主体承担占用和消耗资源环境的相应成本,对经济主体产生激励作用,促进对资源的合理开发和利用;(2)按照"谁污染,谁付费"的原则向污染排放者征税,抑制环境污染的产生;(3)调节稀缺资源的供需关系,使资源利用符合国家长远规划,促进资源永续利用;(4)具有倾向性的税收政策,可以调整产业结构,促进产业结构合理化,有效配置各种稀缺资源在国民经济各部门的配置,促进循环经济产业的发展;(5)通过税收优惠激励对资源环境有利的产品的生产和消费,通过加重税负限制对资源环境不利的产品的生产和消费。

长期以来,税收一直是西方发达国家治理资源环境问题的主要手段。目前,OECD国家通过税制绿色化,建立起了完善的绿色税收体系,充分利用税收的调节作用实现资源环境的有效配置和合理利用。所谓税制绿色化,是指将环境因素引入传统的税收体系中,同时将税收的征收和税负由对劳动力和利润的征收转移到对环境有污染的行为和产品中去,从而达到保护自然环境的目的。大体来说,西方国家的绿色税收主要包括三类:一是针对企业排放污染物和废弃物征收的税;二是对大量消耗资源行为征收的税;三是对城市环境和居住环境造成污染行为征收的税。①各国的实践证明,税收适于推广,且具有稳定的筹资功能,为进一步实施其他

① 张扬等. 循环经济概论[M]. 长沙:湖南人民出版社,2005:335—336.

治理手段以及国家扶植节约环保产业和循环经济产业提供了资金保障。

国家的税收政策体现了政府的施政目标，也反映了国家调节社会长远利益的取向。因此，为顺应我国建设节约型社会的长远战略规划，应当完善我国的税收体制，建立绿色税收制度，充分发挥税收政策的治理作用。我国现行税制中，部分税收在促进资源节约和综合利用以及治理生态环境问题方面有所作用，资源税、消费税、企业所得税等都有一些相应的政策规定。然而，我国目前的税收体制尚不完善，税收手段单一，难以直接表达政府保护资源环境和促进资源合理利用的价值取向，总体上仍然难以适应作为节约型社会治理手段的要求。对此，应当从以下方面完善税收政策，建立绿色税收制度。

一是开征多种税收，完善绿色税收体系。

(1)环境税。环境税是依据"谁污染，谁负责"的原则，根据经济行为对环境的不利影响而征收的税。自20世纪70年代以来，环境税逐步成为一些发达国家环境保护的一项重要措施。我国目前尚未形成完善的环境税收制度。长期以来，我国是以排污费代替环境税，作为治理环境问题的主要手段。虽然，收费制度在环保方面起到了一定的作用，但由于收费的强制性、规范性和稳定性不如税收，并且排污费的涉及范围较小，因此其政策效应有限。对此，应借鉴发达国家依靠环境税收政策治理环境的经验，开征环境税，细分污染种类，有针对性地根据各类污染对环境的不利影响程度确定税收标准；逐步扩大征税范围，对直接和间接造成环境影响的污染排放、废弃物等开征环境税。不仅应对生产领域的污染课税，也应对消费领域中产生的对环境的不利影响向行为人课税。

(2)资源税。资源税是以各种国有自然资源为课税对象，向自然资源开发使用者征收的一种税种。就我国目前资源税征收情况来看，主要是选择一些开采利用价值较高、级差收益较大、税基比较广泛、税源相对集中的大宗自然资源。①我国现行资源税征收的主要目的在于调节资源级差收益，而不是直接作为保护资源和促进资源合理开发利用的政策手

① 胡怡健．税收学[M]．上海：上海财经大学出版社，2003：373.

段。此外，目前资源税仍然只属于矿藏资源占用税性质，仅对石油、天然气和矿产品等征税，而没有将更多的稀缺性自然资源列入征税范围，因此税收对自然资源的保护作用有限。有相当部分的自然资源处于无偿或低价使用状态，资源的开发利用的成本难以反映其稀缺性和真实经济价值，不仅造成资源掠夺性开采，也造成资源后续产品比价不合理。对此，应当根据开采有偿的原则，扩大对自然资源的征税范围，将土地资源、水资源、森林草原资源、动植物资源、海洋资源等列入资源税范围。根据稀缺程度和环境影响程度的不同，实行差别税率和累进税率。对非再生性、非替代性资源实行高税率。

(3)消费税。由于消费过程也存在着一定程度的外部性问题，因此有必要针对一些产生较大外部效应的消费行为和消费品开征消费税。消费税的作用在于引导社会消费合理化，调整消费结构，促进社会消费有利于资源节约和环境保护。消费税体现了消费者责任的原则。为了发挥消费税促进节约环保的效应，应进一步扩大消费税的开征范围。其一，应对资源密集型产品和一次性产品征税，以抑制对这类产品的消费，或刺激替代产品的开发；其二，应对大量产生废弃物(包括产品本身的废弃和包装物)的产品征税，税收收入则作为处理废弃物的稳定的资金来源；其三，应开征奢侈品消费税，抑制奢侈消费的风气，引导消费理性化。

二是实行税收优惠，发挥税收的激励作用。通过税收优惠，鼓励各种有利于资源节约、环境保护的行为；鼓励企业提高资源综合利用程度，提高相关技术的研发和应用的积极性。通过税收政策的倾斜，扶植相关节约环保产业和循环经济产业的发展。对符合节约环保要求的企业给予所得税优惠，企业购置的节约环保设备，可提供加速折旧等优惠，给予相关投资以税前还贷优惠等。同时，对于落后技术以及不符合节约环保要求的产业应加重税收。取消资源密集型产品和非环境友好型产品的出口退税。通过税收政策的差别，促进产业结构的优化。

三是建立税收与支出直接联系机制。税收作为财政收入来源，可以起到稳定持续的筹资作用。因此，绿色税收收入可作为治理资源环境问题以及扶植相关产业、促进相关技术开发的政府支出的资金来源。应当建立相应账户,使绿色税收与相关政府支出直接联系,实现税收政策的双重效应。

第二,财政预算与财政支出政策。

财政预算是财政政策的另一主要手段。财政预算是政府的基本财政收支计划,能够全面反映国家财力规模和平衡状况,决定了政府投资性支出的规模和结构。财政投资性支出主要运用于基础产业、基础设施的建设,投资的方向和规模直接影响和制约了国民经济的部门结构,是政府调整国民经济产业结构的重要手段。财政预算具有规划未来经济结构的功能,对当前结构失衡状态具有矫正作用。改革开放以来,财政预算已经成为政府最重要的施政工具之一。通过预算,政府集中了相当于GDP20%—25%的资金。①财政预算是财政支出的资金来源。通过为政府支持的项目提供资金,将资金优先配置于政策重点和战略优先领域,财政预算体现了政府的政策倾向性和社会战略导向。在建设节约型社会中,应充分利用财政预算的作用,将财政资源向相关产业配置,增加投资性支出,加强循环经济配套设施建设,促进循环经济发展。此外,应进一步加强财政预算管理制度。加强地方政府的预算管理,防止地方政府的盲目投资扩张、形象工程和政绩工程,以及其他滥用稀缺资源、引发经济过热的行为。应加强各级政府预算与中央建设节约型社会战略的联结,对此应完善相关制度安排与实施机制,包括:加强预算的完整性以及对地方政府预算规划的审查,建立预算听证制度、调查反馈制度以及专家评议制度,建立绩效评价指标等。

第三,政府绿色采购政策。

政府采购政策是政府消费性财政支出的主要方式,是国家管理直接支出的基本手段。随着政府采购规模的扩大,国家作为市场最大的"消费者",足以影响消费市场,政府采购政策成为调节消费市场的有力手段。

① 王雍君. 循环经济、政府预算与公共规划[A]. 王雍军等. 循环经济论集[M]. 北京:经济科学出版社,2006:50.

政府通过实行绿色采购政策,优先购买符合节约环保标准的产品或者循环利用资源的产品,促进企业更多地生产符合节约环保要求的产品。同时,政府的绿色采购行为发挥了表率作用,对整个社会起到了积极的示范效应,将引导社会消费绿色化。一些发达国家已将政府绿色采购政策作为推动循环经济发展的主要手段。美国几乎所有的州均有对使用再生材料产品实行政府优先购买的相关政策和法规。日本于2000年实施了《绿色采购法》,以法律保障绿色采购政策的实施。我国在2003年实施《政府采购法》以来,政府采购规模正在扩大,政府已具备运用采购政策影响市场的能力,积极推行政府绿色采购,将在建设节约型社会中发挥重要作用。目前,我国政府正在积极推行政府绿色采购政策。2006年11月22日,财政部和环保总局联合发布《环境标志产品政府采购实施意见》和首批《环境标志产品政府采购清单》,标志着我国政府开始实施绿色采购制度。截至2006年,我国节能产品清单涉及18类23种、266家企业生产的近4770个型号的产品。①但是,从发展节约型社会的角度来看,产品范围还不够广泛,应当逐步扩大节能环保产品、绿色产品、废弃物再循环产品的清单范围,并及时审查、调整和更新。同时,应完善绿色采购法制,并加强与政府绿色采购政策相关的制度建设,包括:政府采购责任制度、绿色认证制度、绿色采购产品目录管理制度等。

7.2.2 货币政策

货币政策,是指货币当局(主要是中央银行)为实现其预定的宏观经济目标,对货币供给、银行信用及市场利率实施调节和控制的具体措施。②货币政策是现代市场经济国家最主要和最常用的宏观经济政策之一,它通过金融系统和金融市场调节国民经济中的货币供应量,影响投资等经济活动,从而实现一定的政策目标。货币政策的目标一般可以归结

---

① 数据来源:中国节能节水环保认证网 http://www.cecp.org.cn/shownews.asp?newsid=697.

② 戴国强.货币银行学[M].上海:上海财经大学出版社,2001:276.

为稳定物价、充分就业、经济增长和国家收支平衡。货币政策的主要工具可分为一般性政策工具和选择性政策工具。前者是最常用的货币政策工具,包括法定存款准备金率、再贴现率和公开市场操作,由于我国目前尚未实行利率市场化,因此存贷款利率仍然是重要的政策工具之一。后者是随着中央银行宏观调控的重要性加强,货币政策工具日趋多元化而出现的新措施,包括直接信用控制(规定利率限额和信用配额及信用条件、规定流动性比例等)和间接信用指导(道义劝告、窗口指导等)。货币政策不仅是调节宏观经济稳定运行的重要手段,对资源环境也有一定的影响,因此也是节约型社会治理不可忽视的政策工具。

利率和贴现率是货币政策的调控变量之一,通过对利率的调节实现对资金成本与流动性的调节,从而影响社会的投资与消费比例。实际上,资源的微观配置对利率的变动具有一定的敏感性。利率能够影响人们对资产的时间偏好和对未来期望收益的评价,通过改变利率能够改变资产的持有或消费决策。对于自然资源也是如此。根据环境与自然资源经济学的理论,利率影响了人们对未来的预期,利率越高,与之相应的贴现率也越高,意味着当前消费的收益越大,未来利益被打折扣。资源的当前消费价值远大于未来价值,人们将更偏好当前消费。这就鼓励人们着眼于短期利益,而忽视可持续发展的长期利益,不利于对资源的保护和可持续利用。事实也证明了这一点。巴西政府制定了高利率,使得农民愿意选择初始阶段高回报率的耕作方式,但该方式导致土地生产力的不断下降。①而低利率将使人们更看重资源的未来收益,使其总产出净效益达到最高,从而减少当前消费,避免过度开发。利率是人们选择贴现率的依据,在此贴现率是一个从动态和国民经济全局的角度评价投资项目经济收益的重要参数。贴现率的高低决定了代际利益分配结构,较高的贴现率意味着当代人利益所占份额较大,较低的贴现率则留给后代更大的利益份额。适当的利率和贴现率不仅应由政府根据当前投资收益水平、资

① 曹洪军、赵芳. 宏观经济政策对资源环境保护的十大影响[J]. 环境科学研究,2006,(5).

金机会成本和资金供求关系等因素来制定，同时也应考虑到人造资产和环境资产可持续发展和增长的潜力。①因此，从长期来看，节约型社会的利率政策应当体现社会在时间上的选择，从可持续的角度出发选择较低的利率。

货币政策调节资金的供求关系，影响资金成本，对社会投资决策产生影响。过度投资对于宏观经济的平稳运行和国民经济各部门的健康发展都会产生严重的不利影响。过度投资导致了产能过剩，引发经济过热。目前，我国经济处于过热的风险中，自2005年以来产能过剩的问题在一些对国民经济有重要影响的行业中显现，在钢铁、水泥、汽车、纺织、化工、电力等重要的工业行业中普遍存在。盲目地扩大投资、低水平产能扩张，不仅消耗了大量的资源，导致产能过剩，而且其中长期的后果将是产品供给过剩，这是造成资源浪费的直接因素。例如，宽松的银行信贷和较低的资金成本，鼓励房地产投资规模扩大直至投资过度，加上房地产的投机性交易，助长了建设的盲目性。这不仅大量占用了土地资源，也消耗了其他人力物力，而房屋空置率大幅增加，对资源是极大的浪费。对此，政府应采取紧缩性货币政策，提高资金成本和控制信贷额度，以抑制盲目扩张和过度投资，防止产能过剩。从这一角度而言，货币政策通过调控社会投资，也发挥着防止资源浪费的作用。

通过直接提高利率或通过其他紧缩性货币政策来防止产能过剩，与低利率的促进资源节约的货币政策看似矛盾，但实际上，两者的作用都是不可忽视的。前者的政策目标针对的是短期不平衡，防止过热，而从长期来看，则应当采取低利率来鼓励对自然资源的保护，优化代际配置。货币政策另一个作用还在于，与财政政策配合使用，以减少挤出效应，防止单一政策的副作用。

---

① 马中．环境与资源经济学概论(第4版)[M]．北京：高等教育出版社，2002：90—91.

7.2.3 产业政策

产业政策是指一国政府为了促进本国的经济发展,根据产业发展规律的客观要求,综合运用经济手段、法律手段以及必要的行政手段,调整产业关系,维护产业运行,促进产业发展,达到对社会资源的最优配置,重新调整产业经济活动的一种政策导向。①产业政策是政府干预资源长期性配置的政策,政府通过产业政策实现对国民经济各部门发展的调和,规划不同产业在国民经济中的比重,引导产业结构合理化,提高产业技术水平,通过资源配置倾向实现重点产业的优先发展,促进经济增长。产业政策决定了生产要素在不同产业部门之间的配置方式和配置效率,很大程度上决定了一国的经济发展路径和增长方式,这对资源利用产生了很大影响。因此,调整产业政策,转变经济增长方式,提高产业素质,从而实现集约化增长,将是建设节约型社会过程中相当重要的一个环节。产业政策应当以促进国民经济的可持续发展为目标,不仅涉及产业结构演进过程中产业之间比例关系的可持续,还涉及产业发展与生态、环境之间的可持续。针对我国目前产业发展现状以及节约型社会治理目标的要求,产业政策的调整应当以以下三方面内容作为重点:

首先,调整产业结构政策,协调三次产业占国民经济的比重。我国目前经济发展中的资源环境问题,很大程度上是由于三次产业发展不均衡所导致的。第二产业比重过大,技术水平落后,成为资源过度消耗和环境污染的主因。第三产业发展缓慢,难以促进其他产业的专业化分工和技术创新,影响经济效率。世界各国三次产业结构演进的大致趋势是:第一产业的产值份额和劳动力份额呈现出不断减少的趋势;第二产业的产值份额和劳动力份额先是很快上升,然后上升缓慢或趋于稳定;第三产业无论是产值份额还是劳动力份额都一直上升。②按照这一产业发展的"标准模式",针对我国现状,应当在工业部门取得一定发展的基础上,加快第三

① 刘吉发. 产业政策学[M]. 北京:经济管理出版社,2004:3.

② 洪银兴. 可持续发展经济学[M]. 北京:商务印书馆,2000:207.

产业的发展,建立社会服务体系。加快发展服务业,尤其是生产性服务业,有助于实现经济增长方式的转变,促进其他产业的发展和整体产业结构的协调。

其次,加强产业技术政策,提高工业技术水平。资源利用效率的提高,污染的防治都需要相应的技术支持。经济增长方式由粗放向集约的转变,需要依靠全要素生产率的提高,即必须以技术进步推动增长方式的转变。从发达国家工业产业内部结构的演进规律来看,工业结构高度化过程呈现出从劳动密集型为主到资金密集型为主,再到技术密集型为主的演进趋势。因此,应通过政策扶植与政策激励,鼓励企业应用先进技术,促进科研与生产相结合,推进新能源与新材料的开发与应用,推广节能环保技术,更新工业技术装备。同时,提高产业技术含量,使其由低附加值向高附加值转变。

再次,合理安排产业布局。大力发展循环经济的工业模式,建设生态工业园,发挥相关产业内企业之间资源利用上的互补性。在这一方面,可以借鉴国外的成功经验,将一些废弃物循环利用方面具有关联的企业在地域上进行集约化布局,形成循环经济工业园区。通过组织生态工业链,把不同的经济组织联结起来,形成共享资源和互换副产品的产业共生组合,使一家企业的"三废"成为另一家企业的原料和能源。这将大大提高废弃物的循环利用,提高资源重复利用率,也能够减少污染的直接排放。集约化布局,也将提高土地资源的利用率。此外,应当因地制宜,充分发挥地区比较优势,加强区域经济协作,实现区域的协调发展,遏制地区和行业内的盲目投资和低水平重复建设。

最后,积极推动产业创新,发展环保产业。OECD 对环保产业的定义有狭义与广义两种。狭义的环保产业,是在污染控制与减排,污染清理及废弃物处理等方面提供设备与服务的企业集合;广义的环保产业,不仅包括能够在测量、防止、限制与克服环境破坏方面生产与提供有关产品与服务的企业,还包括能使污染排放和原材料消耗最小量化的洁净技术与产品。环保产业是一个与节约型社会发展相适应的新兴产业,其涵盖的产业门类多，涉及市场范围广，将促进节约型社会中各产业以可持续的和节约环保的方式运行。针对我国目前现状，发展环保产业主要应从以下三方面展开：一是环保技术与装备、环保材料行业，主要包括城市垃圾资源化利用与处理处置技术和装备，工业固体废物处置技术与装备，工业废水处理及循环利用工艺技术，节水技术与装备，以污染预防为主的清洁生产技术与装备，资源综合利用技术与装备，生态环境保护技术及其监测设备等；二是资源综合利用行业，主要包括“三废”综合利用，废旧物资回收利用等；三是环境服务行业，主要包括环境咨询、信息和技术服务，环境工程以及污染防治设施运营服务等。①

此外，产业政策的实施，很大程度上需要依靠财政政策和货币政策的具体操作，只有与财政政策、货币政策配合使用，才能发挥其最大效用。

7.2.4 价格政策

在市场经济条件下，生产要素是通过市场来配置的。价格是一种市场调节手段，在资源市场化配置的过程中发挥了最主要的作用。价格向经济主体传递信息，提供激励，使市场自发达到资源供给与需求的均衡状态。使价格充分发挥资源优化配置的作用，其前提必须是价格能够真实反映资源的经济价值及其稀缺程度。在资源合理定价的前提下，生产者的利润最大化原则将促使其自觉选择最有利于节约资源的生产方法，消费者也能合理衡量资源及资源产品的使用价值与其消费成本之间的关系，从而避免浪费。合理的资源价格将比单纯的技术方式更有助于管理资源供求。反之，不合理的资源价格或是刺激过度利用，或是抑制正常消费。随着我国市场经济体制的日益完善，市场配置资源的方式逐步确立，大多数商品已经完全通过市场定价。然而，我国自然资源及环境资源长期处于廉价使用甚至无偿使用的状态中，价格难以反映资源的稀缺程度，扭曲了资源配置，是资源可持续利用的巨大障碍。建设节约型社会，政府

---

① 刘国涛．节约型社会建设中的绿色产业与绿色产业法[M]．北京：中国法制出版社，2005.

应当在确保最大程度地发挥市场在资源配置中的基础性作用的同时,通过指导性价格政策,完善资源价格和环境价格的形成机制,充分发挥价格的杠杆作用。此外,政府的价格政策除了指导市场形成合理的定价机制外,在出现市场失灵时也应当发挥积极作用。

资源的合理定价,应当使价格反映资源的供求状况和稀缺程度,资源价格应当既包含直接成本、使用成本,也应将开采和使用资源产生的外部成本(如环境污染及生态退化)包括在内。此外,资源定价应以资源开发、利用到回收再利用以及无害化处理的整个生命周期的成本为依据。通常,根据不同资源的属性,可采用的资源的定价方法包括:(1)影子价格法,即资源最佳使用或最劣等条件下获取时的价格;(2)机会成本法,即最优用途时的价格;(3)替代价格法,即可替代资源开采费用或使资源再生所需费用;(4)市场定价法,即主要通过市场供求关系确定均衡价格。广义的价格政策,还包括税费等手段,如排污费和环境税等,其实质是从生产者成本角度上为环境定价。针对我国目前资源定价问题,在自然资源及环境资源尚不能完全依靠市场形成定价机制的条件下,政府应当从以下几方面制定相应价格政策,利用价格杠杆有效配置资源:

第一,逐步提高资源定价,改变资源廉价使用和无偿使用的现状,取消资源限价。资源价格的提高,不仅能减少资源的消耗,也有助于促进技术进步,生产者会重新衡量生产成本,提高资源利用效率的愿望将促进新技术的开发应用以及对替代资源的发明。取消资源限价,不仅能使资源价格随着其稀缺程度的提高而提高,资源价格的上升空间也是资源供应商采取保护性开采措施的动力,价格上限较低将导致资源在早期就被消耗殆尽。

第二,采取级差定价。这一定价方式是对资源消费采取配额供应,超过部分则收取高价,这样可以在确保基本的资源消费需要的同时,抑制过度消费。就目前而言,可以在城市用水、用电方面采取级差定价方式。

第三,建立上下游资源产品之间的价格联动机制,确定替代资源之间的合理比价关系。前者可在整个产业链的不同环节上均以价格来约束资源的消耗,促进资源的合理利用和高效利用,最后资源成本将随着联动的价格通过最终消费品传导至消费者,促进消费领域中的节约。后者能够影响经济主体决策,实现不同资源的最佳配置比例。

第四,为环境定价。即将资源开采所导致的生态退化或生产过程中产生的污染作为一种成本,纳入企业生产成本核算中,在资源或最终产品的价格上予以反映。其实质在于将资源开采和利用的外部成本纳入定价范围,从而使外部效应内部化。

第五,对节能环保型产品给予价格补贴,使其以更低的价格推向市场,鼓励消费者购买。这类产品可包括资源再生产品、节能产品、绿色产品等。由于这类产品与其他同类传统产品相比,具有较高技术含量,而生产成本较高,从而其较高的价格难以为消费者所接受。很多情况下,回收再生产品其成本甚至高于一次产品,使得企业失去生产这类产品的动力。因此,通过政府价格补贴,一方面促进了这类资源再循环产品和节能环保型产品生产企业的积极性,另一方面也促进了社会对这类产品的认可,形成绿色消费的市场环境。

7.2.5　消费政策

建立节约型社会的经济政策体系,不仅要从生产领域入手,还要着重考虑消费领域。由于我国巨大的消费市场和消费群体,使得消费领域成为资源消耗的最主要因素,同时也具有节约的巨大潜力。然而,由于社会消费主体相比于生产主体更为广泛,数量更多,更为复杂,决策更为分散,因此造成了消费政策具体实施方面的障碍。对此,应当综合应用多种治理手段,以引导和调整为主,以约束和规制为辅,着重创建良好的社会消费氛围和消费观念。合理的消费政策将引导社会全面发挥节约潜能,取得相当可观的节约效应。消费政策体现在各种相关经济政策和制度安排中,运用价格手段、税收手段,发挥媒体舆论、宣传教育以及政府引导的作用,其目的在于控制消费数量,调整社会消费结构,抑制超前消费、奢侈消费,避免消费领域中的不合理行为,减少消费过程中的负外部性,提倡符合国情和经济发展水平的适度消费和可持续消费，提倡绿色环保和理性节约的消费观念，使整个社会的消费模式趋于理性化，建立符合节约型社会标准的消费模式。消费政策不仅直接从消费领域入手产生调节和引导效应，而且可通过对社会消费方式和消费结构的调整影响到生产领域，促使生产者在产品研发、生产、营销、售后服务及回收方面充分考虑资源环境影响。节约型社会的消费政策，其重点首先在于建立整个社会的绿色消费体系，使社会消费围绕绿色概念展开。绿色消费具有三层含义：一是消费未被污染或者有助于公众健康的绿色产品；二是注重对消费废物的处置，不造成环境污染；三是转变消费观念，注重节约资源和能源，保护环境，改变对环境不友好的消费方式。①绿色消费应当成为节约型社会的基本消费模式和社会消费的主导理念。其次，消费政策应当着重调节消费结构，通过结构调整促进资源消耗数量的减少，并使消费结构随着经济发展由低水平向高水平转变。具体而言，应当减少自然资本密集型消费，转向更多的服务型消费与功能型消费。提倡生态功能性消费方式。实现由单一的物质消费向多元的文化消费转变。再次，创新消费模式。例如，生态型服务消费（eco－efficient service）是一种全新的消费模式，它强调在不损害满足程度的前提下，通过服务来补充、替代产品对人们需要的满足，以减少原材料和能源的消耗，促进生态的良性发展。生态型服务可分为三类：一是产品服务，即通过对已出售的产品提供附加的服务，以达到延长产品使用寿命的目的；二是使用服务，即企业不再通过出售产品实体，而只出售产品使用权而形成的服务；三是结果服务，即企业不向消费者出售产品，消费者不购买、拥有，也不使用产品，而通过企业提供服务，确保消费者达到满足需要的结果。②这种以服务代替直接商品的消费模式以直接满足效用为目的，能够在减少消费数量的同时也减少消费负外

---

① 中国科学院可持续发展战略研究组．2006 中国可持续发展报告——建设资源节约型和环境友好型社会[M]．北京：科学出版社，2006：179.

② 李伍荣、文启湘．生态型服务消费：资源节约型消费模式的重要内容[J]．消费经济，2006，(12).

部性。消费模式的创新不仅带动社会消费结构向高层次发展，提高生活质量，也创造了新的经济增长点。对此，政府应当制定政策，给予创新模式以制度保障，创造激励消费模式创新的经济环境。

7.3　节约型社会的法制保障

7.3.1　我国相关立法现状

通过将国家层面的节约型社会战略决策上升为基本法，通过引导性法规和强制性法规共同发挥作用，为国民经济各个领域确定以节约环保为核心的行为准则，这是实现节约型社会法治化治理的必要前提。法律是各种制度中约束力最强的制度，在传统不可持续的经济发展方式、非节约型生产和消费方式仍然占据主导地位的背景下，法律因其自身所固有的规范性和强制性的特点，很适合用来作为节约型社会之观念表达、价值判断和行为准则的工具。通过民主立法程序确定的法律制度，表达了整个社会的利益重心和价值取向，能够确保社会决策始终与社会的整体利益和长远利益保持一致。法律不仅为政策和其他相关制度的实施提供必要保障，也促进了社会良好行为规范的形成，为社会提供了稳定的价值评价标准，有利于国民节约观念的形成。完善的法律制度还为不同的社会利益群体提供了利益平衡与协调机制，这能够使得节约型社会的建设与治理过程始终体现和谐。由于法律具有长期相对稳定性，能够实现代际利益平衡和代际公平，从而促进经济、资源与环境的可持续发展。先进的经济模式和社会制度要由先进的立法来确认和规范。节约型社会的建立和治理的过程，除了需要依靠经济政策的杠杆作用，也需要法律制度的规范、引导和保障。

我国目前尚没有真正定位于节约型社会的立法，相关法律、法规主要集中于治理环境问题，兼而提出节约资源的要求。我国资源、环境管理领域的立法起步较早，积累了一定的经验，但立法主要集中在治理环境污染方面，较大程度上仍保留着环境法的单一思路。早在1973年第一次全国环境保护工作会议上，原国家计划委员会拟订的《关于保护和改善环境的若干规定》中就提出努力改革生产工艺，不生产或者少生产废气、废水、废渣；加强管理，消除跑、冒、滴、漏等要求。1985 年，国务院又批转了原国家经济委员会起草的《关于加强资源综合利用的若干规定》，该规定对企业开展资源综合利用规定了一系列的优惠政策和措施，并附有相关的产品和物资的具体名录，有力地促进了我国资源综合利用工作的开展。①目前我国有关环境的污染方面的立法有 5 部、资源方面有 3 部，与可持续发展相关的法律有 11 部。②其中，1989 年的《环境保护法》、2002 年通过实施的《清洁生产促进法》和 2004 年修订的《固体废物污染环境防治法》，是作为加强环境治理、自然资源管理、引导节约型社会建设和发展循环经济的较有代表性的法律。《清洁生产促进法》是我国第一部以提高资源利用效率、实施污染预防为主要内容，专门规范企业等清洁生产的法律。该法也是世界上第一部冠以“清洁生产”的法律，体现了较为先进的立法理念。其涉及面广泛，包括了国民经济的三大产业。该法的颁布实施，是我国以法制化、规范化发展循环经济、建设节约型社会的开端。《固体废物污染环境防治法》最早于 1995 年颁布，于 2004 年进行了修订，其修订是在循环经济蓬勃发展的背景下进行的。因此，该部法律是现行所有环境立法中对循环经济的发展最为有利、最为积极的立法。该法体现了四大要求：第一，强化废物的减量化、资源化和再利用，对资源回收利用具有明确的要求，鼓励对固体废物的充分回收和合理利用；第二，明确鼓励转变生产方式和生活方式，鼓励绿色采购、抑制过度包装等；第三，不仅要求在生产和消费中减少废物的排放，而且要求在资源的开采过程中减少废物的排放；第四，将减少废物的要求从工业生产延伸到农业和城市。早在 1997 年，全国人大通过的《节约能源法》，就是一部直接以节约为目标的法律。该法规定，国家通过采用技术上可行，经济上合理以及环境和社会可以承受的措施，加强对各种资源的用能管理，以减少能源生产到消费各

① 冯之浚．循环经济导论［M］．北京：人民出版社，2004：389.

② 杨燕云．法治视野中的循环经济构建［J］．特区经济，2006，(5).

个环节中的损失和浪费，更加有效、合理地利用能源。但由于该法过于原则性的规定以及没有颁布配套的实施细则，再加上缺乏具体的执法机关，其作用相当有限。①另一方面，在我国颁布的一系列自然资源管理法律法规中也体现了节约资源、保护生态以及可持续发展的思路。其中具有代表性的是2002年10月颁布实施的新水法。新水法把节约用水、提高用水效率放在突出位置，按照总量控制与定额管理相结合的原则，以实施取水许可制度和水资源有偿使用制度为重点加强用水管理；加强水资源的宏观管理，明确了水资源规划的法律地位，规定了一系列加强水资源配置管理的法律制度；重视水资源与人口、经济发展和生态环境的关系协调，重视了在水资源开发、利用中对生态环境的保护。②新水法所涉及的领域不仅局限于资源的开发利用，也扩展到了对生态环境的管理，并兼顾了法律的代际协调能力。

经过多年在资源环境领域的立法实践，我国法律界已积累了一定的经验。然而，就我国目前的相关法制建设而言，仍然存在较多缺陷，是完善节约型社会法制建设的主要障碍。这主要表现在：第一，缺少一部统一的节约型社会基本法。目前与节约资源有关的法律规范都散落于各类资源环境管理法律中，没有一部从宏观角度来定义、规范节约型社会各个领域的法律，缺乏对节约型社会之法治的原则性规定，无法将节约型社会的战略规划提升到法律的层面。此外，其他现行相关法律位阶较低，相互之间也缺乏统筹兼顾。第二，立法过于原则化、简单化，没有相应的配套实施细则，缺乏可操作性。第三，指导性规范、号召性条款较多，而强制性规范、禁止性规定较少，没有充分发挥法律的强制力，从而法制约束软化，执法难以到位。第四，缺乏有效的激励和惩罚机制。第五，新旧法律之间存在矛盾，缺乏协调与衔接。这是由于该领域现行法律是分别于不同时期颁布，所体现的对资源环境问题的认识程度不同，从而使得立法理念与思路存在差异。例如1989年的《环境保护法》由于仍然以末端治理为主要

---

① 李艳芳．系统化建构中的循环经济立法[J]．中国人民大学学报，2006，(3)．

② 王亚华．水权解释[M]．上海：上海三联书店，2005：9．

思路,与《清洁生产促进法》中的有关法律条款存在矛盾与冲突之处。

7.3.2 发达国家相关立法经验

西方发达国家的循环经济起步较早,法律制度的不断完善是推动其循环经济模式健康发展的保障。其中,德国和日本的循环经济立法具有代表性,值得我国在建设节约型社会中予以借鉴。德国是世界上最早开展循环经济立法的国家,它首先在具体领域立法,然后颁布系统的综合性基本法,从而完善整个循环经济法制体系。德国最初于20世纪70年代颁布了一系列与环境保护相关的法律法规,1985年规范了垃圾分类,1991年的《商品法》中扩大了企业的产品责任,明确了生产者延伸责任的原则,1996年颁布了《循环经济和废物管理法》,是世界上第一部循环经济基本法。据统计,德国目前约有8000部联邦和州环境法律、法规,加上欧盟的400个环境法规,形成了庞大的体系。①日本是世界上循环经济立法最为完善的国家,为循环型社会建设提供了全面法律保障和引导。其立法过程是由基本法向具体领域立法推进,可分为三个层面:第一层面为基础层,其法律为具有循环型社会基本法地位的《循环型社会形成推进基本法》;第二层面是综合性法律,有《废弃物处理法》和《促进资源有效利用法》;第三层面是根据各种产品的性质制定的法律法规,包括《容器包装再利用法》、《食品再利用法》、《汽车再利用法》、《废物处理法》、《建筑再利用法》、《再生资源利用促进法》、《绿色采购法》。《循环型社会形成推进基本法》为循环型社会提供了基本的法律框架,并指导了其他与资源循环和综合利用相关的法律法规,具有循环经济宪法的性质。该法的基本点是:第一,提出"循环型社会"的概念;第二,把废弃物定义为"循环资源",促进资源循环利用;第三,把经济活动划分为生产阶段、消费阶段、处理阶段,规定在各个阶段上的优先顺序为:在生产阶段上抑制废弃物的产生,在消费阶段上再利用,在处理阶段上是资源回收及最后适当处理;第四,明确规定了国家、地方政府、企业和国民的义务与责任;第五,规定政

① 张扬. 循环经济概论[M]. 长沙:湖南人民出版社,2005:369.

府制定《循环型社会形成推进基本计划》,国家其他有关计划应该按该基本计划来决定,并每隔五年随实际情况修订。①日本虽然循环经济发展起步较晚,但其完善的法律体系,推动了循环型社会的全面快速发展。

7.3.3　节约型社会的法律体系构建

发达国家在发展循环经济的过程中积累了丰富的立法经验,其立法与发展循环经济的经验说明,完善的法律制度是发展一种经济模式最重要的因素之一。为了使我国节约型社会体制更加完善,节约型社会的社会治理更为有效,就必须以完善我国节约型社会法律体系为前提。我国目前法律体系中已有了一些与节约型社会相关的法律,但总体而言,目前的法律体系尚不能与建设节约型社会的远大战略相配合。建立节约型社会的法律体系,应从基本法立法、完善专门立法及相关配套规定的实施、加强司法与执法等方面入手。

第一,应当明确节约型社会法制的基本原则。这些原则应当包括:(1)民主,即环境与自然资源分配利用之社会决策上的民主,决策应体现整个社会的整体利益及长远利益,同时,对这一过程中利益受损的社会群体给予必要补偿;(2)公平,即维护资源配置的代内公平,着重关注代际公平,法制应提供社会利益平衡机制;(3)环境正义,人人都应平等地拥有享受良好生态环境及为此申诉和获得法律保护的权利;(4)效率,资源配置和生态保护的过程应体现效率,同时法律制度应促成经济制度更为有效地运行。

第二,应当制定一部统领整个节约型社会法律体系的综合性基本法——《节约型社会基本法》。基本法规定节约型社会的基本方针、指导思想、战略目标、基本原则、总体法律制度和法律责任。在基本法中,应该体现资源综合开发、循环利用、节约资源、保护生态环境、转变增长方式等基本原则,把实现可持续发展作为总体目标。基本法中应当明确社会经济主体在建设节约型社会与社会治理过程中的不同作用、参与方式及各

① 唐荣智、于杨曜. 循环经济立法比较研究[J]. 杭州商学院学报,2002,(5).

自的权利、义务。基本法要发挥对整个节约型社会法律体系的协调作用，明确基本法的法律地位，是统领其他专门领域的最高法律，具有节约型社会法制领域的宪法性质。

第三，根据具体领域的不同情况，有针对性地进行专门立法。其内容应当全面覆盖整个国民经济活动的所有环节，涉及各类资源的开发与利用、废弃物的减排及其回收和再利用、污染预防及全过程治理和生态环境的保护、促进工业生态化、发展绿色经济等领域，使各个领域都有法律进行引导和规范，在社会经济生活中全面体现节约资源的理念，形成节约的社会化趋势。同时，由于我国地区之间资源禀赋与经济发展水平的差异，应当因地制宜，根据各地特点实施符合当地实际情况的地区性法律法规。

第四，颁布与专门法相配套的实施细则，制定节能环保标准，并定期更新。这样可减少法律规范模糊造成的不确定性而导致的制度绩效的缺损。使法律规范更为具体化、明确化，使其具有可操作性，便于公民、企业理解和应用，也使其真正成为司法与执法的标准。根据现行《标准法实施条例》第 18 条规定，环境质量标准和污染物排放标准属于“强制性标准”。目的在于有一个公认和公开的指标，使企业生产过程中对节能和排污的控制有参考标准，同时也能使执法更为明确，作为评价的统一尺度和规范。只有明确的和可实施的法律才能成为一种硬约束，避免约束软化造成的道德风险和逆向选择。

第五，在其他法律法规中充实与节约型社会相关法律法规配套的条款。在节约型社会的建设和社会治理过程中涉及的财政、税收、金融、投资、贸易、科技、教育等社会和经济管理领域的法律中都应当体现与节约型社会之法制相关的部分，以配合节约型社会法律体系的完善。

从完善法制的角度来看，我国还需要进行更多更新立法实践，以使法律充实更多的经济与社会领域，促进制度创新以推动节约型社会的发展。建议我国制定更具有针对性的绿色产业法和绿色消费法，使法律制度深入生产、消费和流通等具体领域中；直接从生态环境保护入手，更新生态保护理念，加强生态环境保护法的效力。

——绿色产业法，是产业政策与环境资源法律的结合，既有环境保护和促进资源节约的作用，也具有推动产业发展，尤其是推动节约型产业、环保型产业以及循环经济产业发展的作用。我国目前产业发展的诸多问题主要通过经济政策来解决，为了维护产业政策的权威性，并在产业政策中充分体现节约型社会的理念，有必要制定一部专门的绿色产业法。绿色产业法是从法律的层面上对国家产业政策的确认与实施，从而使国家产业政策制定和实施过程具有法治化和程序化的特点，也使产业政策始终保持与建设节约型社会的战略方向一致。绿色产业法应当注重各类产业的绿色化和生态化发展，规范工业生产中的节能管理、排放控制，推动废弃物的回收再利用。更重要的是，绿色产业法应当具有保障国家产业结构调整、产业布局优化等战略政策的实施，促进经济增长方式的转变。其产业调整具体应表现在两个方面，一是促成传统工业产业的生态化、集约化和高级化；二是推动符合节约型社会发展要求的产业的发展，其中包括环境产业及其衍生环境服务产业、资源回收及再利用产业等。

——绿色消费法，是从消费和流通领域入手，规范其中的经济行为向绿色节约化发展。绿色消费法旨在消除消费与流通过程中对资源环境领域产生的负外部性，扩大社会公众的消费责任，明确政府部门的绿色采购责任，激励社会公众从约束消费行为方面参与节约型社会的治理过程，倡导绿色消费和适度消费的理念，从而促进整个社会消费结构与消费模式的转变。同时，绿色消费法也包括对企业即生产者行为的规范，主要表现在促进企业提倡绿色物流与绿色营销，避免过度包装，积极为市场提供节能环保型产品，从生产供给角度优化社会消费结构和消费模式。

——生态环境保护法。目前我国生态环境保护领域中的法律以1989年颁布的《环境保护法》和许多单行环境立法为主，但这些法律法规只对环境保护问题做了原则性的规定，环境改善领域的具体法律制度创设以及政策扶植等问题则没有进一步深入,一些环境单行法也因缺乏上位法的依据而不能对相关环境改善问题做出更深入的规定。①对此,有必要进一步完善和更新生态环境保护领域的法律规范,将更多具体问题纳入规范中。立法要从更新生态环境保护理念着手,明确污染排放全过程控制和资源利用减量化、再循环、再利用的循环经济理念。确立环境资源的产权制度,为之提供法律依据。加强环境法律与经济法的结合,以促进运用经济杠杆撬动环境问题的改善。确定公民依法享有生态环境权利,提供司法维权制度,明确社会主体对生态环境的义务与责任,并加强实施机制,提高法律规范的可操作性,改变有法不依、执法不严、违法不究和消极对待生态环境的现状。

7.4　节约型社会治理的相关制度安排

7.4.1　绿色产权制度

在前文对资源浪费的制度分析中已经提到,资源产权缺位是造成资源浪费的一大原因。我国目前实行自然资源国家所有制,国家主导着对自然资源的分配。然而,在实践中,微观主体由于缺乏产权主体意识,造成资源低效率利用。此外,由于环境资源所固有的共有产权的非排他性,外部性问题难以避免,表现为环境污染难以被控制。因此,有必要改善目前的资源产权制度,建立有利于节约资源的绿色产权制度。

一个良好的产权制度将引导微观主体采取有利于社会的行动,即在个人使用财产的行动与自己的收益之间建立某种可以合理预期的联系,使一个人的权利、行为和收益达到内在的统一。②按照科斯的分析,产权制度的合理安排可以有效解决外部性问题。因此,一个合理有效的绿色产权制度,有助于解决资源利用中的外部性问题。

① 刘国涛．节约型社会建设中的绿色产业与绿色产业法[M]．北京:中国法制出版社,2005:317—318.

② 洪银兴．可持续发展经济学[M]．北京:商务印书馆,2000:362.

建立适应节约型社会的绿色产权制度。第一，产权应当是明确界定的。明确界定的产权将解决公共产权的非排他性问题，从而减少外部性。我国目前实行的是资源产权国家所有制，自然资源政府管理的制度安排成本高，效率低。在这一背景下，可以借鉴国有企业产权制度改革的经验，在保持资源最终公有制的前提下，尝试将资源的使用权转让给微观主体，确定其产权地位。可以通过招标、资源产权入股、有偿划转等方式转让资源使用权，并与微观经济主体订立长期使用合约，明确其占有、使用资源并获得收益的权利以及履行保障资源可持续性使用和保护资源的义务。产权的清晰界定，将使产权主体形成对利用资源带来的经济收益的合理预期，从而促进其改进技术与管理，尽可能提高资源的利用效率。第二，产权应当是安全的。国家应当立法保护合法占有和使用资源的产权主体的利益，使其形成持续而稳定的预期，避免不可持续性开发利用。第三，产权应当具有流动性。产权的流动性以建立相应产权市场为前提，可通过建立国家出让资源使用权的一级市场，以及有条件地转让使用权的二级市场，完善产权流通体系。依靠市场机制的作用，资源将在市场交易中体现其应有的经济价值，促进资源的价格形成机制及合理定价。政府则应当履行市场调控和监管的职能，规范交易行为，监督交易的公平合理性，打击投机性交易，确保市场稳定与有效运行。产权明确界定和保护，是建立产权交易制度的前提。第四，在国家出让资源使用权的前提下，国家作为产权的最终所有者，有权对资源使用权受让方进行监督，审查其资源利用状况，督促其合理和高效利用资源。最后，进行产权制度创新，将更多涉及资源环境问题的对象纳入产权制度中，确定其产权地位。例如，确立企业排污权及其交易制度；赋予公民环境权利，对涉及侵害公民环境利益的行为，可以通过立法赋予其获得司法救济的地位。此外，从更广泛的意义上来讲，还应当重视对知识产权的保护，提高人们研究、开发和推广应用资源节约型和环境友好型技术的积极性。

7.4.2 绿色经济核算制度

从政府管理国民经济的宏观层面到企事业单位经济核算的微观层

面,绿色 GDP 核算制度、绿色会计制度和绿色审计制度组成了一套适合于节约型社会的绿色经济核算制度。构建“绿色经济”考核指标体系,改变片面追求 GDP 增长的行为。把资源保护和节约放在首位,改变透支资源求发展的方式。充分考虑资源承载能力,要加大合理开发资源的力度,努力提高有效供给水平;要着力抓好节能、节材、节水工作,实现开源与节流的统一。

传统的国民经济核算体系以 GDP 来衡量国民经济的总量水平和经济增长水平。传统 GDP 只是狭义地对最终产品和劳务进行计量,没有将经济活动对资源环境的影响纳入其核算范围,也没有充分反映资源环境的稀缺性及其潜在经济价值,并不能真实体现经济发展的可持续性水平。然而,随着国民经济的深入发展,社会生产越来越多地依靠自然资源的投入,对生态环境产生的影响日益增强。同时,经济发展受资源环境的制约程度在不断增加。因此,将经济增长同环境和自然资源的相互作用纳入国民经济核算范围,建立一套充分反映资源环境成本的绿色国民经济核算制度,对于建设节约型社会的意义就显得尤为重要。

绿色 GDP,是指计算了自然资本损益的国内生产总值,它量化反映了经济活动中自然资源的直接和间接的消耗状况以及环境质量的变化情况。绿色 GDP 与 GDP 的关系可表示为:绿色 GDP = GDP - 固定资产折旧 - 资源环境成本 = NDP - 资源环境成本。①目前,一些国际组织和发达国家都开展了绿色 GDP 核算的实践,其中包括联合国综合环境与经济综合核算体系(SEEA),世界银行的真实储蓄率和国民财富指标(Genuine Savings Rates and National Wealth),法国的自然资产账户,美国关于环境防御支出数据的统计,挪威关于石油、森林、渔业等重要资源的核算,日本政府提出的扣除超标环境污染改善费用的净国民福利指标等。我国在《中国 21 世纪议程》中承诺“研究并试行自然资源和环境因素纳入国民经济核算”。在国家统计局国民经济核算司增设了国民资产与资源环境核算处,

---

① 中国社科院经济研究所. 中国实施绿色 GDP 路径选择的理论探讨[J]. 经济走势跟踪,2006,(80).

并于 2002 年颁布实施了《中国国民经济核算体系(2002)》,其中增设了自然资源实物量核算表。这是我国实践绿色 GDP 的初步尝试,然而这一新核算体系仍然存在着一些欠缺之处。第一,与我国丰富的自然资源相比,纳入核算体系的自然资源种类偏少;第二,没有与环境质量、生态状况很好地结合,综合反映可持续发展能力;第三,缺乏与经济活动的深入接合,不利于绿色 GDP 的核算。①

为了实现节约型社会的有效治理,引入绿色 GDP 指标,健全绿色国民经济核算制度,其意义在于:第一,充分反映一段时期内经济发展对资源消耗与环境质量的影响,有助于监控经济发展的可持续性,作为实施节约型治理的依据;第二,有助于建立节约环保的理念,转变长期以来只注重数量的经济增长观念,有助于转变传统经济增长方式;第三,取代以往以 GDP 作为对地方政府的政绩考核标准,有助于使地方政府的执政目标与全社会建设节约型社会的目标相一致,使地方政府主导参与到节约型社会的治理过程中;第四,对环境质量和污染损失的经济评估,对环境税收税基的确定有直接的指导价值。② 绿色 GDP 核算的具体内容可包括:自然资源的耗竭成本、可再生资源的再生成本、环境污染造成的直接与间接经济损失、环境污染预防费用、环境治理及恢复成本、非优化利用资源产生的经济效率损失等。同时,因资源环境的有效利用和治理的潜在收益,也可作为其增项记录,以激励有利于节能环保的举措。

绿色会计制度是以有关环境法律、法规和财务会计准则为依据,运用财务会计方法对企业生产经营活动给资源环境带来的收益和损失进行确认、计量、披露和分析的一项制度安排。相比于传统会计制度主要反映企业资金运营情况,绿色会计制度更注重企业对资源资产的管理。在企业层面开展绿色会计核算制度的作用在于,一是为了配合绿色国民经济核算制度,作为绿色 GDP 具体核算中的微观数据来源之一;二是促进企业自身节能增效,积极环保,建立社会责任意识。通过绿色会计核算,将使

---

① 薛平. 资源论[M]. 北京:地质出版社,2004:192—199.

② 王雍君、陈灵. 循环经济论集[M]. 北京:经济科学出版社,2006:73.

企业对自身节能状况和潜力有更加具体的认识，从而促进企业经营者改善生产工艺和管理模式，并督促经营者评估和控制自身生产经营给环境造成的影响。

绿色审计制度是与绿色会计制度相对应的，对企业实施绿色会计制度的情况进行监督、评价与分析的审计制度。绿色审计的目的在于督促企事业单位和政府部门严格执行绿色会计制度，考核其节约环保目标实现情况，明确其节约环保责任。绿色审计制度可分为企业内部审计、政府部门审计和公共审计。企业通过对内部审计，可以考察本企业节能降耗实施情况，发掘自身节约潜力，杜绝浪费现象。对政府部门开展绿色审计，监督和约束行政开支，可促使政府建立节约环保的责任意识。社会审计机构的公共绿色审计，为企业与政府节约环保信息的监督和信息披露服务，形成了一个社会制约机制。此外，在节约型社会的治理过程中，对资源密集型企业和高污染企业实行绿色审计制度，将是监控和治理企业对资源环境影响的有效措施。

7.4.3 环境影响评价制度

环境影响评价（Environmental Impact Assessment）是对拟议中的可能对环境产生影响的人为活动（包括制定政策和经济社会发展规划，资源开发利用、区域开发和单个建设项目等）进行环境影响的分析和预测，并进行各种替代方案的比较（包括不行动方案），提出各种减缓措施，把对环境的不利影响减少到最低程度的活动。①环境影响评价制度的实施过程中，通过方案优选，帮助决策者从众多方案中找到一个经济、社会和环境综合价值最优的方案，使建设项目或社会规划所消耗的人力、财力、物力最小化，取得经济效益、环境效益和社会效益的统一；通过全过程控制，从方案制订和筛选、环境问题识别、环境影响预测、减缓措施的安排、环境影响跟踪到重新评价和改进措施，使环境影响评估贯穿整个决策制订和实

① 郜风涛主编．建设项目环境保护管理条例释义［M］．北京：中国法制出版社，1999：19.

施过程。我国于 2003 年 9 月 1 日开始施行《环境影响评价法》。目前,从环境影响评估范围、环境影响评价机构到企业、政府环境影响评价的法律责任,我国已经建立了比较完备的环境影响评价制度。这一制度的实践经验无疑为节约型社会治理机制的构建又增加了一项制度手段。在节约型社会治理中,应当更充分地利用和加强这项制度:第一,可扩大评估范围,对企业生产项目的资源消耗标准也可列入评价范围,在环境影响评价制度的基础上适时建立资源消耗评估制度;第二,可借鉴美国的经验,引进替代方案机制,要求被评价者提供替代方案,以优选对资源环境不利影响最小的方案;第三,完善公众参与机制及公众环境利益的救济制度,同时加强清洁生产审计,建立环境评价信息的披露制度;第四,加强环境影响评价的法律强制性,做到执法必严、违法必究;第五,加强对评价中介机构的管理和任职资格管理,防止评价者与被评价者的舞弊行为。

7.4.4　生产者责任制度

在节约型社会的治理过程中,应特别重视对企业生产过程的治理。企业利用资源制造产品,是对资源消耗和环境影响最大的经济主体。对企业利用资源和环境影响的全过程治理,将很大程度上影响到节约型社会的治理水平。企业作为追求利润最大化的微观经济主体,在获得生产经营收益的同时,也应当担负相应的社会责任。应明确生产者责任制度,使企业对生产全过程以及产品的整个生命周期中对环境资源的影响负责,使企业更主动地关注社会公共利益。建立生产者责任制度,可以从以下几个方面展开:

(1)清洁生产制度。我国政府发布的《中国 21 世纪议程——中国 21 世纪人口、环境与发展白皮书》中定义了清洁生产,它是指既可满足人们的需要又可合理利用自然资源和能源并保护环境的生产方法和措施,其实质是一种物料和能耗最小的人类生产活动的规划和管理,将废物减量化、资源化和无害化,或消灭于生产过程之中。①我国《清洁生产促进法》

---

① 冯之浚. 循环经济导论[M]. 北京:人民出版社,2004:391.

第2条规定:不断采取改进设计、使用清洁的能源和原料,采用先进的工艺技术与设备、改善管理、综合利用等措施,从源头上削减污染,提高资源利用效率,减少或者避免生产、服务和产品使用过程中污染物的产生和排放。我国分别于2002年和2004年先后颁布实施了《清洁生产促进法》和《清洁生产审核暂行办法》,较大程度上解决了我国清洁生产实践中长期存在的经济激励不足和强制实施没有法律依据的难题。同时,国家先后发布了两批清洁生产技术导向目录,涉及9个行业和113项清洁生产技术。①在实践中,应加强对企业实施清洁生产的监督,加强审查力度。

(2)排放者责任制度。即生产者应对其在生产和服务过程中产生的废弃物、污染物和包装物承担主动治理的义务,或者根据其排放量承担相应治理费用,生产者应当采取措施尽量减少排放,促使废弃物转化为二次资源投入循环利用中。这一制度是在污染者付费原则的基础上,增加了企业主动治理的义务,明确生产者在循环性生产过程中的责任。

(3)生产者责任延伸制度(Expanded Producer Responsibility, EPR)。这一制度是一种环境保护战略,旨在降低产品对环境总影响,通过使产品制造者对产品的整个生命周期,特别是对产品的回收、循环和最终处置负责来实现。② 这项制度从20世纪90年代开始在欧洲兴起,在资源管理和废弃物处理上取得了很大成效。这项制度是对污染者付费原则的深化和应用,它要求生产者不仅对产品的性能和质量负责,而且承担产品从设计、生产到废弃过程中对资源环境的全部责任。③生产者责任延伸制度实质上将废弃物处理的职责由政府向企业转移,使资源利用和废弃物处置内部化。这一制度将减轻废弃物对环境的影响,同时也提高对废弃物的循环利用程度,实现资源的重复利用,因此具有减轻污染和提高资源利用

---

① 任勇等. 我国发展循环经济的政策与法律体系探讨[J]. 中国人口·资源与环境,2005,(5).

② T. Lindhqvis, Extended Producer Responsibility [EB/OL], http://www.lu.se/IIIEE/reserch/products/epr/epr seminar - 1992/epr - 1992 - lindhqvis. html.

③ 张晓华、刘滨. "扩大生产者责任"原则及其在循环经济发展中的作用[J]. 中国人口·资源与环境,2005,(2).

率的双重作用。

(4)企业强制节能指标制度。目前,我国企业的资源利用效率普遍偏低。原因在于缺乏对生产者资源利用标准的强制执行措施,因而生产者缺乏改进技术和改善管理的动力。这一情况在资源密集型产业和重化工业中尤其突出。对此,可结合企业的实际生产情况,对生产者采取强制能耗指标措施,并与绿色审计制度和环境影响评价制度配合使用。这一制度的目的在于刺激企业改进技术,运用更为节能的生产工艺和设备,提高资源利用效率。这一制度在具体实施中,可将强制约束和正向激励结合运用。对于积极完成节能指标的企业,可以给予技术更新补贴,或者给予税收优惠,允许相关设备的加速折旧等。

7.4.5　消费者责任制度

社会再生产的最后环节是消费。消费同样也具有资源环境效应,消费的过程是物质资源的最终消耗,同时消费也产生了废弃物。社会公众的消费方式一定程度上决定了生产方式和资源利用方式。一些消费者的奢侈消费和高消费,造成了资源的浪费。因此,在节约型社会的治理中也应包括对消费行为的规制,明确消费者的责任,减少消费的外部性。通过消费税、奢侈税和直接行政管制,控制消费者的过度消费和奢侈消费行为。向消费者收取废弃物处置费,使消费者对废弃物的处置承担一定义务。更为重要的是,应当倡导绿色消费,即以可持续的和承担社会责任的方式进行消费。政府应制定相应政策法规,通过税收和价格方面的优惠,促进公众消费最有利于资源环境的产品和服务或者对资源环境影响最小的产品和服务。反之,则采取相应的惩罚性税费措施,减少过度包装和一次性产品的消费。消费者的绿色消费行为对企业的生产也会产生一定影响,将引导企业使其生产过程和最终产品更符合绿色消费的需要。

强化消费者责任制度可辅之以押金——退款制度(Deposit Refund System)。这主要是指购买具有潜在污染性产品的经济主体预先支付一笔押金，在将产品或其包装等污染性附属品返回到指定的回收中心或处理中心时，再将押金退还。在具体操作中，可以根据污染与否及其程度，退还全部或部分押金；也可以对具有潜在回收循环利用价值的产品收取押金，鼓励使用者在使用之后将废弃产品退回，实现资源循环利用。押金——退款制度适用于鼓励产品的回收循环利用和对废弃物以不损害和较少损害环境的方式进行处置。目前西方国家在较为广泛的领域中实施了押金——退款制度。美国、加拿大、澳大利亚和许多西欧国家对金属容器、塑料容器等实行押金——退款制度，这些容器的返还率一般在60%以上，许多国家达到了90%。从1978年起，挪威对汽车使用押金——退款制度，目标在于削减废弃汽车的数量并鼓励汽车材料的重复利用。在这一制度下，挪威90%—95%的废弃汽车被回收。20世纪80年代，印尼对伐木经营者征收林业押金，并在伐木者再植树时给予退款，这可视为押金——退款制度的一个变形。①押金——退款制度本身也可看做是生产者责任制度和消费者责任制度的一种延伸。

7.4.6 金融支持制度

节约环保型产业和循环经济产业需要大量资金的投入。因此，在发展节约型社会中，需要依靠金融制度创新来提供必要的融资途径。在市场经济条件下，金融是非常重要的市场化调节和引导手段，应当充分调动各类金融机构的积极性和创造性，利用开发性金融、银行信贷、证券市场、风险投资基金等金融手段，发挥金融市场调控资金供给的作用。

开发性金融是国家向特定的机构提供资金支持，掌握控制开发性金融机构的资本，并对其经营活动在方向和战略层面上给予指导。②其目的在于弥补商业性金融无法满足的投融资领域，其实质是财政资金市场化，是政府经济政策的市场化补充。开发性金融通过市场化融资运作，实现政府对节约环保产业和循环经济产业的资金支持。

---

① 廖卫东．生态领域产权市场制度研究[M]．北京：经济管理出版社，2004：52—53.

② 王雍君、陈灵．循环经济论集[M]．北京：经济科学出版社，2006：85—87.

商业银行贷款是目前我国企业最主要的融资渠道,我国企业融资的90%来自商业银行。商业银行的信贷政策对于产业发展具有重要的引导作用。对此,应当鼓励商业银行通过调整信贷结构,贷款利率优惠,优先支持与节约降耗、资源综合利用以及其他与节约环保和发展循环经济相关的产业、企业和建设项目的融资需求。商业银行通过区别对待融资对象,抑制高消耗、高污染企业及其项目的资金需求,控制盲目投资和低水平重复建设。由于商业银行是以利润最大化为经营目的的现代企业,因此政府应通过财政贴息等手段给予补偿。

证券市场以市场化手段配置资本资源,我国证券市场的发展为经济体制改革提供了支持和保障。证券市场可通过上市融资、资本流动方面的政策倾斜,给予相关产业融资支持。主要包括:优先支持符合发展循环经济和节能环保的企业上市融资;优先支持上市公司为实施循环经济及节能环保的建设项目增发新股或发行债券;制定相关政策措施,鼓励优势企业通过收购兼并做大做强,形成循环经济产业链。此外,依靠证券市场的信息披露机制,可加强对相关企业绿色会计制度及其公司治理进行监督。

风险投资基金主要投资于与技术创新有关的一些刚创办的或处于成长期中的中小企业。目前我国环保产业和循环经济技术产业处于起步阶段,其特点是投资周期长、产出效益低、风险较高、新技术企业和民营中小企业占较大比重,该产业相关技术的开发和实施需要较高的投入成本。在现行金融体制尚不完善、融资渠道较为狭窄的情况下,发展风险投资基金有助于该产业的长期健康发展。

借鉴国外经验,发展环境金融产品。生态基金是由基金管理公司管理的专门投资于能够促进环境保护、生态和人与自然的可持续发展的共同基金。这类基金产品将投资者对社会以及环境的关注和他们的金融投资目标结合在一起。排污减少信用是指排污单位通过污染治理,其实际排污低于允许排污量,该排污单位可以向主管机构申请排污减少信用,该信用等于实际排污量与允许排污量之间的差额。美国法律已赋予排污减少信用以金融衍生工具的地位，并允许其以有价证券的方式持有和出售。①该制度实质上以金融利益为杠杆鼓励企业治理污染。我国可在金融市场进一步发展的前提下，适时考虑符合我国实际情况的环境金融产品。随着我国金融体制改革的深入和金融市场的完善，金融为发展节约型社会提供支持的空间将更为广阔。

7.4.7 宣传教育与公众参与制度

除了经济手段之外，对社会公众加强宣传教育，也是促进节约型社会的必要手段。加强宣传教育，有利于全社会增强资源意识、节约意识和环保意识。可通过学校教育、媒体宣传、主题宣传日等方式，向社会公众传播资源环境理念，宣传节能环保的生活常识，引导社会群体形成节约资源的生活方式，追求绿色消费，使环境正义、代际公平、生态文明等一系列可持续发展理念成为社会公众的行动准则，形成可持续发展的价值观和道德观。在企业中，开展职工培训，推广节能环保技术；对企业经营管理者进行宣传教育，加强节约责任意识。

节约型社会中应特别强调道德与文化的作用，使全社会形成崇尚节约的良好风气，形成社会主义节约文化。道德与文化的经济意义在于，道德与文化是一种非正式的约束机制，其制度成本比作为正式制度的法律低得多，比正式制度更有效率。因此，加强节约的道德建设，显然更有利于节约型社会的建设，降低节约型社会的治理成本。此外，还应加强社会诚信建设，降低流通过程中的交易费用。

节约型社会涉及社会生活的所有领域，需要社会公众的广泛参与。首先，节约型社会中需要社会公众的透彻理解和大力支持；其次，资源的减量使用和回收利用，很大程度上需要在日常生活中实现；再次，节约型社会所提倡的绿色消费需要公众的认同与参与；最后，公众的广泛参与能够促进社会反馈机制与合作机制的形成，有利于政策和法律合理实施，也有助于社会民主建设，形成公众之间、公众与企业之间以及公众与政府之

---

① 王雍君、陈灵．循环经济论集[M]．北京：经济科学出版社，2006：101.

间的良性互动。

我国目前已具备了一定的社会公众参与基础。通过发展民间环保组织、群众监督举报、媒体舆论、上访和听证，使公众一定程度上参与了社会资源与环境的决策与监控。然而，我国目前公众参与的意识仍然不强，信心不足，参与度和参与层次较低，公众参与制度尚不完善，对于节约型社会治理的作用有限。对此，可从以下方面进行完善：第一，建立公众参与的保障机制，通过立法明确公众参与程序，完善信访、举报、质询和听证制度；第二，赋予公民资源环境权利，完善相关民事、行政诉讼制度和民事、行政赔偿制度，确立公众提请环境诉讼的司法救济途径；第三，建立公众参与的信息交流机制，形成政府与公众之间的信息沟通，建立咨询机构和信息网络，完善信息公开途径；第四，培育和保护相关民间组织，使之形成与政府和企业的合作关系；第五，建立节约环保自愿认证制度和自愿协议制度，促进公众的各种自愿约束行为。

2008年8月2日，国务院办公厅发布《国务院办公厅关于深入开展全民节能行动的通知》，要求开展10大节能行动：一是领导带头体验能源紧缺。在每年的全国节能宣传周期间，地方政府和国务院各部门主要负责人，每年带头参加一次能源紧缺体验活动。二是倡导每周少开一天车，要求公务车每周少开一天，鼓励乘公共交通工具出行。三是公共建筑空调温度夏天不低于26度，冬季不高于20度，倡导居民参照上述标准设置温度。四是三楼以下原则上停用电梯。五是路灯间隔开，景观灯少用电。六是普及使用节能产品，引导消费者购买有节能产品认证标志的空调、冰箱等家用电器和节能环保型小排量汽车，行政机关采购节能产品。七是严格执行限制生产销售使用塑料购物袋的有关规定。八是宾馆不主动提供一次性用品，行政机关减少使用一次性用品，采取有效措施治理过度包装，积极抵制过度包装产品。九是夏天公务活动要着便装，提倡单位、家庭在夏季用电高峰时每天少开一小时空调、晚开半小时电灯，尽量使用自然光照明，随手关灯。十是形成全民节能的强大声势。通知在各报刊、电视、网络上发布，在社会上引起了积极的影响。

7.4.8 行政考核与问责制度

为切实保证节约型社会的政策和战略到位，国家应制定对各级政府的以节能和环保为主要目标的考核和问责制度。我国政府已经开始实施这一举措，需要在实践中进一步完善。

2007年11月，我国政府发布了《国务院批转节能减排统计监测及考核实施方案和办法的通知》。《通知》同意发展改革委、统计局和环保总局分别会同有关部门制订的《单位GDP能耗统计指标体系实施方案》、《单位GDP能耗监测体系实施方案》、《单位GDP能耗考核体系实施方案》、《主要污染物总量减排统计办法》和《主要污染物总量减排监测办法》、《主要污染物总量减排考核办法》，要求各地区、各部门结合实际认真贯彻执行。

《通知》要求到2010年，单位GDP能耗降低20%左右、主要污染物排放总量减少10%，是国家"十一五"规划纲要提出的重要约束性指标。建立科学、完整、统一的节能减排统计、监测和考核体系，并将能耗降低和污染减排完成情况纳入各地经济社会发展综合评价体系，作为政府领导干部综合考核评价和企业负责人业绩考核的重要内容，实行严格的问责制，是强化政府和企业责任，确保实现"十一五"节能减排目标的重要基础和制度保障。

《通知》要求逐步建立和完善国家节能减排统计制度，按规定做好各项能源和污染物指标统计、监测，按时报送数据。要对节能减排各项数据进行质量控制，加强统计执法检查和巡查，严肃查处节能减排考核工作中的弄虚作假行为，严格节能减排制度，确保各项数据的真实、准确。严禁随意修改统计数据，杜绝谎报、瞒报，确保考核工作的客观性、公正性和严肃性。要严格节能减排考核工作纪律，对列入考核范围的节能减排指标，未经统计局和环保总局审定，不得自行公布和使用。要对各地和重点企业能耗及主要污染物减排目标完成情况、"三个体系"建设情况以及节能减排措施落实情况进行考核，严格执行问责制。

2008年上半年,国家发改委公布了对全国30个省、自治区、直辖市2007年节能目标责任评价考核的结果。结果显示,北京、天津、辽宁等6省(市)考核结果属于超额完成等级;而河北、山西、内蒙古等7省(区)考核结果为未完成等级,其中新疆、海南、青海3个地区完成进度低于20%。据悉,中国2007年和2006年单位GDP能耗同比降幅分别为3.27%和1.23%,按照“十一五”规划,中国的节能减排目标是单位GDP能耗在2006年至2010年之间降低20%,主要污染物排放总量减少10%。中央政府与地方政府每年签署节能“军令状”。该方案将各地节能完成情况和节能措施落实情况进行量化评分之后,形成总分为100分的“答卷”,并分成5个等级,60分以下为“未完成等级”。而河北、山西、内蒙古、海南、贵州、宁夏、新疆7省(区)成为单位GDP能耗考核实施第一年的“不及格”省区。根据方案的“奖惩措施”规定,考核结果将作为对省级人民政府领导班子和领导干部综合考核评价的重要依据,对未完成目标的地方省级官员实行问责制和“一票否决”制,不达标则遭“黄牌警告”。

方案还规定,考核等级为“未完成”的省级人民政府,应在评价考核结果公告后一个月内,向国务院作出书面报告,提出限期整改工作措施;整改不到位的,由监察部门依据有关规定追究该地区有关责任人员的责任。将“十一五”规划的节能减排纳入各级官员的政绩考核中,给他们带来很大压力,这一点对各省区市具体节能措施的实施影响很大。这是个制度设计,将节能政策和国家的可持续发展战略制度化了。

总之,要从政策和制度上对节约型社会建设提供保证。最近,我国节能环保方面已经取得明显成效。进入2008年以来,为淘汰落后产能,我国决定实现全年关停小火电1300万千瓦,分别淘汰水泥、钢、铁等落后产能5000万吨、6000万吨和1400万吨。2008年上半年,国家环保部门提高了电力、钢铁、石化等高耗能、高排放行业建设项目的环评标准,否决了一批不符合产业政策、违反环保法律法规的建设项目,对总投资达

3194.64 亿元有环境问题的 80 个项目的环评文件不予受理、审批或暂缓审批。①国家组织了第二批国家循环经济示范试点，发布了《关于限制生产使用塑料购物袋的通知》，在全国范围内禁止生产、销售、使用超薄塑料购物袋，所有超市、商场、集贸市场等商品零售场所实行塑料购物袋有偿使用制度。国家将进一步落实目标责任制，加快淘汰落后生产能力，加大节能减排重点工程实施力度，加快推进循环经济发展、完善节能减排法规标准，进一步实施有利于节能的经济政策，组织开展节能减排专项督察行动，继续开展“节能减排全民行动”。今后一个时期，节能环保仍是经济增长的重要前提，必须不断倡导符合可持续发展理念的循环经济模式和绿色消费方式，实现经济社会与资源环境的协调发展，改变“高投入、高消耗、高排放、不协调、难循环、低效益”的粗放型经济增长方式，逐步建立资源节约型国民经济体系。

① 江国成、顾瑞珍．节能环保向纵深推进[N]．光明日报，2008—7—26(1)．

专题报告　上海建设节约型城市的思考*

何玉长　贾维宁

内容提要：上海建设节约型城市是资源稀缺、资源禀赋不均和经济外部性条件下城市发展的必然选择；是实现经济可持续发展与循环经济的客观需要。上海在资源利用尤其是能源、水资源、废弃物处理上存在诸多问题，需要实施一系列节约型社会对策，要努力实现节能减排目标，走循环经济和可持续发展之路，提倡绿色生产和绿色消费，并通过完善市场机制和加强法制保障来努力建设节约型城市，践行科学发展观。

关键词：节约型城市　资源利用　循环经济　政策建议

节约型社会是提倡资源循环利用，人与自然共生，减少和消除不可持续的生产和生活方式，其追求的是在保证人民群众物质文化生活水平改善的前提下，尽最大可能节约资源，提高资源利用效率，并把对环境的消极影响减到最小。经济发展水平和城市化水平的指标都表明，我国城市化已进入加速发展阶段，而城市又是能源资源的主要消费主体，这决定了城市也必然成为实现节约的重要主体，这就意味着，建设节约型社会首先要建设节约型城市。上海作为我国人口最多的特大城市，也是经济社会发展最快的城市之一，建设节约型城市意义深远。

---

* 本报告是何玉长主持的教育部人文社会科学研究项目“节约型社会的经济学分析”的部分成果，项目编号为：05JA790053。发表于《上海经济管理干部学院学报》2008 年第 2 期。

一、建设节约型城市的客观依据

建设节约型城市是在资源紧缺状态下的必然选择，也是落实科学发展观、建设效益城市的基本要求。建设节约型城市具有理论依据和实践要求。

首先，建设节约型城市是资源稀缺条件下城市发展的必然选择。资源是在一定的技术、经济条件下，人类可使用的一切物质和能量，是社会财富的直接来源。资源的稀缺性取决于有限性，资源在一定时点上、一定地域上和一定技术条件和经济条件下是有限的，它无法完全满足人类的需求。关于稀缺性，蒙塔尼认为“最好的例子也许就是瓦尔拉给社会财富即经济货物下的定义。他说‘所谓社会财富，我指的是所有稀缺的东西，……它一方面对我们有用，另一方面它可以供给我们使用的数量却是有限的’”①。所以，“有用”和“数量有限”是构成稀缺性的充分条件，两者缺一不可。资源稀缺是客观存在，正是这一客观存在，驱使社会经济活动要求用最小量资源利用生产出最大量的社会产品。城市经济活动中，资源的节约则意味着资本或财富增加。城市已经不仅是人们生活、休闲的场所，它更日益成为物质财富和精神财富的集聚地。城市的生产和生活方式很大程度上意味着人类社会的生存和发展状态。城市粗放式的发展会进一步凸显能源、淡水、土地等资源不足的矛盾，进而使城市发展受到资源的制约。因而，建设节约型城市是资源稀缺条件下城市经济发展的必然选择。

其次，建设节约型城市是资源禀赋不均条件下城市发展的必要途径。资源禀赋不均是指国家之间、地区之间在所拥有或能够支配的资源的品种、质量或数量方面的不一致性，它反映了国家与地区之间资源稀缺度的差别。资源禀赋不均会造成资源的不确定性。当资源的开发利用已经达到较高水平，一国或地区某些产业甚至全部的经济部门都依赖于这些资

① 新帕尔格雷夫经济学大词典.（第四卷）[M]，北京：经济科学出版社，1996：272.

源时,资源量的波动尤其是资源量的减少会成为严重的经济问题。同时,由于不确定性随着时间的延长而增加,人们往往倾向于宁愿要一定的现实收益而不要不确定的未来收益,从而产生对资源的“杀鸡取卵”的行为,造成资源耗竭速度的加快。城市是社会发展到一定程度的产物,城市是工商业发展的重要地域,是人口居住最密集的地方,是社会消费的重要空间范围。如今,越来越多的人选择城市生活。其生产资源往往远离城市,且由于各国自然资源禀赋不均,对城市工业和公共消费产生重要的影响。因而,生产资源的节约和生活消费的节约是解决资源分布不均的重要途径。

再次,建设节约型城市是解决经济外部性的客观要求。所谓外部性就是某经济主体的福利函数的自变量中包含了其他经济主体的行为,而该经济主体并没有向其他主体提供报酬或索要补偿。人类的生产与生活都会产生外部性。以生产的外部性为例,假设:某企业处于一个完全竞争的市场中,因此该企业只是市场价格的接受者,它的产量变化不会影响市场价格,再假设边际外部成本是固定的,如图 1 所示。

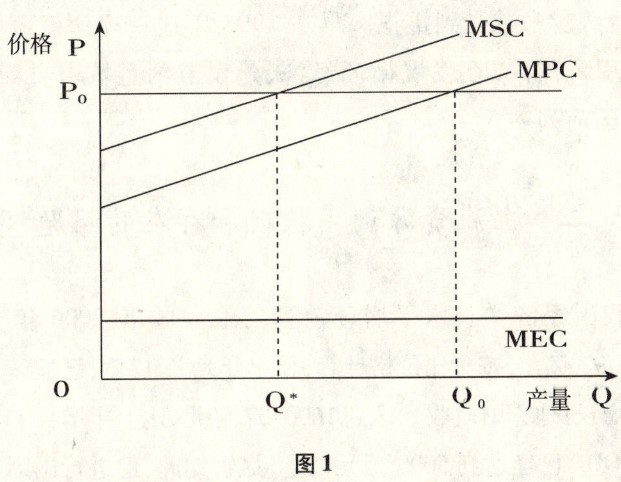

图 1

对于私人而言,由于不考虑外部成本,按照 P_0 = MPC 的利润最大化原则决定自己的产量为 Q_0;但如果考虑到外部性问题,私人应承担外部成本,按照 $P_0 = MSC$ 的原则决定自己的产量,其产量应为 Q^*。显然,由于 $Q^* < Q_0$,所以私人使用了过多的资源生产了较少的商品。从以上模型可以看出,当存在生产(或消费)的负外部性时,人们将耗费过多的资源于某种商品的生产(或消费)上。不难看出,如果存在正外部性,结论应该是相反的。所以,当存在外部性影响时,资源的配置就不能达到最优,某些资源会过度使用,环境也可能受到过度影响。

最后,建设节约型城市是经济可持续发展和循环经济的客观要求。可持续发展要求,经济、社会的发展必须同资源开发利用和环境保护相协调,在满足当代人需要的同时,不危及后代人需要满足的能力。经济的可持续发展,必须走循环经济运行途径。循环经济是运用生态学规律来指导人类社会的经济活动,是以资源的高效利用和循环利用为核心,以"减量化、再利用、再循环"为原则,以"低消耗、低排放、高效率"为基本特征,它符合可持续发展理念的经济增长方式,是可持续的生产和消费模式,也是对传统增长模式的根本变革。在近年来,随着我国经济的增长,资源能源供应短缺的矛盾十分突出,循环经济越来越受到重视。早在 1998 年这一理念就由原上海计划委员会引入国内,在发展循环经济、建设节约型城市方面,上海一直走在全国前列。

二、上海资源利用状况和存在的问题

作为我国经济增长水平居于前列的最大城市,2006 年上海实现 GDP10296.97 亿元,按可比价格计算,比上年增长 12%,已连续十五年保持两位数增长;地方财政收入达到 1600.37 亿元,比上年增长 11.6%。目前的人均 GDP 已经达到 5000 美元以上,尽管如此,但进行国际比较之后发现,上海经济增长方式依旧属于传统的高投入、高消耗、低效率的粗放式模式,与节约型城市的要求相距甚远。

第一,上海能源利用的节约仍有较大空间。20 世纪 90 年代以来,上海坚持“开发与节约并举,把节约放在首位,提高资源利用效率”的方针,进行结构调整,促进技术进步,全方位推进节能工作,实现了能源消费强度逐年下降。全市每万元 GDP 能源消费量,在“九五”期间逐年下降的基础上,继续保持下降趋势,已从 2000 年的 1.15 吨标准煤(现价)下降到 2005 年的 0.88 吨标准煤(现价),“十五”期间万元 GDP 能耗下降 16.5%,年节能率为 3.5%。① 其间,2003 年每万元 GDP 能耗为 1.07 吨标准煤,比 1996 年下降了 30%。在节能工作取得以上进展的同时,需要注意到,上海能源利用效率虽然在国内居于领先地位,但与世界发达国家相比差距仍很大。如表 1、表 2 所示:

表 1　上海能源利用效率国内外比较

	上海	国际	国内	比较评价
能源利用效率	40%	50%—55%		能源利用效率低、效益差
每万元 GDP 能耗(吨标准煤)	1.13(2002 年) 1.03(2005 年)	日本 0.17 美国 0.49	2005 年是上海的 2 倍	日本的 1/6.6 美国的 1/2.3
每万元 GDP 用水量(立方米)	238(2000 年) 150(2005 年)	日本 22.5 美国 85	2005 年是上海的 3 倍	日本的 10.6 倍 美国的 1.8 倍
人均能耗(吨标准煤,2003 年)	4.99	1.05	0.74	人均耗能虽明显低于经济发达国家,但作为一个人均资源少的国家仍有节约的空间
主要产品能耗(吨标准煤,以石化产品为例)	每吨乙烯综合能耗 986.9(2003 年)	714 (2000 年)		主要产品能耗高,高于国际先进水平 38.24%

数据来源:笔者根据相关资料整理。

① 数据来源:上海市节约能源“十一五”规划(2007 年 1 月).

表 2 上海市主要产品单位能耗指标国内外比较(2005 年)

产品名称	上海	全国	21 世纪初国际先进水平
火电供电煤耗(克标准煤/千瓦时)	343	376	320
供电线损率(%)	6.65	7.55	5.5
吨钢综合能耗(千克标准煤/吨)	735	760	699
炼油综合能耗(千克标准油/吨)	78	73	51
乙烯综合能耗(千克标准油/吨)	684.5	676.2	440
烧碱综合能耗(千克标准煤/吨)	1107	1200	878
平板玻璃综合能耗(千克标准煤/重量箱)	20	26	14
建筑陶瓷综合能耗(千克标准煤/平方米)	9	9.9	8.4
芯片电耗(月产 2 万片)(千瓦时/8 英寸园片)	565	610	
芯片电耗(月产 5 万片)(千瓦时/8 英寸园片)	510	560	
芯片电耗(月产 10 万片)(千瓦时/8 英寸园片)	490	540	324
等离子显示器综合能耗(42 英寸)(千克标准煤/42 英寸屏)	130		
卷烟综合能耗(千克标准煤/万支)	3.66		

数据来源:笔者根据《上海市节约能源"十一五"规划》等相关资料整理。

能源是社会经济发展的基础和动力,对城市经济发展和市民生活水平的提高起着重要的作用。统计显示,上海能源消费总量和消费密度均居全国城市首位。上海人口众多、产业密集、能源资源匮乏,不仅煤、油、气等一次能源严重短缺,电力等二次能源也有相当大一部分依靠外省市供应,电力等重要能源品种近年来出现不同程度的短缺。① 2006 年上海共有 800 家年耗能 5000 吨标准煤以上的单位,占全市耗能总量的 66%。②尽管上海能源消费强度逐年下降,但能源消费量继续呈现大幅度增长趋势。"十五"期间,全市能源消费总量年均增长 8%,由 1991 年的 3098.82 万吨标准煤上升到 2005 年的 8069 万吨标准煤。"十一五"期

① 蒋应时. 上海循环经济发展报告[M]. 上海:上海人民出版社,2005:33.

② 孟知行、徐琪忠. 上海市政协调研提出能源发展建议[N]. 解放日报,2006—6—1.

间,随着基础设施建设的推进,市民生活质量不断提高,消费性能源消耗猛增,能源消费量仍将大幅增长。目前,上海能源利用效率仍低于国际先进水平,单位生产总值综合能耗高于世界平均水平;工业、交通、建筑及商用、民用领域普遍存在10%—30%的节能潜力;炼油加工综合能耗及其他主要产品单位能耗与国际先进水平相比,还有较大差距。

第二,水资源的利用与浪费。水既是自然资源,又是经济资源,更是战略资源。上海地区的水资源总量虽然丰富,但主要依靠长江和太湖流域的过境水资源(占总量的99%以上),一方面,水资源丰富,水系发达;另一方面,水环境污染较严重。因此,上海属于典型的“水质性”缺水城市。水是城市发展的命脉,经济社会的可持续发展有赖于水资源的可持续开发利用为支撑。近年来,上海的节约用水工作取得了很大成绩,2000年5月组建了上海水务局,并基本建立了鼓励节约用水的水价机制,2002年11月上海被评为国家节水型城市。2003年5月30日颁布实施的《上海市节约用水规划》,上海节约用水虽然居于全国先进行列,但上海的节水工作仍存在不少问题,尤其是节约用水管理和技术水平与发达国家相比仍存在较大差距。例如,2005年上海万元GDP用水量150立方米,虽然是全国的1/3,但分别是2000年日本、美国、德国的万元GDP用水量的6.7倍、1.8倍和5.9倍。[①②]上海工业中保留着部分高耗水行业,这些企业地处长江、黄浦江边,水资源条件好,重复利用率不高。而用水量低的行业的GDP占工业的比重则相对较小。在自来水定价方面,目前上海自来水价格低于全国其他大中城市,价格仅为北京的37%,为全国36个大中城市平均价格的63%,此外,上海每年的管网漏失浪费了大量水资源。上海目前使用的供水管道中有一些是20世纪60、70年代铺设的“超期服役”的管道,存在着严重的跑、冒、滴、漏和爆管的隐患,致使局部地区管网漏失率超过国家标准。郊区城镇供水管网由于管道强度低、材质差,管网

---

① 秦武平.上海确定“十一五”节约目标万元生产总值能耗降低18%[N].新民晚报,2005—11—4.

② 徐信虎.发达国家循环经济之借鉴[J].上海商学院学报,2005,(1).

漏失率均高于市区，漏失现象更为严重。从社会公众来看，在上海约85%的家庭节约用水意识不强，一些居民家中仍在使用大于9升的卫生便器水箱，目前，高等院校和寄宿制中学中存在着较为严重的浪费水现象。

第三，电力的利用与浪费。电力能源供应问题是上海市能源供给面临的最大困难，上海的电力供应紧张由来已久。用电高峰电力短缺的问题十分突出，近两年每年缺口高达200—300万千瓦；“十五”期间上海电力最高负荷年均增长10%左右，以2005年为例，当年电力缺口高达540万千瓦，在采取措施情况下最高负荷仍达到1668万千瓦，全市共有3000家企业进行轮休，有3批3600多家企业避峰让电，高温季节，企业受电网错避峰影响较大。

第四，垃圾处理与循环利用率低。城市生活垃圾处理是建设节约型城市的重大问题之一。2003年，上海全市产生生活垃圾645万吨，生活垃圾无害化处理率仅为10.4%，低于全国平均水平58%。特别是随着生活水平的提高和观念的变化，商品包装形式越来越繁多，过度包装问题越来越突出。特别是一次性商品的广泛应用，不仅增加了垃圾产生量，同时也是对资源的一种奢侈使用。目前，对制约过度包装和规范一次性商品使用方面的有效措施尚未出台。虽然上海在生活垃圾分类收集推进过程中，对分类投放设施的配置和宣传工作的开展较为重视，但却忽略了对垃圾减量贡献率的结果考核，出现了重形式、轻成效的现象，造成了增加生产成本和形成了极大的社会浪费。

第五，节能减排的制度不完善。节能市场化运作机制发育不全，在节能技术推广服务、重大节能项目示范、节能关键技术攻关等方面，市场化运作机制作用不够，没有形成有利于促进节能的市场环境，企业节能的内在动力不足。节能信息传播平台、技术支撑体系和节能咨询研究市场尚未形成，用于节能的技术研发投入不足，对节能产品和节能服务业缺乏规范有序的管理和必要的支持。节能长效机制缺失。尚未找到有效推进节能的政府调控手段，没有建立推进节能的责任制和评价考核制度，节能标准化和信息化等基础建设进展迟缓。价格机制尚待进一步完善，特别是上海的水价虽经多次调整，但目前仍低于全国大中城市的平均水价；同时上海水价体系相对单一，水价未能有效发挥节水的经济杠杆作用。

三、上海建设节约型城市的政策建议

针对以上问题，为实践科学发展观，努力构建上海节约型城市，需要实施一系列的节约型城市政策。

——坚持节能减排，淘汰落后生产设备。中央政府在“十一五”规划中提出了2010年节能减排目标，国务院会同有关部门制定了《节能减排综合性工作方案》，到2010年，中国万元GDP能耗将由2005年的1.22吨标准煤下降到1吨标准煤以下，降低20%左右；单位工业增加值用水量降低30%左右。主要污染物排放总量减少10%，二氧化碳排放量由2005年的2549万吨减少到2295万吨，化学需氧量(COD)由1414万吨减少到1273万吨；全国城市污水处理率不低于70%，工业固体废物综合利用率达到60%以上。上海作为中国最大的经济中心，在全国节能减排工作中举足轻重。生产是消费的基础，可持续消费必须建立在可持续生产基础上，必须建立一个低耗、高效、少污染或无污染的生产体系，建立与合理消费结构相适应的产品结构。为此，应淘汰落后生产设备，推行清洁生产，提高资源生产率，制造更耐用、更适于循环使用和修复的产品，减少废物和加强清洁生产技术的传播和转让等。还要限制产品过度包装和一次性消费品的生产。

——实施循环经济，提高资源综合利用。一方面要加强废品回收的政策支持，提高废旧物资回收和处理效率。依据循环经济的观点，垃圾只不过是放错了地方的资源，所有的废弃物都可以通过废物利用技术实现产业废弃物和生活废弃物的资源化处理，寻找到其有效用途。由于我国现阶段整体技术工艺的落后，以及城市化加快带来的生活垃圾的急剧增加，废弃物的处理已成为日益严峻的问题，传统的填埋和焚烧方式已经不能有效满足需要,同时也为了资源的有效和重复利用,保护环境,必须提出一种新的废物处理方法。要建立垃圾分类收集和垃圾收费制度。对城市垃圾要进行分类收集,分类的责任可归于个人或家庭,回收部门或专业运输队负责收运,或直接送到有关工厂或交由环卫部门清运和处理。可以试用垃圾计量收费制,按不同废物、不同量收取不同费用。要发展物资回收行业,这有利于提高再生资源利用的效益和减少环境污染。另一方面,要在现有的废物利用技术上,继续完善和开发新的废弃物利用技术,如废纸加工再生技术、废玻璃加工再生技术、废塑料转化为汽油和柴油的技术、有机垃圾制成复合肥技术、废电池等有害废物回收利用技术等。在技术成熟能够投入生产的同时,还必须建立完善废物回收点网络和垃圾分类技术,能够源源不断地为厂商提供足够的原材料。通过资源再生分离利用有用物质,不仅可以保护资源,还可以减少用不安全的垃圾填埋方法或倾倒处理法后可能产生的更多额外污染。

——改善消费习惯,推广绿色消费。要在以政府消费节约为主导,开发使用节能产品的同时,率先在政府机构中开展节能和提高能源利用效率的行动,在社会上形成良好的示范带头作用,并推动全社会的节能工作。提倡家庭和企事业单位节约用水,推广家庭一水多用,企业循环用水。如家庭和公共厕所将大于 9 升的便器降至 9 升,如果按每户居民每天使用便器 15 次计算,每户居民每天可节水 45 升,一年可节水 16.4 立方米。高等院校和中小学校等集体活动的场所,存在着较严重的浪费水现象,应对学生公寓实施用水计量。同时,辅之以征收累进消费税等。将高档住房等奢侈品纳入征税范围,征收高额累进税,将征税环节由向生产者征收,改为销售环节向消费者征收。限制一次性消费,明确消费者责任与义务。推行饮料一次性包装支付押金的规定,如对矿泉水、啤酒和含碳酸的清凉饮料的玻璃、金属和塑料包装收取押金,推行包装回收制度,以便循环利用资源。此外,对垃圾选择性处理的责任则主要落在消费者身上。包装材料、一次性饮料瓶、生物垃圾、旧报纸以及综合垃圾都被分开。定期上门收取垃圾筒及大型家电、电器。居民也可将金属、建筑垃圾送去专门地点。这样可减少废品回收难度与复杂度，为废弃物进入再循环创造条件。

——促进旧货交易，加强废物利用。旧货交易市场可以推动二手货消费品的流动，从而达到消费品高效利用的目的。促进家庭庭院甩卖、旧货交易和商业网站或政府支持的网站进行的旧货买卖，专营旧货拍卖的商业网站。①节俭商店为捐物的居民提供减税证明，使捐物的居民得到实惠。这些旧货在全社会范围内的流动，无疑使这些二手消费品在全社会的配置达到了最优。要建立二手市场交易平台。积极推进各种类型的二手市场交易平台的建立，尤其是网络二手市场，进一步规范网络交易。二手市场可以说是市场发展到一定阶段、一定规模的必然产物。在国外规范的二手市场里，二手商品必须与一级市场中的商品一样，提供明码标价、售后服务以及退换保证。但由于中国目前并不健全的市场规范和诚信制度，二手市场处于一个非常复杂的特殊环境。而伴随着以拍卖网站为主要类型的网络二手市场的兴盛，以实际门市为主的传统二手市场逐渐丧失竞争力。

——运用市场机制，实施资源价格调控。上海要建设节约型城市，应完善资源环境价格体系，形成鼓励能源资源节约使用的价格机制。为此，一是要使能源价格制定以节能为导向，制定能源消耗的累进价格和差别定价。二是健全水资源价格调节机制。结合目前上海市水价过低的现实，进一步合理提高供水价格，通过水价调节用水需求，使水价能够反映水资源的稀缺程度和供水成本；同时应逐步落实阶梯式水价政策和季节性水价，形成价格随用水量递增的机制。提高水资源费征收标准，扩大水资源费征收范围，并加大征收力度；此外，还应统筹研究制定水资源、城市供水和水利工程供水、“再生水”分类价格等政策措施，提高水的利用率和循环使用率，禁止、限制开采地下水，节约使用自来水。三是合理调节公用产品价格，保持公用产品价格的灵活性。诸如电力、水、天然气、热力等公用产品的价格要能够反映市场的供求形势，可以在保持生命线价格

---

① 徐信虎. 发达国家循环经济之借鉴[J]. 上海商学院学报,2005,(1).

的前提下，推行累进的公用产品价格体系，以便理顺资源价格体系，促进资源的可持续和高效利用。

——加强法律规制，构建节约型城市制度保障。上海建设节约型城市，必须以法制为制度保障。不论是市民个人节约行为，还是企业和社会团体的节约手段，还是政府的发展循环经济，实施节能减排目标，都应以立法作为制度保障。立法的一个重要的切入点就是关于生产或消费的最后环节——废弃物的处理。如美国的《固体废弃物处置法》，德国的《循环经济和废物处置法》，日本的《促进建立循环社会基本法》、《促进容器与包装分类回收法》、《家用电器回收法》、《建筑及材料回收法》、《食品回收法》以及《绿色采购法》等值得我们借鉴。通过立法及其实施，使节约型城市建设有法可依、违法必究。

——强化公众节约意识，建设节约长效机制。政府可以而且应该通过消费者教育、消费示范和推进绿色消费、适度消费运动等方式，倡导公众的节约意识，并逐步使之成为消费者的内在意识。一要进行消费者教育。消费者教育，是针对消费者所进行的一种有目的、有计划、有组织的，以传播消费知识、倡导消费观念、提高消费者素质为主要内容的社会教育活动。政府应将消费者教育纳入全民教育体系，使之成为全民教育的一个重要内容；支持民间机构、消费者协会、营销企业的消费者教育活动。二是通过媒体宣传作消费示范。通过公益广告创造一种新的消费时尚，创造一种不同于从前的消费价值尺度，这种消费价值尺度最终扩展为整个社会生活的价值尺度，成为衡量人生价值的尺度之一。发挥舆论的重要引导作用，充分利用电视、电影、广播、报刊、网络等多种媒体大力宣传绿色消费理念，激发人们在消费过程中的忧患意识和环保意识，营造一个绿色氛围。

参考文献

[1]马克思恩格斯全集(第2卷)[M].北京:人民出版社,1957.

[2]马克思恩格斯全集(第23卷)[M].北京:人民出版社,1972.

[3]马克思恩格斯全集(第24卷)[M].北京:人民出版社,1972.

[4]马克思恩格斯全集(第25卷)[M].北京:人民出版社,1975.

[5]马克思恩格斯全集(第26卷Ⅲ)[M].北京:人民出版社,1974.

[6]马克思恩格斯全集(第46卷)[M].北京:人民出版社,1979.

[7]马克思恩格斯选集(第2卷)[M].北京:人民出版社,1972.

[8]毛泽东选集(第1卷)[M].北京:人民出版社,1991.

[9]毛泽东文集(第6卷)[M].北京:人民出版社,1999.

[10]毛泽东文集(第7卷)[M].北京:人民出版社,1999.

[11]阿瑟·庇古:The Economics of Welfare[M].北京:中国社会科学出版社,1999.

[12]巴里·康芒纳.封闭的循环[M].长春:吉林人民出版社,1997.

[13]芭芭拉·沃德、勒内·杜博思.只有一个地球[M].长春:吉林人民出版社,1997.

[14]曹洪军、赵芳.宏观经济政策对资源环境保护的十大影响[J].环境科学研究,2006,(5).

[15]崔民选.中国能源发展报告[M].北京:社会科学文献出版社,2007.

[16]陈德敏.节约型社会基本内涵的初步研究[J].中国人口·资源与环境,2005,(2).

[17]陈力. 节约型社会必须大力倡导节约型消费方式[J]. 求实, 2006,(3).

[18]陈志昂、缪仁炳. 中国交易费用与经济增长关系的实证分析[J]. 商业经济与管理,2000,(9).

[19]曾丽洁. 节用与奢靡的现代解释[J]. 湖北大学学报,2006,(5).

[20]道格拉斯·诺思、罗伯特·托马斯. 西方世界的兴起[M]. 北京:华夏出版社,1989.

[21]道格拉斯·诺思. 制度、制度变迁与经济绩效[M]. 上海:上海三联书店,1994.

[22]道格拉斯·诺思. 经济史上的结构和变革[M]. 北京:商务印书馆,1992.

[23]冯之浚. 中国循环经济高端论坛[M]. 北京:人民出版社,2005.

[24]国家环境保护总局. 2005 中国环境状况公报[J]. 环境保护, 2006,(12).

[25]国家统计局课题组. 重复建设、盲目建设的成因与对策[J]. 中国统计,2005,(2).

[26]国际统计年鉴(2008)[M]. 北京:中国统计出版社,2008.

[27]盖虹云、全翔翼. 二恶英的毒性及其对人体健康的影响[J]. 包头医学院学报,2002,(4).

[28]高峰. 我国转变经济增长方式的紧迫性质和二元路径[J]. 社会主义经济理论与实践,2006,(2).

[29]何玉长. 节约富国论[J]. 学术月刊,2006,(1).

[30]何文君、全小梅. 绿色消费的障碍因素分析[J]. 消费经济, 2001,(2).

[31]何振. 绿色消费、绿色营销与可持续发展[J]. 山西财经大学学报,2002,第 24 卷.

[32]侯爱萍. 毛泽东节约思想与建设节约型社会[J]. 山东社会科学,2006,(4).

[33]韩寓群. 大力发展循环经济建设资源节约型社会[J]. 中国人口·资源与环境,2005,(2).

[34]哈罗德·德姆塞茨. 所有权、控制与企业——论经济活动的组织[M]. 北京:经济科学出版社,1999.

[35]黄少安. 交易费用范畴研究[J]. 学术月刊,1995,(11).

[36]黄铁苗. 一切节约归根到底都是资源的节约——兼论马克思的劳动时间节约理论[J]. 当代经济研究,2005,(8).

[37]金玉国. 体制转型对交易费用节约的实证分析:1991—2002[J]. 上海经济研究,2005,(2).

[38]罗勇. 区域经济可持续发展[M]. 北京:化学工业出版社,2005.

[39]卢现祥. 流通领域中交易费用的初探[J]. 商业经济研究,1997,(4).

[40]刘成杰、任连娣等. 基于收入差距扩大的公平与效率尺度问题[J]. 企业经济,2005,(10).

[41]刘国光. 进一步重视社会公平问题[J]. 经济学动态,2005,(4).

[42]刘国光. 把“效率优先”放到该讲的地方去[J]. 经济学动态,2005,(11).

[43]刘国涛. 节约型社会建设中的绿色产业与绿色产业法[M]. 北京:中国法制出版社,2005.

[44]刘焰、邹珊刚. 现代绿色产业的类别特征分析[J]. 宏观经济研究,2002,(7).

[45]刘铮. 建设节约型社会　加快发展循环经济[J]. 党建,2005,(9).

[46]刘业进. 专业化分工前提的交易成本经验估算:1978—2004[J]. 改革. 2006,(7).

[47]刘志峰、林巨广等. 电子电器产品的回收再利用及其关键技术研究[J]. 电机电器技术,2003,(1).

[48]林白鹏. 消费经济辞典[M]. 北京:经济科学出版社,1991.

[49]林白鹏、臧旭恒. 消费经济学大辞典[M]. 北京:经济科学出版社,2000.

[50]李伍荣、文启湘. 生态型服务消费:资源节约型消费模式的重要内容[J]. 消费经济,2006,(12).

[51]李艳芳. 系统化建构中的循环经济立法[J]. 中国人民大学学报,2006,(3).

[52]李春晖、杨勤业. 环境代际公平判别模型及其应用研究[J]. 地理科学进展,2000,(3).

[53]李正明、马永等. 科学发展观与循环消费[J]. 消费经济,2004,(6).

[54]廖卫东. 生态领域产权市场制度研究[M]. 北京:经济管理出版社,2004.

[55]黎建新. 消费的外部性分析[J]. 消费经济,2001,(5).

[56]鹿心社. 我国现代化建设中资源问题的若干思考[J]. 国土资源通讯,2001,(1).

[57]陆义丽、赵春兰. 绿色消费与可持续发展[J]. 经济论坛,2002,(12).

[58]缪仁炳、陈志昂. 中国交易费用测度与经济增长[J]. 统计研究,2002,(8).

[59]马凯. 科学发展观与经济增长方式的根本转变[J]. 求是,2004,(8).

[60]马凯. 经济增长方式的转变[J]. 科学决策,2004,(5).

[61]马凯. 建设节约型社会 促进可持续发展[J]. 中国经贸导刊,2005,(13).

[62]牛桂敏. 发展循环经济建设节约型社会[J]. 城市经济,2005,(5).

[63]奥利弗 · 威廉姆森. 企业制度与市场组织——交易费用经济学文选[M]. 上海:上海三联书店、上海人民出版社,1996.

[64]皮尔斯. 麦克米伦现代经济学词典[M]. 伦敦:麦克米伦出版公司,1981.

[65]秦兴方、杨家栋. 可持续消费行为及其制度安排[J]. 消费经济,2002,(2).

[66]R. 科斯. 企业市场与法律[M]. 上海:上海三联书店,1990.

[67]R. 科斯、A. 阿尔钦、D. 诺斯. 财产权利与制度变迁[M]. 上海:上海三联书店、上海人民出版社,1994.

[68]任勇等. 我国发展循环经济的政策与法律体系探讨[J]. 中国人口 · 资源与环境,2005,(5).

[69]世界环境与发展委员会. 我们共同的未来[M]. 北京:世界知识出版社,1989.

[70]宋国宇. 过于重复建设问题及其治理的再分析[J]. 物流科技,2004,第28卷总113期.

[71]盛洪. 分工与交易——一个一般理论及其对中国非专业化问题的应用分析[M]. 上海:上海人民出版社,2006.

[72]孙国锋. 中国居民消费行为演变及其影响因素研究[M]. 北京:中国财政经济出版社,2004.

[73]孙志云. 社会主义收入分配理论的新发展[J]. 发展论坛,2003,(7).

[74]唐荣智、于杨曜. 循环经济立法比较研究[J]. 杭州商学院学报,2002,(5).

[75]万鹏龙. 建设节约型社会的经济学思考[J]. 经济论坛,2005,(5).

[76]万晓琼. 对发展循环经济的思考[J]. 理论学刊,2005,(6).

[77]王军. 可持续发展[M]. 北京:中国发展出版社,1997.

[78]王群. 产业升级与中部崛起[M]. 北京:中国经济出版社,2004.

[79]王岳平等. 产业技术升级与产业结构调整关系研究[J]. 国民经济管理,2005,(10).

[80]王利利、白玲. 我国钢铁行业重复建设问题研究[J]. 当代经济,2008,(2).

[81]王学评. 关于绿色消费行为的思考[J]. 生态经济,2002,(1).

[82]王雍君. 循环经济、政府预算与公共规划[A]. 王雍军等. 循环经济论集[M]. 北京:经济科学出版社,2006.

[83]王亚华. 水权解释[M]. 上海:上海三联书店,2005.

[84]王方华、张向菁. 绿色营销[M]. 太原:山西经济出版社,1998.

[85]王兰慧、刘俊昌. 1978—1998 年我国森林覆盖率变动的影响因素分析[J]. 北京林业大学学报(社会科学版),2003,(1).

[86]吴丽兵、黄志斌. 论当代中国可持续消费模式[J]. 合肥工业大学学报,1999,(1).

[87]薛平. 资源论[M]. 北京:地质出版社,2004.

[88]寻寰中. 当前机关行政成本过高[J]. 求是,2008,(10).

[89]许峰. 中国技术创新滞后的成因分析与对策思考[J]. 上海经济研究,1999,(9).

[90]徐向红. 消费模式的演替与绿色消费[J]. 消费经济,2002,(4).

[91]徐信虎. 发达国家循环经济之借鉴[J]. 上海商学院学报,2005,(1).

[92]徐治江. 发展新型的循环经济[J]. 科学对社会的影响,2005,(2).

[93]亚当·斯密. 国民财富的性质和原因的研究(上卷)[M]. 北京:商务印书馆,1972.

[94]亚当·斯密. 国民财富的性质和原因的研究(下卷)[M]. 北京:商务印书馆,1972.

[95]约翰·伊特韦尔、默里·米尔盖特、彼得·纽曼. 新帕尔格雷夫经济学大词典(第四卷)[M]. 北京:经济科学出版社,1996.

[96]杨家栋、秦兴方. 可持续消费引论[M]. 北京:中国经济出版社,2000.

[97]杨勤业.可持续发展代际公平的初步研究[J].地理研究,2000,(6).

[98]杨圣明.中国消费模式选择[M].北京:中国社会科学出版社,1989.

[99]杨燕云.法治视野中的循环经济构建[J].特区经济,2006,(5).

[100]余勇.扭曲的奢侈品消费[J].记者观察,2006,(1).

[101]余颂.论发展循环消费的基本对策[J].消费经济,2005,(6).

[102]尹世杰.消费模式论析[J].中国社会科学,1992,(3).

[103]尹世杰.论绿色消费[J],江海学刊,2001.

[104]于敏.信任机制、交易费用和市场机制[J].济南大学学报,2004,(4).

[105]易培强.论节约型消费方式[J].经济学研究,2006,(1).

[106]叶民强.双赢策略与制度激励——区域可持续发展评价与博弈分析[M].北京:社会科学文献出版社,2002.

[107]叶蔚、于忠军、汤建泉.浅谈资源节约型社会指标体系的构建[J].煤炭经济研究权威论坛,2004,(281).

[108]俞海山.可持续消费模式论[M].北京:经济科学出版社,2002.

[109]中华人民共和国年鉴[M].北京:中华人民共和国年鉴社,2005,2006,2007.

[110]中国统计年鉴[M].北京:中国统计出版社,2004,2005,2006,2007.

[111]中国经济年鉴[M].北京:中国经济年鉴社,2005,2006,2007.

[112]中国餐饮年鉴[M].北京:中国商业年鉴社,2006.

[113]中国科学院可持续发展战略研究组.2006中国可持续发展报告——建设资源节约型和环境友好型社会[M].北京:科学出版社,2006.

[114]中国社科院经济研究所.中国实施绿色GDP路径选择的理论探讨[J].经济走势跟踪,2006,(80).

[115]赵纬.抑制过度重复建设,推进可持续发展[J].政策,2004,

(6).

[116]赵红军.交易效率:衡量一国交易成本的新视角——来自中国数据的检验[J].上海经济研究,2005,(11).

[117]张五常.经济解释[M].北京:商务印书馆,2000,卷二.

[118]张军.现代产权经济学[M].上海:上海三联书店,1991.

[119]张文忠等.挑战WTO——中国产业竞争力再造[M].北京:科学出版社,2001.

[120]张晓华、刘滨."扩大生产者责任"原则及其在循环经济发展中的作用[J].中国人口·资源与环境,2005,(2).

[121]张宇."效率优先、兼顾公平"的提法需要调整[J].经济学动态,2005,(12).

[122]朱启才.权力、制度与经济增长[M].北京:经济科学出版社,2000.

[123]朱建华.略论绿色消费[J].岭南学刊,2001.

[124]周宏春.建设节约型社会,实现可持续发展[J].社会主义经济理论与实践,2006,(1).

[125]周世祥、蓝娟.关于构建节约型社会消费模式的思考[J].消费经济,2006,(2).

[126]周叔莲.应该重视消费模式的研究[J].新华文摘,1982,(2).

[127]周海林.可持续发展原理[M].北京:商务印书馆,2004.

[128]郑文生.我国可持续消费模式构建探析[J].再生资源研究,2004,(1).

[129]臧旭恒等.居民资产与消费选择行为分析[M].上海:上海三联书店、上海人民出版社,2001.

[130]钟坚.效率兼公平:中国改革与发展模式的再抉择[J].经济前沿,2005,(2),(3).

[131] A. Lans Bovenberg, Sjak A. Smulders, "Transitional Impacts of Environmental Policy in an Endogenous Growth Model", International Eco-

nomic Review, Vol. 37, No. 4(Nov. , 1996), pp. 861 – 893.

[132] A. Haurie, N. M. Hung, "Turnpike Properties for the Optimal Use of a Natural Resource", The Review of Economic Studies, Vol, 44, No. 2 (Jun. , 1977), pp. 329 – 336.

[133] Anthony C. Fisher, John V. Krutilla, Charles J. Cicchetti, "The Economics of Environmental Preservation: A Theoretical and Empirical Analysis", The American Economic Review, Vol. 62, No. 4(Sep. , 1972), pp. 605 – 619.

[134] Ashford, N. A. , C. Ayers, and R. F. Stone, "Using Regulation to Change the Market for Innovation", Harvard Environmental Law Review 9 (1985), pp. 419 – 466.

[135] Carmen Tanner, Sybille, "Promoting Sustainable Consumption: Determinants", Psychology & Marketing, Vol. 20(10), 2003.

[136] Denise Young, "Cost Specification and Firm Behaviour in a Hotelling Model of Resource Extraction", The Canadian Journal of Economics, Vol. 25, No. 1. (Feb. , 1992), pp. 41 – 59.

[137] Donna Ramirez Harrington, Madhu Khanna, and David Ziberman, "Conservation capital and sustainable economic growth", Oxford Economic Papeers 57(2005), pp. 336 – 359.

[138] Doris A. Fuchs and Sylvia Lorek, "Sustainable Consumption Governance in a Globalizing World", Global Environmental Politics 2: 1, February 2002.

[139] D. Pearce , J. Warford , "World without End : Economics , Environment., and Sustainable Development ", London : Oxford University Press, 1993.

[140] Eduardo M. Modiano, Jeremy F. Shapiro, "A Dynamic of Optimization Model of Depletable Resources", The Bell Journal of Economics, Vol. 11, No. 1(Spring, 1980), pp. 212 – 236.

[141] Edward B. Barbier, "Economics, Natural Resource Scarcity and Development: Conventional and Alternative Views" , London: Earthsean Publications Ltd. , 1985.

[142] Gary S. Becker, Edward L. Glaeser, Kevin M. Murphy, "Population and Economic Growth", The American Economic Review, Vol. 89, No. 2, Papers and Proceedings of the One Hundred Eleventh Annual Meeting of the American Economic Association. (May, 1999), pp. 145 – 149.

[143] Geoffrey Heal, "The Relation between Price and Extraction Cost for a Resource with a Backstop Technology", The Bell Journal of Economics, Vol. 7, No. 2(Autumn, 1976), pp. 371 – 378.

[144] Harold, "The Economics of Exhaustible Resources Hotelling", The Journal of Political Economy, Vol. 39. No. 2(Apr, 1931), pp. 137 – 175.

[145] Jeffrey A. Krautkraemer, "Optimal Growth, Resource Amenities and the Preservation of Natural Environments", The Review of Economic Studies, Vol. 52, No. 1. (Jan. , 1985), pp. 153 – 170.

[146] Jeffrey A. Krautkraemer, "Nonrenewable Resource Scarcity", Journal of Economics Liternature, Vol, 36, No. 4 (Dec. , 1998), pp. 2065 – 2107.

[147] John Laitner, "Resource Extration Costs and Competitive Steady – State Growth", International Economic Review, Vol, 25, No. 2(Jun. , 1984), pp. 297 – 314.

[148] John R. Livernois, Russell S. Uhler, "Ectraction Costs and the Economics of Nonrenewable Resources", The Journal of Political Economy, Vol. 95, No. 1(Feb. , 1987), pp. 195 – 203.

[149] Jorgenson and Wilcoxen, "Environmental Regulation and U. S. Economic Growth", Rand Journal of Economics 21(1990), pp. 314 – 340.

[150] Joseph L. Fisher, Ronald G. Ridker, "Population Growth, Resource Availability and Environmental Quality", The American Economic Re-

view, Vol. 63. No. 2, Papers and Proceedings of the Eighty – fifth Annual Meeting of the American Economic Association. (May, 1973), pp. 79 –87.

[151] Joseph Stiglitz, "Growth with Exhaustible Natural Resources: Efficient and Optimal Growth Paths", The Review of Economic Studies, Vol. 41. Symposium on the Economics of Exhaustible Resources. (1974), pp. 123 –137.

[152] Joseph Stiglitz, "Growth with Exhaustible Natural Resources: The Competitive Economy", The Review of Economic Studies, Vol. 41. Symposium on the Economics of Exhaustible Resources. (1974), pp. 139 –152.

[153] Kenneth J. Arrow, Anthony C. Fisher, "Environmental Presevation, Uncertainty, and Irreversibility", The Quarterly Journal of Economics, Vol, 88, No. 2(May, 1974), pp. 312 –319.

[154] Kersty Hobson, "Researching' sustainable consumption' in Asia – Pacific cities", Asia Pacific Viewpoint, Vol. 45, No. 2, August 2004.

[155] Koji Takase, Yasushi Kondo, and Ayu Washizu, "An Analysis of Sustainable Consumption by the Waste Input – Output Model", 2005.

[156] Lanjouw, J. and A. Mody, "Stimulating Innovation and the International Diffusion of Environmentally Responsive Technology: The Role of Expenditures and Institutions", mimeo, World Bank, 1993.

[157] Lynn White, "The Historical Roots of Our Ecological Crisis", Science, vol. 155, No. 3767(March, 1967), pp. 1203 –1207.

[158] Milton C. Weinstein, Richard J. Zeckhauser, "The Optimal Consumption of Depletable Natural Resources", The Quarterly Journal of Economics, Vol. 89, No. 3(Aug., 1975), pp. 371 –392.

[159] Ola Flaaten, "The Optimal Harvesting of a Natural Resources with Seasonal Growth", The Canadian Journal of Economics, Vol. 16, NO. 3(August, 1983), pp. 447 –462.

[160] Oscar R. Burt, Ronald G. Cummings, "Production and Investment

in Natural Resource Industries", The American Economic Review, Vol, 60, No. 4(Sep. , 1970), pp. 576 - 590.

[161] Paul de Hek, Santanu Roy, "On Sustained Growth under Uncertainty", International Economic Review, Vol. 42, No. 3(Aug. , 2001), pp. 801 - 813.

[162] Partha Dasgupta, Geoffrey Heal, "The Optimal Depletion of Exhaustible Resources". The Review of Economic Studies, Vol. 41, Symposium on the Economics of Exhaustible Resources. (1974), pp. 2 - 28.

[163] Ploeg van der and C. Withagen, "Pollution Control and the Ramsey Problem", Environmental and Resource Economics 1 (1991), pp. 215 - 230.

[164] R. M. Solow, "Intergenerational Equity and Exhaustible Resources", The Review of Economic Studies, Vol. 41, Symposium on the Economics of Exhaustible Resources. (1974), pp. 29 - 45.

[165] R . M. Solow, Frederic Y. Wan, "Extraction Costs in the Theory of Exhaustible Resources", The Bell Journal of Economics, Vol. 7, No. 2 (Autumn, 1976), pp. 359 - 370.

[166] R. M. Solow, "A Contribution to the Theory of Economic Growth", The Quarterly Journal of Economics, Vol. 70, No. 1(Feb. , 1956), pp. 65 - 94.

[167] R. M. Solow, "The Economics of Resources or the Resources of Economics", The American Economic Review, Vol. 64. No. 2, Papers and Proceedings of the Eighty - sixth Annual Meeting of the American Economic Association. (May, 1974), pp. 1 - 14.

[168] Smulders, S. "Entropy, environment, and endogenous economic growth", International Tax and Public Finance, 2, pp. 319 - 340.

[169] Tahvonen, O. and J. Kuuluvainen, "Economic Growth, Pollution and Renewable Resources", Journal of Ennvironmental Economics and Man-

agement 24(1993), pp. 101 –118.

[170] V. Kerry Smith, John V. Krutilla, "Economic Growth, Resource Availability, and Environmental Quality", The American Economic Review, Vol, 74, No. 2, Papers and Proceedings of the Ninety – Sixth Annual Meeting of the American Economic Association. (May, 1984), pp. 226 –230.

附录1　国务院批转节能减排统计监测及考核实施方案和办法的通知

国发〔2007〕36号

各省、自治区、直辖市人民政府，国务院各部委、各直属机构：

国务院同意发展改革委、统计局和环保总局分别会同有关部门制订的《单位GDP能耗统计指标体系实施方案》、《单位GDP能耗监测体系实施方案》、《单位GDP能耗考核体系实施方案》（以下称"三个方案"）和《主要污染物总量减排统计办法》、《主要污染物总量减排监测办法》、《主要污染物总量减排考核办法》（以下称"三个办法"），现转发给你们，请结合本地区、本部门实际，认真贯彻执行。

一、充分认识建立节能减排统计、监测和考核体系的重要性和紧迫性。到2010年，单位GDP能耗降低20%左右、主要污染物排放总量减少10%，是国家"十一五"规划纲要提出的重要约束性指标。建立科学、完整、统一的节能减排统计、监测和考核体系（以下称"三个体系"），并将能耗降低和污染减排完成情况纳入各地经济社会发展综合评价体系，作为政府领导干部综合考核评价和企业负责人业绩考核的重要内容，实行严格的问责制，是强化政府和企业责任，确保实现"十一五"节能减排目标的重要基础和制度保障。各地区、各部门要从深入贯彻落实科学发展观，加快转变经济发展方式，促进国民经济又好又快发展的高度，充分认识建立"三个体系"的重要性和紧迫性，按照"三个方案"和"三个办法"的要求，全面扎实推进"三个体系"的建设。

二、切实做好节能减排统计、监测和考核各项工作。要逐步建立和完善国家节能减排统计制度，按规定做好各项能源和污染物指标统计、监测，按时报送数据。要对节能减排各项数据进行质量控制，加强统计执法检查和巡查，确保各项数据的真实、准确。严肃查处节能减排考核工作中的弄虚作假行为，严禁随意修改统计数据，杜绝谎报、瞒报，确保考核工作的客观性、公正性和严肃性。要严格节能减排考核工作纪律，对列入考核范围的节能减排指标，未经统计局和环保总局审定，不得自行公布和使用。要对各地和重点企业能耗及主要污染物减排目标完成情况、“三个体系”建设情况以及节能减排措施落实情况进行考核，严格执行问责制。

三、加强领导，密切协作，形成全社会共同参与节能减排的工作合力。各地区、各有关部门要把“三个体系”建设摆上重要议事日程，明确任务、落实责任，周密部署、科学组织，尽快建立并发挥“三个体系”的作用。地方各级人民政府要对本地区“三个体系”建设负总责，加强基础能力建设，保证资金、人员到位和各项措施落实，加强本地区节能减排目标责任的评价考核和监督核查工作。国务院各有关部门要根据职能分工，认真履行职责，密切协作配合，抓紧制定配套政策。发展改革委、统计局和环保总局要加强指导和监督，跟踪掌握动态，协调解决工作中出现的问题。要充分调动有关协会和企业的积极性，明确责任义务，加强监督检查。要广泛宣传动员，充分发挥舆论监督作用，努力营造全社会关注、支持、参与、监督节能减排工作的良好氛围。

国务院

二〇〇七年十一月十七日

附录2 单位GDP能耗统计指标体系实施方案

统计局 发展改革委 能源办

一、总体思路和工作要求

(一)总体思路。根据各级能源消费总量的核算方法,从能源供应统计和消费统计两个方面建立健全能源统计调查制度。以普查为基础,根据国民经济各行业的能耗特点,建立健全以全面调查、抽样调查、重点调查等各种调查方法相结合的能源统计调查体系。

(二)工作要求。要逐步建立和完善国家能源统计制度,各地区要建立适合本地能源统计核算和节能降耗工作需要的地方能源统计制度,各级政府部门、协会、能源产品生产经营企业也要尽快建立有关能源统计制度,做好各项能源指标统计。各有关部门要加强能源统计业务建设,充分利用现代化信息技术,加快建立安全、灵活、高效的能源数据采集、传输、加工、存储和使用等一体化的能源统计信息系统。各社会用能单位要从仪器仪表配置、商品检验、原始记录和统计台账等基础工作入手,全面加强能源利用的计量、记录和统计,依法履行统计义务,如实提供统计资料。

二、建立健全能源生产统计

(一)进一步完善现有规模以上工业企业能源产品产量统计制度,增加能源核算所需要能源产品的中小类统计目录。

(二)建立规模以下工业企业煤炭、电力等产品产量统计制度。

调查内容:煤炭生产量、销售量、库存量;发电量。

调查范围:规模以下(年销售收入500万元以下)的煤炭生产企业和电力企业。煤炭产品产量调查的范围按照安全监管总局核定的颁发煤炭生产许可证的规模以下煤炭生产企业名单确定。

调查频率:季报,2007年下半年正式实施。

调查方式:统计局组织全面调查。

三、建立健全能源流通统计

以能源省际间流入与流出统计为重点,建立健全能源流通统计。

(一)煤炭。将现有煤炭省际间流入与流出统计范围由重点煤矿扩大到全部煤炭生产和流通企业。

调查内容:分地区煤炭销售量。

调查范围:全部煤炭生产、流通企业。

调查频率:季报,2007年年报正式实施。

调查方式:中国煤炭运销协会组织全面调查。

(二)原油。原油省际间流入与流出量可根据现有海关统计和工业企业能源统计报表中有关指标计算取得。具体方法是:

原油产地:本地区原油净流出量(正数)或净流入量(负数)=原油产量+进口量-出口量-工业企业原油购进量

非原油产地:本地区原油净流出量(正数)或净流入量(负数)=进口量-工业企业原油购进量

原油产量从工业企业月度生产统计报表取得,工业企业原油购进量从工业企业季度能源消费统计报表取得,进口量、出口量数据从海关进出口统计取得。

(三)成品油。成品油省际间流入与流出量通过建立“批发与零售企业能源商品购进、销售与库存”统计制度取得。

1.在经商务部批准的经营成品油批发业务的企业范围内,建立成品油购进、销售、库存统计制度。

调查内容:成品油购进量、购自省外,销售量、售于省外、售于批发零售企业,库存量。

调查范围:经商务部批准的经营成品油批发业务的全部企业。

调查频率:季报,2007年年报正式实施。

调查方式:统计局组织全面调查。

2. 在经国家有关部门批准的成品油零售企业范围内,建立成品油销售、库存统计调查制度。

调查内容:成品油销售量、库存量。

调查范围:经国家有关部门批准的成品油零售企业。

调查频率:季报,2007年年报正式实施。

调查方式:统计局组织全面调查。

(四)天然气。省际间天然气流入与流出量分别由三大石油公司天然气管理机构提供。

(五)电力。电力的省际间输配数量,由中国电力企业联合会提供。

(六)其他能源品种。洗煤、焦炭、其他焦化产品、液化石油气、炼厂干气、其他石油制品、液化天然气等产品地区间流入与流出调查,采用与原油相同的方法进行核算,即利用海关进出口资料和工业企业能源消费统计报表中的有关指标计算取得。具体核算方法:

其他能源品种本地净流出量(正数)或净流入量(负数)=本地生产量+进口量-出口量-工业企业购进量

四、建立健全能源消费统计

通过建立健全能源消费统计,反映能源消费结构,为市(地)、县(市)进行能源核算提供基本数据支持,对能源供应统计无法取得的资料以能源消费统计予以补充。近期重点加强各级能源消费数据核算基础,建立分地区能源消费核算制度和评估制度。

(一)完善现有规模以上工业企业能源购进、消费、库存、加工转换统计调查制度,增加可再生能源、低热值燃料、工业废料等调查目录,增加余热余能回收利用统计指标。

（二）建立规模以下工业企业和个体工业能源消费统计制度。规模以下工业企业、个体工业能源消费约占全部工业能源消费的10%左右，这部分企业生产工艺、设备比较落后，能耗高，调查其能源消费对于指导淘汰落后产能工作、反映节能减排成果具有重要意义。

调查内容：煤炭、焦炭、天然气、汽油、柴油、燃料油、电力等消费量。

调查范围：规模以下工业企业和个体工业。

调查频率：季报，2007年年报正式实施。

调查方式：统计局组织抽样调查。

（三）建立农林牧渔业生产单位能源消费调查制度。

调查内容：煤炭、汽油、柴油、燃料油、电力等消费量。

调查范围：从事农林牧渔生产经营活动的法人单位。

调查频率：年报，2007年年报正式实施。

调查方式：统计局组织重点调查。

（四）健全建筑业能源消费统计。建筑业能源消费总量占全部能源消费的比重为1.5%左右，拟采取普查年份全面调查、非普查年份根据有关资料进行推算的方法，取得建筑业能源消费数据。

（五）建立健全第三产业能源消费统计调查制度。第三产业涉及范围广泛，单位数量众多，需要针对不同行业、不同经营类型企业的能源消费特点，采取不同的调查方法，进行统计调查。耗能较大的餐饮业分规模建立全面调查或重点调查统计制度；交通运输行业按照不同运输方式建立相应的调查制度。第三产业的其他行业能源消费，电力约占90%左右，由中国电力企业联合会通过健全社会用电量统计，提供能耗核算所需的资料。

1.餐饮业。餐饮业单位数量多、分布面广、能源消费品种较多、调查难度大，将其分为限额以上和限额以下两部分进行调查。对限额以上餐饮企业（从业人员40人以上，年营业额200万元以上）实行全面调查，全面建立煤炭、煤气、天然气、液化石油气、电力等能源消费量统计调查制度。对限额以下餐饮企业实行重点调查,取得样本企业单位营业额和能源消费量数据,按照限额以下餐饮业营业额资料推算其全部能源消费量。

调查内容:煤炭、煤气、天然气、液化石油气、电力消费量。

调查范围:限额以上企业,限额以下企业。

调查频率:季报,2007 年年报正式实施。

调查方式:统计局在限额以上和以下企业分别组织全面调查和重点调查。

2. 交通运输业。按照不同运输方式建立能源消费统计调查制度。

(1)铁路、航空、管道运输业。

调查内容:煤炭、煤气、汽油、煤油、柴油、燃料油、天然气、液化石油气、电力消费量等。

调查范围:铁路、航空、管道运输企业。

调查频率:季报,2007 年年报正式实施。

调查方式:铁道部、地方铁路协会、民航总局、三大石油公司管道运输部门组织全面调查。

(2)公路、水上运输和港口。

公路、水上运输和港口是指从事公路(包括城市公交)、水上营业性运输和港口装卸业务的企业(包括个体专业运输户),不包括社会车辆和私人家庭车辆的交通运输活动。运输企业管理分散、流动性强,需要对不同性质的运输企业采取不同的调查方式。在从事营业性公路、水上运输的重点企业和港口范围内,建立统一、规范的能源消费统计调查制度,并在工作规范化以后逐步将调查范围扩大到全部专业运输企业。对从事公路、水上运输的个体专业运输户实施典型调查,按照单车(单船)年均收入耗油量或单位客货周转量耗油量、交通运输管理部门登记的车(船)数量,推算其能源消费总量。

调查内容:汽油、柴油、燃料油消费量等。

调查频率:年报,2007 年年报正式实施。

调查方式:统计局组织对重点专业运输企业和港口全面调查,对从事公路、水上运输的个体专业运输户典型调查。

（六）建立健全居民生活用能统计制度。

1. 城镇居民生活用能。

调查内容：煤炭、汽油、柴油、城市煤气、天然气、液化石油气、电力消费量。

调查范围：与现有城镇住户调查范围相同。

调查频率：季报，2007 年年报正式实施。

调查方式：统计局组织抽样调查。

2. 农村居民生活用能。

调查内容：煤炭、汽油、柴油、天然气、液化石油气、电力消费量等。

调查范围：与现有农村住户调查范围相同。

调查频率：季报，2007 年年报正式实施。

调查方式：统计局组织抽样调查。

（七）建立健全主要建筑物能耗统计制度。针对饭店、宾馆、商厦、写字楼、机关、学校、医院等单位的大型建筑物，由建设部会同统计局研究建立相应的统计制度。

（八）建立健全能源利用效率统计制度。能源利用效率统计主要是指单位产品能耗、单位业务量能耗统计。目前在年耗能 1 万吨标准煤以上的工业企业范围内建立了 25 种重点耗能产品，108 项单位产品能耗统计调查制度。在此基础上，逐步扩大统计范围，由年耗能 1 万吨标准煤以上工业企业逐步扩大到规模以上工业企业，逐步增加耗能产品的统计品种。

（九）完善新能源、可再生能源统计制度。新能源、可再生能源主要是指核能、生物质能、水能、风能、太阳能、地热等。目前，除核电、水电有规范的统计制度外，其他能源的利用因数量较少，缺乏统一的统计计量标准，统计制度尚不健全。要在抓紧制定统计标准的同时，积极探索和研究建立相关统计指标和统计调查制度，尽快将新能源、可再生能源的利用完整地纳入正常能源统计调查体系。

有关能源统计制度、调查表、核算方案等，由统计局另行印发。

附录3　单位GDP能耗监测体系实施方案

统计局　发展改革委　能源办

一、总体思路和工作要求

（一）总体思路。在建立健全能耗统计指标体系的基础上，通过对各项能耗指标的数据质量实施全面监测，评估各地、各重点企业能耗数据质量，客观、公正、科学地评价节能降耗工作进展，全面、真实地反映全国、各地区以及重点耗能企业的节能降耗进展情况和取得的成效。

（二）工作要求。在加强能耗各项指标统计的同时，对能耗指标的数据质量进行监测，确保各项能耗指标的真实、准确。要深入研究能耗指标与有关经济指标的关系，科学设置监测指标体系。要抓紧制订科学、统一的能耗指标与GDP核算方案，从核算基础、核算方法、工作机制等方面对单位GDP能耗及其他监测指标的核算进行严格规范，不断完善主要监测指标核算的体制和机制。各地要结合实际，制定严格的数据质量评估办法，切实保障数据质量。节能降耗指标及其数据质量分别由上一级统计部门认定并实施监测。千家重点耗能企业主要由统计局和节能减排办负责监测，地方各级人民政府也要对本地区重点耗能企业进行监测。各级统计部门从2008年起，建立统一、科学的季度、年度能源消费总量和单位GDP能耗核算制度，制定能反映各地工作特点的能耗数据质量评估办法。

二、对节能降耗进展情况进行监测

（一）对全国以及各地区节能降耗进展情况的监测。

监测指标:单位GDP能耗,单位工业增加值能耗,单位GDP电耗及其降低率;单位产品能耗,重点耗能产品产量及其增长速度;重点耗能行业产值及其增长速度等。

(二)对主要耗能行业节能降耗进展情况的监测。

主要耗能行业包括:煤炭、钢铁、有色、建材、石油、化工、火力发电、造纸、纺织等。

监测指标:单位增加值能耗,单位产品能耗。

(三)对重点耗能企业的监测。

重点耗能企业为年耗能1万吨标准煤以上的企业。

监测指标:单位产品能耗,能源加工转换效率,节能降耗投资等。

(四)对资源循环利用状况和"十一五"期间十大重点节能工程的建设情况的监测。

监测指标:资源循环利用指标;十大重点节能工程的节能量。

三、对地区单位GDP能耗及其降低率数据质量的监测

(一)对GDP的监测。

第一组:地区GDP总量的逆向指标,用于检验GDP总量是否正常。

1. 地区财政收入占GDP的比重。

2. 地区各项税收占第二和第三产业增加值之和的比重。

3. 地区城乡居民储蓄存款增加额占GDP的比重。

第二组:与地区GDP增长速度相关的指标,用于检验现价GDP增长速度是否正常。

1. 地区各项税收增长速度。

2. 地区各项贷款增长速度。

3. 地区城镇居民家庭人均可支配收入增长速度。

4. 地区农村居民家庭人均纯收入增长速度。

第三组:与地区第三产业增加值相关的指标,用于检验第三产业增加值是否正常。

1. 地区第三产业税收占全部税收的比重。

2. 地区第三产业税收收入增长速度。

(二)对能源消费总量的监测。

1. 电力消费占终端能源消费的比重,用以监测终端能源消费量是否正常。

2. 规模以上工业能源消费占地区能源消费总量的比重,用以监测地区能源消费总量是否正常。

3. 火力发电、供热、煤炭洗选、煤制品加工、炼油、炼焦、制气等加工转换效率,用以监测涉及计算各种能源消费量的相关系数是否正常。

4. 三次产业、行业能源消费增长速度、工业增加值增长速度,用以监测各次产业、行业能源消费量增长速度与增加值增长速度是否相衔接。

5. 主要产品产量、单位产品能耗,用以监测重点耗能产品能源消费情况。

有关数据评估办法、核算制度等,由统计局另行印发。

附录 4　单位 GDP 能耗考核体系实施方案

发展改革委

一、总体思路

按照目标明确，责任落实，措施到位，奖惩分明，一级抓一级，一级考核一级的要求，建立健全节能目标责任评价、考核和奖惩制度，强化政府和企业责任，发挥节能政策指挥棒作用，确保实现“十一五”节能目标。

二、考核对象、内容和方法

（一）考核对象。各省（区、市）人民政府（以下称省级人民政府）和千家重点耗能企业。

（二）考核内容。主要包括节能目标完成情况和落实节能措施情况。

（二）考核方法。采用量化办法，相应设置节能目标完成指标和节能措施落实指标，满分为 100 分。节能目标完成指标为定量考核指标，以各地区依据《国务院关于“十一五”期间各地区单位生产总值能源消耗降低指标计划的批复》（国函〔2006〕94 号，以下简称《批复》）制定的年度节能目标、各重点耗能企业签订节能目标责任书确定的年度节能目标为基准，分别依据国家统计局核定的地区能耗指标和省级节能主管部门认可的企业节能指标，计算目标完成率进行评分，满分为 40 分，超额完成指标的适当加分。节能措施落实指标为定性考核指标，是对各地区、各重点耗能企业落实节能措施情况进行评分，满分为 60 分。

（四）考核结果。分为超额完成（95 分以上）、完成（80—94 分）、基本完成(60—80 分)、未完成(60 分以下) 四个等级。未完成节能目标的,均为未完成等级。具体考核计分方法见附件。

三、考核程序

(一)各省级人民政府要按照《批复》要求,确定年度节能目标,于当年 3 月底前报国务院节能减排工作领导小组办公室(以下简称节能减排办)备案。

(二)每年 3 月底前,各省级人民政府将上年度本地区节能工作进展情况和节能目标完成情况自查报告报国务院,同时抄送发展改革委、节能减排办。发展改革委会同监察部、人事部、国资委、质检总局、统计局、能源办等部门组成评价考核工作组,通过现场核查和重点抽查等方式,对各地区节能工作及节能目标完成情况进行评价考核和监督核查,形成综合评价考核报告,于每年 5 月底前报国务院。对各地区节能目标责任的评价考核结果经国务院审定后,由发展改革委向社会公告。

(三)对千家重点耗能企业的节能目标责任评价考核按属地原则由省级节能主管部门负责组织实施。企业应于每年 1 月底前,向所在地省级节能主管部门提交上年度节能目标完成情况和节能工作进展情况自查报告,同时抄报国家发展改革委。省级节能主管部门组织以社会各界专家为主的评估组,对企业节能目标完成情况进行评估核查,并于每年 3 月底前将综合评价报告报送省级人民政府和国家发展改革委。千家重点耗能企业节能情况评价考核结果由国家发展改革委审核汇总后,向社会公告。

四、奖惩措施

(一)对各地区节能目标责任评价考核结果经国务院审定后,交由干部主管部门依照《体现科学发展观要求的地方党政领导班子和领导干部综合考核评价试行办法》等规定,作为对省级人民政府领导班子和领导干部综合考核评价的重要依据,实行问责制和“一票否决”制。

（二）对考核等级为完成和超额完成的省级人民政府，结合全国节能表彰活动进行表彰奖励。对考核等级为未完成的省级人民政府，领导干部不得参加年度评奖、授予荣誉称号等，国家暂停对该地区新建高耗能项目的核准和审批。

（三）考核等级为未完成的省级人民政府，应在评价考核结果公告后一个月内，向国务院做出书面报告，提出限期整改工作措施，并抄送发展改革委。整改不到位的，由监察部门依据有关规定追究该地区有关责任人员的责任。

（四）对评价考核结果为超额完成和完成等级的企业，由国家发展改革委和省级人民政府予以通报表扬，并结合全国节能表彰活动进行表彰奖励。对评价考核结果为未完成等级的企业，予以通报批评，一律不得参加年度评奖、授予荣誉称号，不给予国家免检等扶优措施，对其新建高耗能投资项目和新增工业用地暂停核准和审批。考核结果为未完成等级的企业，应在评价考核结果公告后一个月内提出整改措施报所在地省级人民政府，限期整改。对千家企业中的国有独资、国有控股企业的考核评价结果，由各级国有资产监管机构作为对企业负责人业绩考核的重要依据，实行"一票否决"。

（五）对在节能考核工作中瞒报、谎报情况的地区，予以通报批评；对直接责任人员依法追究责任。

附表1　省级人民政府节能目标责任评价考核计分表

考核指标	序号	考核内容	分值	评分标准
节能目标（40分）	1	万元GDP能耗降低率	40	完成年度计划目标得40分，完成目标的90%得36分，完成80%得32分，完成70%得28分，完成60%得24分，完成50%得20分，完成50%以下不得分。每超额完成10%加3分，最多加9分。本指标为否决性指标，只要未达到年度计划确定的目标值即为未完成等级。

（续表）

节能措施（60分）	2	节能工作组织和领导情况	2	1. 建立本地区的单位GDP能耗统计、监测、考核体系，1分； 2. 建立节能工作协调机制，明确职责分工，定期召开会议，研究重大问题，1分。
	3	节能目标分解和落实情况	3	1. 节能目标逐级分解，1分； 2. 开展节能目标完成情况检查和考核，1分； 3. 定期公布能耗指标，1分。
	4	调整和优化产业结构情况	20	1. 第三产业增加值占地区生产总值比重上升，4分； 2. 高技术产业增加值占地区工业增加值比重上升，4分； 3. 制定和实施固定资产投资项目节能评估和审查办法，4分； 4. 完成当年淘汰落后生产能力目标，8分。
	5	节能投入和重点工程实施情况	10	1. 建立节能专项资金并足额落实，3分； 2. 节能专项资金占财政收入比重逐年增加，4分； 3. 组织实施重点节能工程，3分。
	6	节能技术开发和推广情况	9	1. 把节能技术研发列入年度科技计划，2分； 2. 节能技术研发资金占财政收入比重逐年增长，3分； 3. 实施节能技术示范项目，2分； 4. 组织推广节能产品、技术和节能服务机制，2分。
	7	重点企业和行业节能工作管理情况	8	1. 完成重点耗能企业（含千家企业）当年节能目标，3分； 2. 实施年度节能监测计划，1分； 3. 新建建筑节能强制性标准执行率完成年度目标得4分，完成80%得2分，不足70%的不得分。
	8	法律、法规执行情况	3	1. 出台和完善节约能源法配套法规等，1分； 2. 开展节能执法监督检查等，1分； 3. 执行高耗能产品能耗限额标准，1分。
	9	节能基础工作落实情况	5	1. 加强节能监察队伍、机构能力建设，1分； 2. 完善能源统计制度并充实能源统计力量，1分； 3. 按要求配备能源计量器具，1分； 4. 开展节能宣传和培训工作，1分； 5. 实施节能奖励制度，1分。
小计			100	

注：1. 年度计划节能目标以各地区根据《批复》制定的分年度目标为准；上年度未完成的节能目标，须分摊到以后年度。

2. 2010年节能目标以《批复》中的目标为准。

附表2　千家重点耗能企业节能目标责任评价考核计分表

考核指标	序号	考核内容	分值	评分标准
节能目标（40分）	1	节能量	40	完成年度计划目标得40分，完成目标的90%得35分、80%得30分、70%得25分、60%得20分、50%得15分、50%以下不得分。每超额完成10%加2分，最多加6分。本指标为否决性指标，只要未达到目标值即为未完成等级。
节能措施（60分）	2	节能工作组织和领导情况	5	1.建立由企业主要负责人为组长的节能工作领导小组并定期研究部署企业节能工作，3分； 2.设立或指定节能管理专门机构并提供工作保障，2分。
	3	节能目标分解和落实情况	10	1.按年度将节能目标分解到车间、班组或个人，3分； 2.对节能目标落实情况进行考评，3分； 3.实施节能奖惩制度，4分。
	4	节能技术进步和节能技改实施情况	25	1.主要产品单耗或综合能耗水平在千家企业同行业中，位居前20%的得10分，位居前50%的得5分，位居后50%的不得分； 2.安排节能研发专项资金并逐年增加，4分； 3.实施并完成年度节能技改计划，4分； 4.按规定淘汰落后耗能工艺、设备和产品，7分。
	5	节能法律法规执行情况	10	1.贯彻执行节约能源法及配套法律法规及地方性法规与政府规章，2分； 2.执行高耗能产品能耗限额标准，4分； 3.实施主要耗能设备能耗定额管理制度，2分； 4.新、改、扩建项目按节能设计规范和用能标准建设，2分。
	6	节能管理工作执行情况	10	1.实行能源审计或监测，并落实改进措施，2分； 2.设立能源统计岗位，建立能源统计台账，按时保质报送能源统计报表，3分； 3.依法依规配备能源计量器具，并定期进行检定、校准，3分； 4.节能宣传和节能技术培训工作，2分。
小计			100	

注:1. 年度计划节能目标以各地区根据《批复》制定的分年度目标为准;上年度未完成的节能目标,须分摊到以后年度。

2. 2010 年节能目标以《批复》中的目标为准。

注:1. 节能目标以企业根据节能目标责任书制定的年度目标为准;上年度未完成的节能目标,须分摊到以后年度。

2. 2010 年节能目标以节能目标责任书中签订的目标为准。

附录5　主要污染物总量减排统计办法

环保总局

第一条　为确保“十一五”主要污染物排放量数据准确、及时、可靠，按照《中华人民共和国环境保护法》、《中华人民共和国统计法》及其实施细则、《国务院关于印发节能减排综合性工作方案的通知》(国发〔2007〕15号)、《国务院关于落实科学发展观加强环境保护的决定》(国发〔2005〕39号)、《环境统计管理办法》等，制定本办法。

第二条　本办法所称主要污染物排放量，是指《国民经济和社会发展第十一个五年规划纲要》确定实施排放总量控制的两项污染物，即化学需氧量(COD)和二氧化硫(SO_2)。环境统计污染物排放量包括工业源和生活源污染物排放量，COD和SO_2排放量的考核是基于工业源和生活源污染物排放量的总和。

第三条　主要污染物排放量统计制度包括年报和季报。年报主要统计年度污染物排放及治理情况，报告期为1—12月。季报主要统计季度主要污染物排放及治理情况，为总量减排统计和国家宏观经济运行分析提供环境数据支持，报告期为1个季度，每个季度结束后15日内将上季度数据上报国务院环境保护主管部门。为提高年报时效性，各省级政府环境保护主管部门于次年1月31日前上报年报快报数据。

第四条　统计调查按照属地原则进行，即由县级政府环境保护主管部门负责完成，省、市(地)级环境保护监测部门的监测数据应及时反馈给县级政府环境保护主管部门。工业源污染物排放量根据重点调查单位发表调查和非重点调查单位比率估算；生活源污染物排放量根据城镇常住人口数(或非农业人口数,以2005年口径为准)、燃料煤消耗量等社会统计数据测算。工业源和生活源污染物排放量数据审核、汇总后上报上级政府环境保护主管部门,并逐级审核、上报至国务院环境保护主管部门。

第五条 本办法所称的年报重点调查单位,是指主要污染物排放量占各地区(以县级为基本单位)排污总量(指该地区排污申报登记中全部工业企业的排污量,或者将上年环境统计数据库进行动态调整)85%以上的工业企业单位。重点调查单位的筛选工作应在排污申报登记数据变化的基础上逐年进行。筛选出的重点调查单位应与上年的重点调查单位对照比较,分析增、减单位情况并进行适当调整,以保证重点调查数据能够反映排污情况的总体趋势。

季报制度中的国控重点污染源按照国务院环境保护主管部门公布名单执行,每年动态调整。

第六条 重点调查单位污染物排放量可采用监测数据法、物料衡算法、排放系数法进行统计。

监测数据法:重点调查单位("十五"期间约8万家)原则上都应采用监测数据法计算排污量。重点调查单位统计范围每年动态调整一次,纳入新增企业(不论试生产还是已通过验收,凡造成事实排污超过1个月以上的企业均应纳入统计范围)。对当年关停企业按其当年实际排污天数计算排污量。

物料衡算法:物料衡算法主要适用于火电厂二氧化硫排放量的测算,测算公式如下:燃料燃烧二氧化硫排放量=燃料煤消费量×含硫率×0.8×2×(1-脱硫率)

排放系数法:排放系数法主要适用于化学原料及化学品制造、造纸、金属冶炼、纺织等行业排污量的估算。

以上三种方法中优先使用监测数据法计算排放量。若无监测数据(或监测频次不足),可根据上述适用范围,火电厂选用物料衡算法,钢铁、化工、造纸、建材、有色金属、纺织等行业企业选用排放系数法。监测数据法计算所得的排放量数据必须与物料衡算法或排放系数法计算所得的排放量数据相互对照验证，对两种方法得出的排放量差距较大的，须分析原因。对无法解释的，按“取大数”的原则得到污染物的排放量数据。

第七条　非重点调查单位污染物排放量，以非重点调查单位的排污总量作为估算的对比基数，采取“比率估算”的方法，即按重点调查单位总排污量变化的趋势（指与上年相比，排污量增加或减少的比率），等比或将比率略做调整，估算出非重点调查单位的污染物排放量。

第八条　生活源COD排放量计算公式为：

生活源COD排放量＝城镇常住人口数×城镇生活COD产生系数×365－城镇污水处理厂去除的生活COD

其中，城镇生活COD产生系数优先采用各地区的COD产生系数或实测数据并予以说明；没有符合本地实际排放情况的系数，则统一采用国家推荐的COD产生系数，全国平均取值为75克/人·日，北方城市平均值为65克/人·日，北方特大城市为70克/人·日，北方其他城市为60克/人·日，南方城市平均值为90克/人·日。

生活源SO_2排放量计算公式为：

生活源SO_2排放量＝生活及其他煤炭消费量×含硫率×0.8×2

第九条　环境统计数据质量控制主要由《环境统计管理办法》、《环境统计技术规定》、《全国环境统计数据审核办法》等系列文件组成。各地在数据上报前，由当地环境、统计、发展改革等部门组成联合会审小组，根据本地区经济发展趋势和环境污染状况，联合对数据质量进行审核。

重点源的环境统计数据由企业负责填报，各级政府环境保护主管部门负责审核，如发现问题要求企业改正，并重新填报。各级政府环境保护主管部门对本级环境统计数据负责，上级政府环境保护主管部门对下级政府环境保护主管部门上报的统计数据进行审核。下级政府环境保护主管部门应按照上级政府环境保护主管部门审核结果认真复核重点调查单位报表填报数据，并重新评估非重点调查单位污染物排放量。

第十条　按照排放强度法对统计数据进行核算（详见附件）。

第十一条 在排放强度法中使用GDP核算各地COD排放量时，用监测与监察系数对计算结果进行校正；在排放强度法中使用耗煤量核算各地SO_2排放量时，用监察系数对SO_2排放量计算结果进行校正。校正方法和校正系数由国务院环境保护主管部门根据年度监测与监察情况另行确定（详见附件）。

第十二条 各省级政府环境保护主管部门按照本办法要求对年报快报数据进行核算，核算结果与核算的主要参数一并上报国务院环境保护主管部门。国务院环境保护主管部门进行初步复核后，将核算结果通报各地。各地应根据实际情况并按照国务院环境保护主管部门最终核定数据，对年报数据进行校核。

第十三条 本办法自发布之日起施行。

附：统计数据的核算与校正

一、COD核算与校正

核算方法：

工业COD排放量=上年工业COD排放量+新增工业COD排放量-新增工业COD削减量

其中：

新增工业COD排放量=2005年排放强度×上年GDP×扣除低COD排放行业贡献率后的GDP增长率

2005年排放强度=2005年工业COD排放量/2005年GDP

扣除低COD排放行业贡献率后的GDP增长率=〔1-(低COD排放行业工业增加值的增量/GDP的增量)〕×GDP增长率

上述增量和增长率均指当年与上年相比。

低COD排放行业包括电力业（火力发电）、黑色金属冶炼业（钢铁）、非金属矿物制品业（建材）、有色金属冶炼业、电器机械及器材制造业、仪器仪表及文化办公用品机械制造业和通讯计算机及其他电子设备制造业七个行业。情况特殊的个别省份可以根据情况适当调整。

生活COD排放量=上年生活COD排放量+当年城镇人口增长的COD排放量-当年新增生活COD削减量

校正方法：

在排放强度法中使用GDP核算各地COD排放量时，用监测与监察系数对计算结果进行校正：

计算用GDP增长率=当年GDP增长率-监测与监察系数

监测与监察达标率=监测达标企业数/监测企业数×0.5+监察达标企业数/监察企业数×0.5

其中，监测与监察达标率为100%的，监测与监察系数取值为2%，90%及以上的取1.8%，80%及以上的取1.6%，70%及以上的取1.4%，60%及以上的取1.2%，50%及以上的取1.0%，低于50%的为0。

二、SO_2核算与校正

核算方法：

SO_2排放量=火电SO_2排放量+非电SO_2排放量

其中：

非电SO_2排放量=上年非电排放强度×(当年全社会耗煤量-当年电力煤耗量)-当年新增非电工业SO_2削减量

上年非电排放强度=上年非电SO_2排放量/(上年全社会耗煤量-上年电力煤耗量)

当年非电SO_2排放量须用主要耗能产品(粗钢、有色、水泥、焦炭等)的排放系数校核，按排放强度和排放系数法估算数据，取大数原则确定非电SO_2排放量。

火电SO_2排放量=上年火电SO_2排放量+当年新增火电SO_2排放量-当年新增火电SO_2削减量

当年新增火电SO_2排放量：按统计部门快报确定的辖区火力发电量按320克标准煤/千瓦时(或当年火力发电标准煤耗水平)计算发电耗煤

量(热电联产供热耗煤量按火电发电量同比增长,没有热电的不考虑),按辖区平均煤炭硫份确定新增电量导致的 SO_2 产生量,扣去当年新建燃煤机组投产脱硫设施同时运行(要考虑脱硫设施滞后时间)、上年燃煤机组投产脱硫设施滞后于当年运行(上年接转到今年的脱硫设施)形成的 SO_2 削减量。

有条件的地区,特别是开展节能发电调度试点的地区,可以用辖区内分机组火力 SO_2 排放数据库作为审核依据,数据库要有分机组装机容量、发电量和耗煤量和 SO_2 排放量,火力装机容量、发电量和增长速度可利用电力管理部门的火力装机容量指标。

对于燃料油使用量较大的地区,还应核算燃油 SO_2 排放量。

校正方法:

在排放强度法中使用耗煤量核算各地 SO_2 排放量时,用监察系数对 SO_2 排放量计算结果进行校正:

地区 SO_2 排放量 = 当年核算 SO_2 排放量 + Σ 企业非正常排放量

企业非正常排放量 = 企业 SO_2 产生量 × 脱硫效率 × (1 - 监察系数)

发现被检查企业脱硫设施非正常运行一次,监察系数取 0.8,非正常运行二次监察系数取 0.5,超过两次非正常运行,监察系数取 0。

脱硫设施非正常运行定义为生产设施运行期间脱硫设施因故未运行而没有向当地政府环境保护主管部门及时报告的、没有按照工艺要求使用脱硫剂的、使用旁路偷排手段等其他违法行为。

数据来源:环境监察系统、国务院环境保护主管部门所属各环境保护督查中心、中国环境监测总站。

三、有关核算的说明

核算资料。上年主要污染物排放量、耗煤量数据依据上年环境统计资料。GDP、有关行业的工业增加值、城镇人口增长率使用国务院统计部门公布的数据。没有公布数据的,以各省级统计部门初步数为准。以上初步数应与统计部门协商一致后再使用。

削减量核算原则。当年主要污染物新增削减量，以各省（区、市）污染治理设施实际削减量为依据测算。

关停企业减少的COD排放量以上年纳入环境统计数据库的企业的排放量减去其当年实际排污量所得。关闭小火电计算SO_2减排量，减排量＝上年关闭机组SO_2排放量×（1－当年发电量/上年发电量）；淘汰有烧结机的小钢铁，计算SO_2减排量。其他行业淘汰落后产能，在环境统计中有名单的计算减排量，没有名单的不计算。

企业污染治理设施污染物削减量：上年度纳入环境统计的企业新建污染治理设施通过调试期后并连续稳定运行的，其去除量从通过调试期的第二个月算起，计算本年实际运行时间（停运和非正常运行时间扣除）及污染物削减量。

城镇污水处理厂污染物去除量：新建成污水处理厂污染物去除量的核算方法与企业污染治理设施污染物削减量核算方法相同。对于现有污水处理厂增加污水处理量的，必须说明情况。增加量以新建管网的验收报告为依据（或以新建管网相关佐证材料为依据），核算时间以通过验收的第二个月算起。

当年新增火电SO_2削减量：包括当年新投运的老机组脱硫设施削减和上年投产老机组脱硫以及隔年投产脱硫机组当年多削减的量。当年新增非火电SO_2削减量：指连续稳定减排SO_2的工程措施，包括2005年企业的烧结机和冶炼等烟气脱硫工程脱硫、炼焦脱硫工程、煤改气工程、与国务院环境保护主管部门联网的循环流化床、集中供热等脱硫措施形成的SO_2削减量。企业通过技术改造、搬迁或拆除锅炉等措施减少的SO_2排放量要有详细的技术资料支持。

附录6　主要污染物总量减排监测办法

环保总局

第一条　为了准确核定污染源化学需氧量和二氧化硫的排放量，按照《中华人民共和国环境保护法》、《排污费征收使用管理条例》（国令第369号）、《国务院关于"十一五"期间全国主要污染物排放总量控制计划的批复》（国函〔2006〕70号）、《国务院关于落实科学发展观加强环境保护的决定》（国发〔2005〕39号）和《国务院关于印发节能减排综合性工作方案的通知》（国发〔2007〕15号）的有关规定，制定本办法。

第二条　主要污染物减排监测是对污染源排放的主要污染物总量进行核定，并为国家确定的主要污染物减排工作提供数据的监测活动。监测工作采用污染源自动监测和污染源监督性监测（包括手工监测和实验室比对监测），主要是掌握污染源排放污染物的种类、浓度和数量。污染源化学需氧量和二氧化硫排放量的监测技术采用自动监测技术与污染源监督性监测技术相结合的方式。

第三条　污染源监督性监测工作原则上由县级政府环境保护主管部门负责。县级政府环境保护主管部门监测能力不足时，由市（地）级以上政府环境保护主管部门负责监测或由省级政府环境保护主管部门确定。

国控重点污染源是国家监控的占全国主要污染物工业排放负荷65%以上的工业污染源和城市污水处理厂，国控重点污染源名单由国务院环境保护主管部门公布，每年动态调整。

国控重点污染源监督性监测工作由市（地）级政府环境保护主管部门负责，其中装机容量30万千瓦以上火电厂的污染源监督性监测工作由省级政府环境保护主管部门负责。国控重点污染源监督性监测数据共享使用，不重复监测。

第四条　以污染源监测数据为基础统一采集、核定、统计污染源排污量数据，根据污染物排放浓度和流量计算污染物排放量。

排污单位应当保证污染防治设施正常运行，对污染物排放状况和防治污染设施运行情况进行定期监测，建立污染源监测档案。排污单位应每月初向当地环境保护主管部门申报上月排放的化学需氧量和二氧化硫数量，并提供有关资料。

对于安装自动监测设备的污染源以自动监测数据为依据申报化学需氧量和二氧化硫的排放量。

对于未安装自动监测设备的污染源，由排污单位提供具备资质的监测单位出具的化学需氧量和二氧化硫监测数据，以此申报化学需氧量和二氧化硫排放量。

对于无法安装自动监测设备和不具备条件监测的污染源，化学需氧量和二氧化硫的排放量按环境统计方法计算，并向当地环境保护主管部门申报。

第五条　当地环境保护主管部门对排污单位每月申报的化学需氧量和二氧化硫排放量进行核定，并将核定结果告知排污单位。

对安装自动监测设备的排污单位，监测设备必须与环境保护主管部门直接联网，实时传输数据，环境保护主管部门据此数据进行核定。

对未安装自动监测设备或自动监测设备没有与环境保护主管部门联网的污染源，环境保护主管部门定期对其进行手工监测，其中国控污染源的监测频次不少于每季度一次，依此数据进行核定。

第六条　国控重点污染源必须在2008年底前完成污染源自动监测设备的安装和验收，污染源自动监测设备的建设由排污单位和地方财政负责，验收由地方政府环境保护主管部门负责，数据监测由企业负责，日常运行由有资质的运营单位负责。国控重点污染源自动监测设备的监测数据必须与省级政府环境保护主管部门联网，并直接传输上报国务院环境保护主管部门。

第七条 省级政府环境保护主管部门负责本辖区内的污染源监督性监测数据的质量管理工作。承担化学需氧量和二氧化硫排放量核定的环境保护主管部门具体负责污染源监督性监测数据的质量和排放量的准确性与可靠性。

环境保护主管部门负责对污染源自动监测系统的监测设备进行实验室比对监测和自动监测数据有效性审核。实验室比对监测与自动监测设备同步现场采样,监测频次为每季度一次。

实验室比对监测结果表明同步的自动监测的数据质量达不到规定时,则从本次实验室比对监测时间上推至上次实验室比对监测之间的时段按自动监测系统数据缺失处理。数据缺失时段的排放量按照相关技术规范的规定核算。

地方实验室比对监测结果与上级政府环境保护、主管部门的检查、抽查监测结果不一致时,由上级政府环境保护主管部门确认自动监测数据的有效性。

国务院环境保护主管部门定期组织对污染源监督性监测的统一质量控制考核,并组织跨省区的不定期抽查工作。

第八条 各级政府环境保护主管部门要建立完整的污染源基础信息档案,建立污染源监督性监测数据库。污染源监督性监测数据按季度逐级报送上级环境监测机构,用于监测质量管理工作。

第九条 地方各级人民政府要保证承担本辖区污染源监测工作的各级环境监测站的相关工作条件,在人员配置和培训、设备购买和更新、工作和实验用房供给、工作经费保障等方面制定切实可行的计划并予以落实,特别是要保证直接为减排统计、监测和考核服务的污染源监督性监测费用,补助国控重点污染源自动监控系统的建设和运行费用,将其纳入各级政府财政预算。承担监测任务的环境监测部门监测方法必须采用国家标准方法或环保行业标准方法,并按照国家和地方技术规范要求实行质量保证和质量控制。

第十条 本办法自发布之日起施行。

附录 7　主要污染物总量减排考核办法

环保总局

第一条　为贯彻落实科学发展观，加强污染防治的监督管理，控制主要污染物排放，确保实现"十一五"主要污染物总量减排目标，根据《中华人民共和国环境保护法》、《国务院关于"十一五"期间全国主要污染物排放总量控制计划的批复》（国函〔2006〕70 号）（以下简称《计划》）、《国务院关于落实科学发展观加强环境保护的决定》（国发〔2005〕39 号）和《国务院关于印发节能减排综合性工作方案的通知》（国发〔2007〕15 号）的有关规定，制定本办法。

第二条　本办法适用于对各省、自治区、直辖市人民政府"十一五"期间主要污染物总量减排完成情况的考核。

本办法所称主要污染物，是指《国民经济和社会发展第十一个五年规划纲要》确定的实施总量控制的两项污染物，即化学需氧量和二氧化硫。

第三条　"十一五"主要污染物总量减排的责任主体是地方各级人民政府。各省、自治区、直辖市人民政府要把主要污染物排放总量控制指标层层分解落实到本地区各级人民政府，并将其纳入本地区经济社会发展"十一五"规划，加强组织领导，落实项目和资金，严格监督管理，确保实现主要污染物减排目标。

第四条　各省、自治区、直辖市人民政府要按照《计划》的要求，确定主要污染物年度削减目标，制定年度削减计划。年度削减计划应于当年 3 月底前报国务院环境保护主管部门备案。

第五条　各省、自治区、直辖市人民政府负责建立本地区的主要污染物总量减排指标体系、监测体系和考核体系，及时调度和动态管理主要污染物排放量数据、主要减排措施进展情况以及环境质量变化情况，建立主要污染物排放总量台账。

第六条 主要污染物总量减排考核内容主要包括三个方面：

（一）主要污染物总量减排目标完成情况和环境质量变化情况。减排目标完成情况依据"十一五"主要污染物总量减排统计办法和监测办法的相关规定予以核定；环境质量变化情况依据国务院环境保护主管部门受国务院委托与各省、自治区、直辖市人民政府签订的"十一五"主要污染物总量削减目标责任书的要求核定；

（二）主要污染物总量减排指标体系、监测体系和考核体系的建设和运行情况。依据各地有关减排指标体系、监测体系和考核体系建设、运行情况的正式文件和有关抽查复核情况进行评定；

（三）各项主要污染物总量减排措施的落实情况。依据污染治理设施试运行或竣工验收文件、关闭落后产能时间和当地政府减排管理措施、计划执行情况等有关材料和统计数据进行评定。

第七条 对各省、自治区、直辖市人民政府落实年度主要污染物减排情况，由国务院环境保护主管部门所属环境保护督查中心进行核查督查，每半年一次。

各省、自治区、直辖市人民政府于每年3月底前将上一年度本行政区主要污染物总量减排情况的自查报告报国务院，并抄送国务院环境保护主管部门和国务院节能减排领导小组办公室。

第八条 国务院环境保护主管部门会同发展改革部门、统计部门和监察部门，对各省、自治区、直辖市人民政府上一年度主要污染物总量减排情况进行考核。国务院环境保护主管部门于每年5月底前将全国考核结果向国务院报告，经国务院审定后，向社会公告。

主要污染物总量减排考核采用现场核查和重点抽查相结合的方式进行。主要污染物总量减排指标、监测和考核体系建设运行情况较差，或减排工程措施未落实的，或未实现年度主要污染物总量减排计划目标的省、自治区、直辖市认定为未通过年度考核。

未通过年度考核的省、自治区、直辖市人民政府应在1个月内向国务院做出书面报告，提出限期整改工作措施，并抄送国务院环境保护主管部门。

第九条 考核结果在报经国务院审定后，交由干部主管部门，依照《体现科学发展观要求的地方党政领导班子和领导干部综合考核评价试行办法》的规定，作为对各省、自治区、直辖市人民政府领导班子和领导干部综合考核评价的重要依据，实行问责制和“一票否决”制。

对考核结果为通过的，国务院环境保护主管部门会同发展改革部门、财政部门优先加大对该地区污染治理和环保能力建设的支持力度，并结合全国减排表彰活动进行表彰奖励；对考核结果为未通过的，国务院环境保护主管部门暂停该地区所有新增主要污染物排放建设项目的环评审批，撤销国家授予该地区的环境保护或环境治理方面的荣誉称号，领导干部不得参加年度评奖、授予荣誉称号等。

对未通过且整改不到位或因工作不力造成重大社会影响的，监察部门按照《环境保护违法违纪行为处分暂行规定》追究该地区有关责任人员的责任。

第十条 对在主要污染物总量减排考核工作中瞒报、谎报情况的地区，予以通报批评；对直接责任人员依法追究责任。

第十一条 各省、自治区、直辖市人民政府需报经国务院环境保护主管部门会同发展改革部门、统计部门审核确认后，方可向社会公布本地区年度主要污染物排放总量数据。

第十二条 国家主要电力企业二氧化硫总量减排的考核参照本办法执行。

第十三条 本办法自发布之日起施行。

附录8　公共机构节能条例

国务院令　第531号(2008年8月)

第一章　总　　则

第一条　为了推动公共机构节能,提高公共机构能源利用效率,发挥公共机构在全社会节能中的表率作用,根据《中华人民共和国节约能源法》,制定本条例。

第二条　本条例所称公共机构,是指全部或者部分使用财政性资金的国家机关、事业单位和团体组织。

第三条　公共机构应当加强用能管理,采取技术上可行、经济上合理的措施,降低能源消耗,减少、制止能源浪费,有效、合理地利用能源。

第四条　国务院管理节能工作的部门主管全国的公共机构节能监督管理工作。国务院管理机关事务工作的机构在国务院管理节能工作的部门指导下,负责推进、指导、协调、监督全国的公共机构节能工作。

国务院和县级以上地方各级人民政府管理机关事务工作的机构在同级管理节能工作的部门指导下,负责本级公共机构节能监督管理工作。

教育、科技、文化、卫生、体育等系统各级主管部门在同级管理机关事务工作的机构指导下,开展本级系统内公共机构节能工作。

第五条　国务院和县级以上地方各级人民政府管理机关事务工作的机构应当会同同级有关部门开展公共机构节能宣传、教育和培训,普及节能科学知识。

第六条 公共机构负责人对本单位节能工作全面负责。

公共机构的节能工作实行目标责任制和考核评价制度，节能目标完成情况应当作为对公共机构负责人考核评价的内容。

第七条 公共机构应当建立、健全本单位节能管理的规章制度，开展节能宣传教育和岗位培训，增强工作人员的节能意识，培养节能习惯，提高节能管理水平。

第八条 公共机构的节能工作应当接受社会监督。任何单位和个人都有权举报公共机构浪费能源的行为，有关部门对举报应当及时调查处理。

第九条 对在公共机构节能工作中做出显著成绩的单位和个人，按照国家规定予以表彰和奖励。

第二章 节能规划

第十条 国务院和县级以上地方各级人民政府管理机关事务工作的机构应当会同同级有关部门，根据本级人民政府节能中长期专项规划，制定本级公共机构节能规划。

县级公共机构节能规划应当包括所辖乡（镇）公共机构节能的内容。

第十一条 公共机构节能规划应当包括指导思想和原则、用能现状和问题、节能目标和指标、节能重点环节、实施主体、保障措施等方面的内容。

第十二条 国务院和县级以上地方各级人民政府管理机关事务工作的机构应当将公共机构节能规划确定的节能目标和指标，按年度分解落实到本级公共机构。

第十三条 公共机构应当结合本单位用能特点和上一年度用能状况，制定年度节能目标和实施方案，有针对性地采取节能管理或者节能改造措施，保证节能目标的完成。

公共机构应当将年度节能目标和实施方案报本级人民政府管理机关事务工作的机构备案。

第三章 节能管理

第十四条 公共机构应当实行能源消费计量制度，区分用能种类、用能系统实行能源消费分户、分类、分项计量，并对能源消耗状况进行实时监测，及时发现、纠正用能浪费现象。

第十五条 公共机构应当指定专人负责能源消费统计，如实记录能源消费计量原始数据，建立统计台账。

公共机构应当于每年3月31日前，向本级人民政府管理机关事务工作的机构报送上一年度能源消费状况报告。

第十六条 国务院和县级以上地方各级人民政府管理机关事务工作的机构应当会同同级有关部门按照管理权限，根据不同行业、不同系统公共机构能源消耗综合水平和特点，制定能源消耗定额，财政部门根据能源消耗定额制定能源消耗支出标准。

第十七条 公共机构应当在能源消耗定额范围内使用能源，加强能源消耗支出管理；超过能源消耗定额使用能源的，应当向本级人民政府管理机关事务工作的机构作出说明。

第十八条 公共机构应当按照国家有关强制采购或者优先采购的规定，采购列入节能产品、设备政府采购名录和环境标志产品政府采购名录中的产品、设备，不得采购国家明令淘汰的用能产品、设备。

第十九条 国务院和省级人民政府的政府采购监督管理部门应当会同同级有关部门完善节能产品、设备政府采购名录，优先将取得节能产品认证证书的产品、设备列入政府采购名录。

国务院和省级人民政府应当将节能产品、设备政府采购名录中的产品、设备纳入政府集中采购目录。

第二十条 公共机构新建建筑和既有建筑维修改造应当严格执行国

家有关建筑节能设计、施工、调试、竣工验收等方面的规定和标准，国务院和县级以上地方人民政府建设主管部门对执行国家有关规定和标准的情况应当加强监督检查。

国务院和县级以上地方各级人民政府负责审批或者核准固定资产投资项目的部门，应当严格控制公共机构建设项目的建设规模和标准，统筹兼顾节能投资和效益，对建设项目进行节能评估和审查；未通过节能评估和审查的项目，不得批准或者核准建设。

第二十一条　国务院和县级以上地方各级人民政府管理机关事务工作的机构会同有关部门制定本级公共机构既有建筑节能改造计划，并组织实施。

第二十二条　公共机构应当按照规定进行能源审计，对本单位用能系统、设备的运行及使用能源情况进行技术和经济性评价，根据审计结果采取提高能源利用效率的措施。具体办法由国务院管理节能工作的部门会同国务院有关部门制定。

第二十三条　能源审计的内容包括：

（一）查阅建筑物竣工验收资料和用能系统、设备台账资料，检查节能设计标准的执行情况；

（二）核对电、气、煤、油、市政热力等能源消耗计量记录和财务账单，评估分类与分项的总能耗、人均能耗和单位建筑面积能耗；

（三）检查用能系统、设备的运行状况，审查节能管理制度执行情况；

（四）检查前一次能源审计合理使用能源建议的落实情况；

（五）查找存在节能潜力的用能环节或者部位，提出合理使用能源的建议；

（六）审查年度节能计划、能源消耗定额执行情况，核实公共机构超过能源消耗定额使用能源的说明；

（七）审查能源计量器具的运行情况，检查能耗统计数据的真实性、准确性。

第四章 节能措施

第二十四条 公共机构应当建立、健全本单位节能运行管理制度和用能系统操作规程,加强用能系统和设备运行调节、维护保养、巡视检查,推行低成本、无成本节能措施。

第二十五条 公共机构应当设置能源管理岗位,实行能源管理岗位责任制。重点用能系统、设备的操作岗位应当配备专业技术人员。

第二十六条 公共机构可以采用合同能源管理方式,委托节能服务机构进行节能诊断、设计、融资、改造和运行管理。

第二十七条 公共机构选择物业服务企业,应当考虑其节能管理能力。公共机构与物业服务企业订立物业服务合同,应当载明节能管理的目标和要求。

第二十八条 公共机构实施节能改造,应当进行能源审计和投资收益分析,明确节能指标,并在节能改造后采用计量方式对节能指标进行考核和综合评价。

第二十九条 公共机构应当减少空调、计算机、复印机等用电设备的待机能耗,及时关闭用电设备。

第三十条 公共机构应当严格执行国家有关空调室内温度控制的规定,充分利用自然通风,改进空调运行管理。

第三十一条 公共机构电梯系统应当实行智能化控制,合理设置电梯开启数量和时间,加强运行调节和维护保养。

第三十二条 公共机构办公建筑应当充分利用自然采光,使用高效节能照明灯具,优化照明系统设计,改进电路控制方式,推广应用智能调控装置,严格控制建筑物外部泛光照明以及外部装饰用照明。

第三十三条 公共机构应当对网络机房、食堂、开水间、锅炉房等部位的用能情况实行重点监测,采取有效措施降低能耗。

第三十四条 公共机构的公务用车应当按照标准配备,优先选用低能耗、低污染、使用清洁能源的车辆，并严格执行车辆报废制度。

公共机构应当按照规定用途使用公务用车，制定节能驾驶规范，推行单车能耗核算制度。

公共机构应当积极推进公务用车服务社会化，鼓励工作人员利用公共交通工具、非机动交通工具出行。

第五章　监督和保障

第三十五条　国务院和县级以上地方各级人民政府管理机关事务工作的机构应当会同有关部门加强对本级公共机构节能的监督检查。监督检查的内容包括：

（一）年度节能目标和实施方案的制定、落实情况；

（二）能源消费计量、监测和统计情况；

（三）能源消耗定额执行情况；

（四）节能管理规章制度建立情况；

（五）能源管理岗位设置以及能源管理岗位责任制落实情况；

（六）用能系统、设备节能运行情况；

（七）开展能源审计情况；

（八）公务用车配备、使用情况。

对于节能规章制度不健全、超过能源消耗定额使用能源情况严重的公共机构，应当进行重点监督检查。

第三十六条　公共机构应当配合节能监督检查，如实说明有关情况，提供相关资料和数据，不得拒绝、阻碍。

第三十七条　公共机构有下列行为之一的，由本级人民政府管理机关事务工作的机构会同有关部门责令限期改正；逾期不改正的，予以通报，并由有关机关对公共机构负责人依法给予处分：

（一）未制定年度节能目标和实施方案，或者未按照规定将年度节能目标和实施方案备案的；

（二）未实行能源消费计量制度，或者未区分用能种类、用能系统实行能源消费分户、分类、分项计量，并对能源消耗状况进行实时监测的；

（三）未指定专人负责能源消费统计，或者未如实记录能源消费计量原始数据，建立统计台账的；

（四）未按照要求报送上一年度能源消费状况报告的；

（五）超过能源消耗定额使用能源，未向本级人民政府管理机关事务工作的机构作出说明的；

（六）未设立能源管理岗位，或者未在重点用能系统、设备操作岗位配备专业技术人员的；

（七）未按照规定进行能源审计，或者未根据审计结果采取提高能源利用效率的措施的；

（八）拒绝、阻碍节能监督检查的。

第三十八条 公共机构不执行节能产品、设备政府采购名录，未按照国家有关强制采购或者优先采购的规定采购列入节能产品、设备政府采购名录中的产品、设备，或者采购国家明令淘汰的用能产品、设备的，由政府采购监督管理部门给予警告，可以并处罚款；对直接负责的主管人员和其他直接责任人员依法给予处分，并予通报。

第三十九条 负责审批或者核准固定资产投资项目的部门对未通过节能评估和审查的公共机构建设项目予以批准或者核准的，对直接负责的主管人员和其他直接责任人员依法给予处分。

公共机构开工建设未通过节能评估和审查的建设项目的，由有关机关依法责令限期整改；对直接负责的主管人员和其他直接责任人员依法给予处分。

第四十条 公共机构违反规定超标准、超编制购置公务用车或者拒不报废高耗能、高污染车辆的，对直接负责的主管人员和其他直接责任人员依法给予处分，并由本级人民政府管理机关事务工作的机构依照有关规定，对车辆采取收回、拍卖、责令退还等方式处理。

第四十一条 公共机构违反规定用能造成能源浪费的，由本级人民政府管理机关事务工作的机构会同有关部门下达节能整改意见书，公共机构应当及时予以落实。

第四十二条　管理机关事务工作的机构的工作人员在公共机构节能监督管理中滥用职权、玩忽职守、徇私舞弊，构成犯罪的，依法追究刑事责任；尚不构成犯罪的，依法给予处分。

第六章　附　　则

第四十三条　本条例自2008年10月1日起施行。

附录9　中华人民共和国循环经济促进法

（2008年8月29日第十一届全国人民代表大会
常务委员会第四次会议通过）

第一章　总　　则

第一条　为了促进循环经济发展，提高资源利用效率，保护和改善环境，实现可持续发展，制定本法。

第二条　本法所称循环经济，是指在生产、流通和消费等过程中进行的减量化、再利用、资源化活动的总称。

本法所称减量化，是指在生产、流通和消费等过程中减少资源消耗和废物产生。

本法所称再利用，是指将废物直接作为产品或者经修复、翻新、再制造后继续作为产品使用，或者将废物的全部或者部分作为其他产品的部件予以使用。

本法所称资源化，是指将废物直接作为原料进行利用或者对废物进行再生利用。

第三条　发展循环经济是国家经济社会发展的一项重大战略，应当遵循统筹规划、合理布局，因地制宜、注重实效，政府推动、市场引导，企业实施、公众参与的方针。

第四条　发展循环经济应当在技术可行、经济合理和有利于节约资源、保护环境的前提下，按照减量化优先的原则实施。

在废物再利用和资源化过程中，应当保障生产安全，保证产品质量符合国家规定的标准，并防止产生再次污染。

第五条　国务院循环经济发展综合管理部门负责组织协调、监督管理全国循环经济发展工作；国务院环境保护等有关主管部门按照各自的职责负责有关循环经济的监督管理工作。

县级以上地方人民政府循环经济发展综合管理部门负责组织协调、监督管理本行政区域的循环经济发展工作；县级以上地方人民政府环境保护等有关主管部门按照各自的职责负责有关循环经济的监督管理工作。

第六条　国家制定产业政策，应当符合发展循环经济的要求。

县级以上人民政府编制国民经济和社会发展规划及年度计划，县级以上人民政府有关部门编制环境保护、科学技术等规划，应当包括发展循环经济的内容。

第七条　国家鼓励和支持开展循环经济科学技术的研究、开发和推广，鼓励开展循环经济宣传、教育、科学知识普及和国际合作。

第八条　县级以上人民政府应当建立发展循环经济的目标责任制，采取规划、财政、投资、政府采购等措施，促进循环经济发展。

第九条　企业事业单位应当建立健全管理制度，采取措施，降低资源消耗，减少废物的产生量和排放量，提高废物的再利用和资源化水平。

第十条　公民应当增强节约资源和保护环境意识，合理消费，节约资源。

国家鼓励和引导公民使用节能、节水、节材和有利于保护环境的产品及再生产品，减少废物的产生量和排放量。

公民有权举报浪费资源、破坏环境的行为，有权了解政府发展循环经济的信息并提出意见和建议。

第十一条　国家鼓励和支持行业协会在循环经济发展中发挥技术指导和服务作用。县级以上人民政府可以委托有条件的行业协会等社会组织开展促进循环经济发展的公共服务。

国家鼓励和支持中介机构、学会和其他社会组织开展循环经济宣传、技术推广和咨询服务，促进循环经济发展。

第二章　基本管理制度

第十二条　国务院循环经济发展综合管理部门会同国务院环境保护等有关主管部门编制全国循环经济发展规划，报国务院批准后公布施行。设区的市级以上地方人民政府循环经济发展综合管理部门会同本级人民政府环境保护等有关主管部门编制本行政区域循环经济发展规划，报本级人民政府批准后公布施行。

循环经济发展规划应当包括规划目标、适用范围、主要内容、重点任务和保障措施等，并规定资源产出率、废物再利用和资源化率等指标。

第十三条　县级以上地方人民政府应当依据上级人民政府下达的本行政区域主要污染物排放、建设用地和用水总量控制指标，规划和调整本行政区域的产业结构，促进循环经济发展。

新建、改建、扩建建设项目，必须符合本行政区域主要污染物排放、建设用地和用水总量控制指标的要求。

第十四条　国务院循环经济发展综合管理部门会同国务院统计、环境保护等有关主管部门建立和完善循环经济评价指标体系。

上级人民政府根据前款规定的循环经济主要评价指标，对下级人民政府发展循环经济的状况定期进行考核，并将主要评价指标完成情况作为对地方人民政府及其负责人考核评价的内容。

第十五条　生产列入强制回收名录的产品或者包装物的企业，必须对废弃的产品或者包装物负责回收；对其中可以利用的，由各该生产企业负责利用；对因不具备技术经济条件而不适合利用的，由各该生产企业负责无害化处置。

对前款规定的废弃产品或者包装物，生产者委托销售者或者其他组织进行回收的，或者委托废物利用或者处置企业进行利用或者处置的，受托方应当依照有关法律、行政法规的规定和合同的约定负责回收或者利用、处置。

对列入强制回收名录的产品和包装物，消费者应当将废弃的产品或者包装物交给生产者或者其委托回收的销售者或者其他组织。

强制回收的产品和包装物的名录及管理办法，由国务院循环经济发展综合管理部门规定。

第十六条　国家对钢铁、有色金属、煤炭、电力、石油加工、化工、建材、建筑、造纸、印染等行业年综合能源消费量、用水量超过国家规定总量的重点企业，实行能耗、水耗的重点监督管理制度。

重点能源消费单位的节能监督管理，依照《中华人民共和国节约能源法》的规定执行。

重点用水单位的监督管理办法，由国务院循环经济发展综合管理部门会同国务院有关部门规定。

第十七条　国家建立健全循环经济统计制度，加强资源消耗、综合利用和废物产生的统计管理，并将主要统计指标定期向社会公布。

国务院标准化主管部门会同国务院循环经济发展综合管理和环境保护等有关主管部门建立健全循环经济标准体系，制定和完善节能、节水、节材和废物再利用、资源化等标准。

国家建立健全能源效率标识等产品资源消耗标识制度。

第三章　减　量　化

第十八条　国务院循环经济发展综合管理部门会同国务院环境保护等有关主管部门，定期发布鼓励、限制和淘汰的技术、工艺、设备、材料和产品名录。

禁止生产、进口、销售列入淘汰名录的设备、材料和产品，禁止使用列入淘汰名录的技术、工艺、设备和材料。

第十九条 从事工艺、设备、产品及包装物设计,应当按照减少资源消耗和废物产生的要求,优先选择采用易回收、易拆解、易降解、无毒无害或者低毒低害的材料和设计方案,并应当符合有关国家标准的强制性要求。

对在拆解和处置过程中可能造成环境污染的电器电子等产品,不得设计使用国家禁止使用的有毒有害物质。禁止在电器电子等产品中使用的有毒有害物质名录,由国务院循环经济发展综合管理部门会同国务院环境保护等有关主管部门制定。

设计产品包装物应当执行产品包装标准,防止过度包装造成资源浪费和环境污染。

第二十条 工业企业应当采用先进或者适用的节水技术、工艺和设备,制定并实施节水计划,加强节水管理,对生产用水进行全过程控制。

工业企业应当加强用水计量管理,配备和使用合格的用水计量器具,建立水耗统计和用水状况分析制度。

新建、改建、扩建建设项目,应当配套建设节水设施。节水设施应当与主体工程同时设计、同时施工、同时投产使用。

国家鼓励和支持沿海地区进行海水淡化和海水直接利用,节约淡水资源。

第二十一条 国家鼓励和支持企业使用高效节油产品。

电力、石油加工、化工、钢铁、有色金属和建材等企业,必须在国家规定的范围和期限内,以洁净煤、石油焦、天然气等清洁能源替代燃料油,停止使用不符合国家规定的燃油发电机组和燃油锅炉。

内燃机和机动车制造企业应当按照国家规定的内燃机和机动车燃油经济性标准,采用节油技术,减少石油产品消耗量。

第二十二条 开采矿产资源,应当统筹规划,制定合理的开发利用方案,采用合理的开采顺序、方法和选矿工艺。采矿许可证颁发机关应当对申请人提交的开发利用方案中的开采回采率、采矿贫化率、选矿回收率、矿山水循环利用率和土地复垦率等指标依法进行审查;审查不合格的,不予颁发采矿许可证。采矿许可证颁发机关应当依法加强对开采矿产资源的监督管理。

矿山企业在开采主要矿种的同时，应当对具有工业价值的共生和伴生矿实行综合开采、合理利用；对必须同时采出而暂时不能利用的矿产以及含有有用组分的尾矿，应当采取保护措施，防止资源损失和生态破坏。

第二十三条　建筑设计、建设、施工等单位应当按照国家有关规定和标准，对其设计、建设、施工的建筑物及构筑物采用节能、节水、节地、节材的技术工艺和小型、轻型、再生产品。有条件的地区，应当充分利用太阳能、地热能、风能等可再生能源。

国家鼓励利用无毒无害的固体废物生产建筑材料，鼓励使用散装水泥，推广使用预拌混凝土和预拌砂浆。

禁止损毁耕地烧砖。在国务院或者省、自治区、直辖市人民政府规定的期限和区域内，禁止生产、销售和使用粘土砖。

第二十四条　县级以上人民政府及其农业等主管部门应当推进土地集约利用，鼓励和支持农业生产者采用节水、节肥、节药的先进种植、养殖和灌溉技术，推动农业机械节能，优先发展生态农业。

在缺水地区，应当调整种植结构，优先发展节水型农业，推进雨水集蓄利用，建设和管护节水灌溉设施，提高用水效率，减少水的蒸发和漏失。

第二十五条　国家机关及使用财政性资金的其他组织应当厉行节约、杜绝浪费，带头使用节能、节水、节地、节材和有利于保护环境的产品、设备和设施，节约使用办公用品。国务院和县级以上地方人民政府管理机关事务工作的机构会同本级人民政府有关部门制定本级国家机关等机构的用能、用水定额指标，财政部门根据该定额指标制定支出标准。

城市人民政府和建筑物的所有者或者使用者，应当采取措施，加强建筑物维护管理，延长建筑物使用寿命。对符合城市规划和工程建设标准，在合理使用寿命内的建筑物，除为了公共利益的需要外，城市人民政府不得决定拆除。

第二十六条　餐饮、娱乐、宾馆等服务性企业，应当采用节能、节水、节材和有利于保护环境的产品，减少使用或者不使用浪费资源、污染环境的产品。

本法施行后新建的餐饮、娱乐、宾馆等服务性企业，应当采用节能、节水、节材和有利于保护环境的技术、设备和设施。

第二十七条　国家鼓励和支持使用再生水。在有条件使用再生水的地区，限制或者禁止将自来水作为城市道路清扫、城市绿化和景观用水使用。

第二十八条　国家在保障产品安全和卫生的前提下，限制一次性消费品的生产和销售。具体名录由国务院循环经济发展综合管理部门会同国务院财政、环境保护等有关主管部门制定。

对列入前款规定名录中的一次性消费品的生产和销售，由国务院财政、税务和对外贸易等主管部门制定限制性的税收和出口等措施。

第四章　再利用和资源化

第二十九条　县级以上人民政府应当统筹规划区域经济布局，合理调整产业结构，促进企业在资源综合利用等领域进行合作，实现资源的高效利用和循环使用。

各类产业园区应当组织区内企业进行资源综合利用，促进循环经济发展。

国家鼓励各类产业园区的企业进行废物交换利用、能量梯级利用、土地集约利用、水的分类利用和循环使用，共同使用基础设施和其他有关设施。

新建和改造各类产业园区应当依法进行环境影响评价，并采取生态保护和污染控制措施，确保本区域的环境质量达到规定的标准。

第三十条　企业应当按照国家规定，对生产过程中产生的粉煤灰、煤矸石、尾矿、废石、废料、废气等工业废物进行综合利用。

第三十一条　企业应当发展串联用水系统和循环用水系统，提高水的重复利用率。

企业应当采用先进技术、工艺和设备，对生产过程中产生的废水进行再生利用。

第三十二条　企业应当采用先进或者适用的回收技术、工艺和设备，对生产过程中产生的余热、余压等进行综合利用。

建设利用余热、余压、煤层气以及煤矸石、煤泥、垃圾等低热值燃料的并网发电项目，应当依照法律和国务院的规定取得行政许可或者报送备案。电网企业应当按照国家规定，与综合利用资源发电的企业签订并网协议，提供上网服务，并全额收购并网发电项目的上网电量。

第三十三条　建设单位应当对工程施工中产生的建筑废物进行综合利用；不具备综合利用条件的，应当委托具备条件的生产经营者进行综合利用或者无害化处置。

第三十四条　国家鼓励和支持农业生产者和相关企业采用先进或者适用技术，对农作物秸秆、畜禽粪便、农产品加工业副产品、废农用薄膜等进行综合利用，开发利用沼气等生物质能源。

第三十五条　县级以上人民政府及其林业主管部门应当积极发展生态林业，鼓励和支持林业生产者和相关企业采用木材节约和代用技术，开展林业废弃物和次小薪材、沙生灌木等综合利用，提高木材综合利用率。

第三十六条　国家支持生产经营者建立产业废物交换信息系统，促进企业交流产业废物信息。

企业对生产过程中产生的废物不具备综合利用条件的，应当提供给具备条件的生产经营者进行综合利用。

第三十七条　国家鼓励和推进废物回收体系建设。

地方人民政府应当按照城乡规划，合理布局废物回收网点和交易市场，支持废物回收企业和其他组织开展废物的收集、储存、运输及信息交流。

废物回收交易市场应当符合国家环境保护、安全和消防等规定。

第三十八条　对废电器电子产品、报废机动车船、废轮胎、废铅酸电池等特定产品进行拆解或者再利用，应当符合有关法律、行政法规的规定。

第三十九条 回收的电器电子产品，经过修复后销售的，必须符合再利用产品标准，并在显著位置标识为再利用产品。

回收的电器电子产品，需要拆解和再生利用的，应当交售给具备条件的拆解企业。

第四十条 国家支持企业开展机动车零部件、工程机械、机床等产品的再制造和轮胎翻新。

销售的再制造产品和翻新产品的质量必须符合国家规定的标准，并在显著位置标识为再制造产品或者翻新产品。

第四十一条 县级以上人民政府应当统筹规划建设城乡生活垃圾分类收集和资源化利用设施，建立和完善分类收集和资源化利用体系，提高生活垃圾资源化率。

县级以上人民政府应当支持企业建设污泥资源化利用和处置设施，提高污泥综合利用水平，防止产生再次污染。

第五章 激励措施

第四十二条 国务院和省、自治区、直辖市人民政府设立发展循环经济的有关专项资金，支持循环经济的科技研究开发、循环经济技术和产品的示范与推广、重大循环经济项目的实施、发展循环经济的信息服务等。具体办法由国务院财政部门会同国务院循环经济发展综合管理等有关主管部门制定。

第四十三条 国务院和省、自治区、直辖市人民政府及其有关部门应当将循环经济重大科技攻关项目的自主创新研究、应用示范和产业化发展列入国家或者省级科技发展规划和高技术产业发展规划，并安排财政性资金予以支持。

利用财政性资金引进循环经济重大技术、装备的，应当制定消化、吸收和创新方案，报有关主管部门审批并由其监督实施；有关主管部门应当根据实际需要建立协调机制，对重大技术、装备的引进和消化、吸收、创新实行统筹协调，并给予资金支持。

第四十四条　国家对促进循环经济发展的产业活动给予税收优惠，并运用税收等措施鼓励进口先进的节能、节水、节材等技术、设备和产品，限制在生产过程中耗能高、污染重的产品的出口。具体办法由国务院财政、税务主管部门制定。

企业使用或者生产列入国家清洁生产、资源综合利用等鼓励名录的技术、工艺、设备或者产品的，按照国家有关规定享受税收优惠。

第四十五条　县级以上人民政府循环经济发展综合管理部门在制定和实施投资计划时，应当将节能、节水、节地、节材、资源综合利用等项目列为重点投资领域。

对符合国家产业政策的节能、节水、节地、节材、资源综合利用等项目，金融机构应当给予优先贷款等信贷支持，并积极提供配套金融服务。

对生产、进口、销售或者使用列入淘汰名录的技术、工艺、设备、材料或者产品的企业，金融机构不得提供任何形式的授信支持。

第四十六条　国家实行有利于资源节约和合理利用的价格政策，引导单位和个人节约和合理使用水、电、气等资源性产品。

国务院和省、自治区、直辖市人民政府的价格主管部门应当按照国家产业政策，对资源高消耗行业中的限制类项目，实行限制性的价格政策。

对利用余热、余压、煤层气以及煤矸石、煤泥、垃圾等低热值燃料的并网发电项目，价格主管部门按照有利于资源综合利用的原则确定其上网电价。

省、自治区、直辖市人民政府可以根据本行政区域经济社会发展状况，实行垃圾排放收费制度。收取的费用专项用于垃圾分类、收集、运输、贮存、利用和处置，不得挪作他用。

国家鼓励通过以旧换新、押金等方式回收废物。

第四十七条 国家实行有利于循环经济发展的政府采购政策。使用财政性资金进行采购的,应当优先采购节能、节水、节材和有利于保护环境的产品及再生产品。

第四十八条 县级以上人民政府及其有关部门应当对在循环经济管理、科学技术研究、产品开发、示范和推广工作中做出显著成绩的单位和个人给予表彰和奖励。

企业事业单位应当对在循环经济发展中做出突出贡献的集体和个人给予表彰和奖励。

第六章 法律责任

第四十九条 县级以上人民政府循环经济发展综合管理部门或者其他有关主管部门发现违反本法的行为或者接到对违法行为的举报后不予查处,或者有其他不依法履行监督管理职责行为的,由本级人民政府或者上一级人民政府有关主管部门责令改正,对直接负责的主管人员和其他直接责任人员依法给予处分。

第五十条 生产、销售列入淘汰名录的产品、设备的,依照《中华人民共和国产品质量法》的规定处罚。

使用列入淘汰名录的技术、工艺、设备、材料的,由县级以上地方人民政府循环经济发展综合管理部门责令停止使用,没收违法使用的设备、材料,并处五万元以上二十万元以下的罚款;情节严重的,由县级以上人民政府循环经济发展综合管理部门提出意见,报请本级人民政府按照国务院规定的权限责令停业或者关闭。

违反本法规定,进口列入淘汰名录的设备、材料或者产品的,由海关责令退运,可以处十万元以上一百万元以下的罚款。进口者不明的,由承运人承担退运责任,或者承担有关处置费用。

第五十一条 违反本法规定,对在拆解或者处置过程中可能造成环境污染的电器电子等产品,设计使用列入国家禁止使用名录的有毒有害物质的，由县级以上地方人民政府产品质量监督部门责令限期改正；逾期不改正的，处二万元以上二十万元以下的罚款；情节严重的，由县级以上地方人民政府产品质量监督部门向本级工商行政管理部门通报有关情况，由工商行政管理部门依法吊销营业执照。

第五十二条　违反本法规定，电力、石油加工、化工、钢铁、有色金属和建材等企业未在规定的范围或者期限内停止使用不符合国家规定的燃油发电机组或者燃油锅炉的，由县级以上地方人民政府循环经济发展综合管理部门责令限期改正；逾期不改正的，责令拆除该燃油发电机组或者燃油锅炉，并处五万元以上五十万元以下的罚款。

第五十三条　违反本法规定，矿山企业未达到经依法审查确定的开采回采率、采矿贫化率、选矿回收率、矿山水循环利用率和土地复垦率等指标的，由县级以上人民政府地质矿产主管部门责令限期改正，处五万元以上五十万元以下的罚款；逾期不改正的，由采矿许可证颁发机关依法吊销采矿许可证。

第五十四条　违反本法规定，在国务院或者省、自治区、直辖市人民政府规定禁止生产、销售、使用粘土砖的期限或者区域内生产、销售或者使用粘土砖的，由县级以上地方人民政府指定的部门责令限期改正；有违法所得的，没收违法所得；逾期继续生产、销售的，由地方人民政府工商行政管理部门依法吊销营业执照。

第五十五条　违反本法规定，电网企业拒不收购企业利用余热、余压、煤层气以及煤矸石、煤泥、垃圾等低热值燃料生产的电力的，由国家电力监管机构责令限期改正；造成企业损失的，依法承担赔偿责任。

第五十六条　违反本法规定，有下列行为之一的，由地方人民政府工商行政管理部门责令限期改正，可以处五千元以上五万元以下的罚款；逾期不改正的，依法吊销营业执照；造成损失的，依法承担赔偿责任：

（一）销售没有再利用产品标识的再利用电器电子产品的；

（二）销售没有再制造或者翻新产品标识的再制造或者翻新产品的。

第五十七条　违反本法规定，构成犯罪的，依法追究刑事责任。

第七章　附　　则

第五十八条　本法自 2009 年 1 月 1 日起施行。

后　记

《节约型社会的经济学研究》是我主持承担的教育部2005年人文社会科学研究项目的研究成果。本课题研究是在我们深入学习和实践科学发展观的大背景下进行的，节约型社会建设正是科学发展观的体现。本课题试图为我国节约型社会建设提供理论解释和实践参考。在我们课题组的共同努力下，历时三年完成了课题研究，并将该研究成果几易其稿，终于将本书呈现在读者面前。参与本课题研究和书稿撰写的有第一章：何玉长、邹淼；第二章：杨开泰；第三章：毛莉炯；第四章：许敏兰；第五章：赵燕青；第六章：丁晓钦；第七章：石庆元。以上人员完成了各章的初稿，陆桔利、杨开泰参与了统稿。本课题由何玉长设计，书稿由何玉长最终修改定稿。附录报告《上海建设节约型城市的思考》由何玉长、贾维宁撰写。

本书面世之际，特向为我们的课题研究和本书出版给以帮助的教育部社会科学司、上海财经大学科研处、人民出版社等单位表示感谢，尤其感谢本书责任编辑陈光耀先生的务实工作和合作精神。

恳请同仁和读者不吝指教。

何玉长

2009年2月

策划编辑:张小平
责任编辑:陈光耀
封面设计:肖　辉

图书在版编目(CIP)数据

节约型社会的经济学研究/何玉长 等著. -北京:人民出版社,2009.5
ISBN 978-7-01-007899-1

Ⅰ.节…　Ⅱ.何…　Ⅲ.资源经济学-研究-中国　Ⅳ.F124.5

中国版本图书馆 CIP 数据核字(2009)第 063958 号

节约型社会的经济学研究
JIEYUEXING SHEHUI DE JINGJIXUE YANJIU

何玉长　等著

人民出版社 出版发行
(100706　北京朝阳门内大街 166 号)

北京集惠印刷有限责任公司印刷　新华书店经销

2009 年 5 月第 1 版　2009 年 5 月北京第 1 次印刷
开本:710 毫米×1000 毫米 1/16　印张:19.25
字数:274 千字　印数:0,001-3,000 册

ISBN 978-7-01-007899-1　定价:38.00 元

邮购地址 100706　北京朝阳门内大街 166 号
人民东方图书销售中心　电话 (010)65250042　65289539